新自由主义的危机

THE CRISIS OF NEOLIBERALISM

〔法〕热拉尔·迪梅尼尔 多米尼克·莱维 著
魏 怡 译
言予馨 审校

商务印书馆
创于1897 The Commercial Press
2020年·北京

Gérard Duménil and Dominique Lévy
THE CRISIS OF NEOLIBERALISM

Published by arrangement with Harvard University Press

本书根据哈佛大学出版社 2011 年版译出

目 录

导　言 1

从次贷危机到经济大收缩

始于2007年8月美国次贷危机的这场危机将成为资本主义历史中一个特殊的里程碑。自危机出现时起，金融动荡便达到了令人始料未及的程度。这一冲击导致过去数十年间建立起来的脆弱的金融结构逐渐变得不稳定，也使得实体经济发生动摇。截至2008年9月，已然明显的是，资本主义正在步入一场深刻而持久的危机之中，这是令人回想起“大萧条”的一次“大收缩”。

新自由主义的危机

新自由主义是20世纪70年代结构性危机之后出现的资本主义的一个新阶段。它表达了资本家阶级与高层管理人员，尤其是财务经理人联合起来，试图强化自身的霸权地位并将该霸权地位扩展至全球的战略。截至2004年，当我们的论著《资本复兴：新自由主义革命的根源》（*Capital Resurgent*: *Roots of the Neoliberal Revolution*）由哈佛大学出版社出版的时候，基于这一战略自身的目标，即少数特权阶层的收入与财富以及一个国家的主导地位，这一战略看起来仍然是成功的。但当前的这场危机却是这一战略固有矛盾所导致的结果。

这场危机暴露了这一战略不可持续的特征，同时引发了所谓的“新自由主义危机”。新自由主义趋势最终动摇了作为上层阶级“安全基础”的经济根基——美国增长、保持其金融机构在全球的领导者地
2 位，并且确保其货币的主导地位的能力——导致了一种僵局的阶级和帝国的战略。

一种新的社会秩序——一个多极世界

新自由主义危机是自19世纪后期以来资本主义所经历的第四次结构性危机。每次这样的震荡都会导致一种新的社会秩序的建立，并且深刻改变国际关系。当前危机标志着一种类似的变革进程已经开始。不仅涉及金融监管，而且新的公司治理方式、金融业的重建以及新的政策现在都提上日程。新自由主义全球化的基本原则和实践将受到质疑，并且在美国的生产在很大程度上不得不被“再区域化”。因此，诸如中国、印度和巴西等国家将开始逐渐较少依赖于它们与美国的关系。尤其是一旦目前的“大收缩”停止，对积累的下降趋势的宏观轨迹的修正以及对美国经济的累积性失衡的修正都将会相当困难。

无论如何，新的世界秩序将比现在更加多极。不仅如此，如果这些变革在美国没有成功实现的话，那么美国国际霸权地位的衰退会是剧烈的。在同样的阶级领导地位和不受限制的全球化趋势之下，今后数十年中为减缓美国经济相对衰退所急需的各项任务都将无法实现。上层阶级对于高收入难以抑制的追求必须停止。这在很大程度上将取决于大众阶级与世界各个民族所施加的压力，而“国家因素”，也就是有助于美国维持其在世界范围内的主导地位的国家承诺，亦将发挥至关重要的作用。在一种新的右翼或者左翼的社会安

排的背景下，必要的调整是能够得以实现的，尽管截至 2009 年的最后几个月，选择左翼的可能性并不大。

重要的是要理解，当前危机只是一个长期矫正过程的初级阶段。这一过程将持续多久取决于危机的严重性，以及国内和国际的政治斗争。美国上层阶级实施必要调整的能力，以及中国予以合作的意愿都将成为至关重要的因素。美元危机可能促使一系列事件的产生，而这些事件将改变这一长期矫正过程的基本特征。

在今后的数十年里，新的社会和全球秩序将不得不应对由全球 3
气候变暖产生的紧急情况。这些问题不在本书研究的范围之内，本书的研究重点是危机。在新自由资本主义的不受控制的动态之外，除了必须建立新的格局配置，更为强大的政府干预和国际合作也是需要的。

本书选摘了一些系列资料的更新数据，最后一次更新的时间为 2009 年 10 月，显然还会有更多的更新数据产生。尽管如此，期待在短期之内得到一个最终的结果则是不现实的。本书探讨了导致危机的原因、危机的爆发、全球产出收缩的最初阶段，以及对今后数十年的展望。本书的观点是剖析性的，而不是规范性的。

第一部分 5

新自由主义下美国上层阶级的战略：一个大胆尝试的成败

两类截然不同的现象成为剖析当前危机的组成部分：一方面是资本主义的历史发展动态，另一方面则是金融与宏观机制。对于这场危机的解读立足于这两类进程的交叉部分，而困难在于对这两方面做出公正评价的同时又对二者之间的相互关系予以了解。

新自由主义应该被理解为资本主义发展演化过程中的一个新阶段。有鉴于此，新自由主义可以从其本身——它的基本机制和矛盾加以描述。然而，在提及最近一个阶段时会引发以前几个阶段的问题。与早期阶段的情况的对比揭示出新时期的特征。因此，对于导致新自由主义建立的社会、政治和经济趋势所进行的剖析也说明了这种社会秩序的本质和命运。相应地，新自由主义危机这一概念也暗示着资本主义发展有可能转向一个新的阶段，并且在当前这场危机过后即将处于主导地位的社会的基本特征也是本书所探讨的一个重要组成部分。

因此，一些初步的问题必须做出回答。什么是资本主义的一个阶段？这些阶段如何形成？它们如何消失？像这样的新自由主义的具体特征是什么？本书第一章的研究目标是，在资本主义的历史动态的更为宽广的语境中解读在美国世界霸权之下的新自由主义的兴衰。这场独特的金融危机以及稍晚些时候在美国和全球引起的大幅收缩定义了另一组问题。这些机制具有两个重要层面。其中一个层
6 面与金融活动的大幅扩张和金融管制放松有关。考虑到金融参与者们令人惊讶的创新能力（譬如在证券化、衍生品市场等方面），这里涉及一定程度的技术复杂性。宏观经济机制界定了另外一系列因素。关注的主要变量是消费和投资、对外贸易以及美国经济内部和外部的债务。并且只有在相互关系中，金融和宏观变量这两套机制才能得到充分理解。譬如，国内债务的增长作为美国宏观经济运行轨迹的一个基本构成，依赖于使之成为可能的新的金融工具。这是第二章的研究重点，这一章将勾勒出关于金融危机和产出收缩的分析的整体分析和结论架构。

第一章和第二章旨在概括总体的论点，并且更为根本地引入一系列基本观点和机制，这些观点与机制在本书的其他部分将进行更为详尽的讨论并为此提供实证的证据。

第一章　霸权的历史变迁 7

本章着重探讨不同阶级与国家之间的等级制度，更具体地说，着重探讨的是作为一种阶级霸权的新自由主义，以及在新自由主义全球化过程中美国的全球主导地位。新自由主义的形成、巅峰和危机的次序被解读为这种社会与国际格局兴衰史中的一个片段。新自由主义是作为联合构成现代资本主义的三种社会秩序中最新的一种社会秩序出现的，这种现代资本主义就是自 20 世纪初以来的资本主义。导致这些社会秩序中每一种秩序的兴衰的原因皆可以追溯到重大危机或者“结构性危机”的爆发，就像当前危机一样。然而，尽管上述两类现象明显是相互关联的，但国际霸权的历史动态不知何故却各不相同。譬如，新自由主义危机增加了对美国霸权即将产生的威胁。

作为阶级霸权的新自由主义——新自由主义全球化过程中的帝国主义

新自由主义是一个需要从多方面考虑的现象，是所有历史决定因素相互交汇的结果并且难以精准地确定其发端。实际上，自第二次世界大战结束，当战后社会与经济的基本特征得以确定时起，对于这种新趋势的最早表达就很明显。20 世纪 70 年代早期，围绕着美元危机而产生的各种发展模式，譬如汇率浮动，或者 20 世纪 70 年

代拉美威权时期所实行的各种政策等，皆可被认为是早期的修辞表达。尽管如此，若在一定程度上进行简化的话，可以认为新自由主
8 义最初于20世纪70年代末在美国和英国确立，那是一个危机的十年，几年之后便出现在欧洲大陆，随后遍及全球。1979年，当美国联邦储备委员会决定上调利率至据称遏制通胀所要求的任何水平的时候，象征着新自由主义进入新的时期。

《资本复兴：新自由主义革命的根源》一书的一个中心论题是，在新自由主义背景下，资本主义在本国和国际上的整体动态皆由新的阶级目标所决定，这些新的阶级目标按照最高收入阶层、资本家以及高层管理层的利益行事。收入更加集中于少数特权阶层是这种新社会秩序的一项重要成就。损益表的数据使这项成就显而易见。从这个角度而言，一种**社会秩序**也是一种**权力配置**，在这后一个概念中隐含着的是“阶级”权力。除此之外，国民经济核算框架表明，美国资本收益中的一大部分来自于美国之外，而且这一部分所占比重正在增加。一种社会秩序不仅涉及阶级关系，而且还涉及帝国等级制度这一资本主义的永恒特征。[1]

新的收入分配格局是各种趋势交汇作用的结果。巨大的压力置于大多数工薪阶层身上，这种压力有助于利润率从20世纪70年代的低水平恢复过来，至少终结了它的下降趋势。在普遍的社会状况允许高回报出现的世界各地区，贸易与资本前沿的开放为在这些地区的大规模投资铺平了道路，也因此产生了有利于美国上层阶级（以及在某种程度上受益于资本收益的更广泛的团体）的收入流。自由贸易加大了工人阶层的压力，这是劳动力成本低的国家加入竞争产生的影响。大量的资本收益流亦源于美国家庭及政府负债的持续增长。2000年以后，金融机制的复杂巧妙与扩张的程度达到了极端水平，使得巨

额收入流入金融领域和富裕家庭。最终，这场危机揭示出这些收入流中的相当部分是建立在证券价值持续高估的不可靠的利润之上的。

除了社会阶级的相对利益之外，美国在全球经济、政治与军事上的主导地位也必须予以考虑。在危机爆发前的数十年里，隐藏在 9
美国主导地位背后的政治局势是众所周知的。两个重要因素是苏联的解体和欧洲作为一个政治实体的衰微。新自由主义对 20 世纪 70 年代美国主导地位在较早时期的下滑进行了修正，至少相对于欧洲和日本是这样的。就国内生产总值而言，美国经济体依然是世界最大的经济体，在生产和金融机制的研究和创新等重要领域处于领先地位。因此，美元被承认是国际货币。

国际新自由主义秩序——所谓的新自由主义全球化——被强加于全世界，从主要的资本主义国家中心到欠发达的外围国家，经常是以严重的危机为代价的，就像 20 世纪 90 年代末和 2000 年以后发生在亚洲和拉丁美洲国家的危机一样。如同帝国主义的任何阶段一样，除了赤裸裸的经济暴力之外，这些国际权力关系的主要工具都是腐败、颠覆与战争。其主要的政治工具总是一种亲帝国主义的当地政府的建立。被统治国家的精英们的协作在当代资本主义发展过程中是至关重要的，诸如北大西洋公约组织（NATO）、国际货币基金组织（IMF）、世界银行（WB）以及世界贸易组织（WTO）等国际机构的行动也同样重要。从经济方面讲，这种统治的目的是对通过实施自然资源的低价和对外投资，以投资组合或者对外直接投资的方式所产生的“盈余”进行榨取。尽管外围的国家希望售出自己的自然资源，并且急切盼望获得外国投资，但是这并没有改变统治关系的本质，就像在某个特定国家的工人们希望出卖自己的劳动力这一利润的最终来源一样。

这里所使用的同样的霸权概念不仅指新自由主义中的阶级等级

关系，而且还指国际帝国主义。根据葛兰西的理论，霸权（hegemony）与统治（domination）是没有差别的。霸权强调的是阶级与国际机制内的一个共同的方面。在这两种情况下，一个阶级或者一个国家领导了一个由各种代理人参与的统治进程。在新自由主义中，由金融机构支持的上层资产阶级，在更广泛的上层阶级群体实施他们共同统治的过程中扮演了领导者的角色。同样地，在更广泛的帝国主义国家群体中美国扮演了领导者的角色。

10 由上层阶级群体或者发达国家集团实施的联合、虽不平等的统治的概念具有重要的含义。这种共同的统治建立在既合作又竞争的基础之上。在一个社会等级的顶端，各个群体参与其中并且支持着一种更为狭义的领导方案。这种等级联盟可以称之为“妥协”，如同领导者根据其追随者的某些需求调整自身需求但最终又被他们接受一样。关于帝国主义强国集团中的各个国家的比较地位，情况亦是如此。在实施国际联合统治时，处于顶端的国家之间的妥协也普遍存在，但准则仍然是由霸权国家强制实行的（如同古希腊的雅典提洛同盟那样）。

在确定当代资本主义的实际和金融趋势时，这两个组成部分——阶级和国际霸权——具有相互作用的效应。当前的危机展示了由这两股因素共同作用而形成的一种历史轨迹中的矛盾，这两股因素具有所谓的“美国霸权下的新自由主义”的特征。

历史视角：现代资本主义

将新自由主义定义为资本主义的最新阶段，提出了有关资本主义的以前各个阶段以及整体历史分期的问题（见表框 1.1）。资本主义的以前阶段是什么？新自由主义阶段在哪方面不同？此处的分析使用了现代资本主义的概念，意味着从19世纪和20世纪之交至今进行了企业、金融和管理革命之后的资本主义，并且新自由主义被描述为现代资本主义的第三和最近的发展阶段。

20世纪初的特点是一种新的资产阶级关系的机构框架的出现，这一系列机构具有现代资本主义的典型特征。（在这一分析中，尤其侧重于相应的社会和经济变革都十分鲜明的美国。）

表框1.1　资本主义历史分期 11

没有一种单一的资本主义的历史分期。历史呈现出一系列截然不同的现象，这些现象在一个存在相互关系的网络中被联系起来，同时又显示出很大程度的自主性。分析家们已经将资本主义历史分期基于诸如制度变革、经济长波、技术变革和利润率趋势、竞争模式、政策框架，以及社会和政治关系等因素之上。譬如，鲁道夫·希法亭就曾发展了“金融资本”的概念，以便在金融与工业部门之间的改革关系的基础上，解释20世纪早期资本主义新阶段（本书所谓的“现代资本主义”）的特征。一个重要的特征是重点关注最初由尼古拉·康德拉季耶夫提出的“经济长波”概念，这种长波伴随着几个十年的扩张和增长停滞，又被几次严重危机隔断。20世纪60年代，保罗·巴兰和保罗·斯威齐在一种新的竞争机制模式的基础上创造了“垄断资本主义”的概念。在美国，研究重点已经投入到“管理资本主义”这个资本主义变形的另一重要方面。在本书作者以前的论著中，对自19世纪末至今的资本主义历史的描述参照了三类现象：（1）生产关系与阶级模式；（2）各阶级或者社会秩序之间的权力格局；（3）利润率的发展趋势。[①]

在这种历史分期之间存在着重要的互惠关系，尽管对于各个阶段的定义并没有明确的时间顺序的重叠。

---

①. R. Hilferding, *Finance Capital: A Study of the Latest Phase of Capitalist Development* (1910; London: Routledge and Kegan Paul, 1981); N. D. Kondratieff, "The Static and Dynamic View of Economics," *Quarterly Journal of Economics* 34, no. 4(1925):575—583; I. Wallerstein, "Globaization or the Age of Transition? A Long-Term View of the Trajectory of the World-System," *International Sociology* 15, no. 2 (2000): 250—268; G. Arrighi, *The Long Twentieth Century: Money, Power and the Origins of Our Times* (London: Verso, 1994); P. Baran and P. Sweezy, *The Monopoly Capital* (New York: Monthly Review Press, 1966); A. D. Chandler, *The Visible Hand: The Managerial Revolution in American Business* (Cambridge, Mass.: Harvard University Press, 1977).

1. **19世纪末的资本主义**。在19世纪的最后数十年里，随着企业
12 内部技术和组织流程趋于成熟，企业规模得以扩大。交通与通讯的发展使企业能够进行国内和国际的扩张。与此同时，随着银行、贷款和信用货币的重大发展，货币和金融机制经历了一场全面的改革和扩张过程。

19世纪90年代席卷美国经济的大衰退起初曾被称为“大萧条”，这一名称后来被用于指称20世纪30年代的那场更大的经济萧条，第一场“大萧条”在这种新框架的建立中发挥了核心作用。数十年前已经见证了托拉斯、盈利同盟和卡特尔组织的兴起，这些组织皆是为应对逐渐增大的竞争压力而生。19世纪90年代的经济危机被归咎于过度竞争，从而增加了激励性措施以避免恶性竞争。当时

的企业仍然是各自独立的实体，企业之间达成的共享市场或利润的松散协议被《谢尔曼法案》所禁止。该法案于1890年通过，成为第一部有关竞争的联邦法律。

2. **三场革命**。这里运用的历史框架区分了19世纪的资本主义与19—20世纪之交所有权与（生产关系）管理领域实现了重大革命之后的资本主义。这场革命的三个组成部分——公司、金融和管理革命——可以被区分开来。**公司革命**指的是公司注册成立。19世纪90年代的危机之后，新泽西州颁布了新的公司法（与《谢尔曼反托拉斯法》通过的时间相同）并且迅速扩展至其他各州，[2] 这使得在1900年前后形成了公司注册的一种广泛动力。迅速扩张的银行体系是**金融革命**的引擎，当时大银行以一种复杂的关系为这些新公司提供融资，实际上这是一种支持与控制相结合的关系。在这种新的框架结构中产生了第三场变革，即**管理革命**，在这场变革中领取薪水的经理人——由一位下属的办公室工作人员协助的——管理层的代表发展至新的高度（特别是，虽然不仅限于此，与车间里的组织安排相关的所谓的“泰罗制”）。在所有权与经营权的分离过程中这是一个重要的步骤。虽然在19—20世纪之交管理革命发生了，但这种分离以及与之相应的先进的管理是现代资本主义在各个阶段的基本特征。（此处所用的“管理资本主义”仅涉及战后最初的数十年。）

3. **资产阶级与金融机构：金融**。这三场革命导致了一个与私人 13
企业不太相关的资产阶级的建立。生产资料的所有权通过持有证券得以证实。这正是马克思所说的“货币资本家”、贷款人和股东扩张的结果。[3] 公司革命与金融革命相结合，伴随着由金融机构支持的大型公司的出现，导致了新型关系的产生，在这些关系中上层资本家的权力极大地依赖于金融机构（见表框4.1）。这种资本权力在金融机构内部集中的现象以及证券在生产资料所有权中的重要性，赋予了资产阶级在现代资本主义中的统治地位一种强烈的**金融**特征。正因为如此，本书使用“金融”这一术语来指称资本家阶级的上层部分，以及在这些资产阶级上层部分控制金融机构的任何社会安排中的金融机构（如同普遍存在于资本主义中的情况一样）。此处所使用的“金融”不是一个单独的行业。相反，它融合了阶级与机构两个方面。

“金融”这个概念只适用于现代资本主义。在三场革命之前，除了“能动资本家”（企业家）之外，显然还有货币资本家，同时在经济体中也存在一个金融部门。但是，一种新的机构格局在19世纪与20世纪之交得以建立，在此格局下，大的资本家家族持有大量股票和债券投资组合，并且在不同的产业呈现出潜在的多样性。与此同时，金融部门在积累融资和行使所有权的特权方面正在扮演一位重要角色。“金融”这一概念对于剖析新自由主义至关重要。然而，在这一社会秩序中，资产阶级与金融机构的权力无法与管理——特别是金融管理，虽然不仅限于金融管理——的进步分开，这种管理获得了相当的重要性。因此，20世纪早期标志着19世纪已经发展的社会趋势达到顶峰，这一社会趋势中具有代表性的角色包括食利者资产阶级、索尔斯坦·凡勃伦术语中的“有闲阶级”，[4] 以及新的经理人阶层。

4. **一种三极阶级结构**。这一分析的核心是对与现代资本主义同时出现的新的阶级模式的建立进行分析，这些新的阶级模式比资本家与生产工人之间的简单区分要复杂得多。除了小农、商店主和手
14 工艺者等传统中产阶级以外，现代资本主义还出现了经理人和办公室工作人员。

1. 资本家阶级

2. 经理人阶层

3. 大众阶层

图解 1.1

这些社会趋势所导致的结果并不是在所有者与生产工人之间形成一个单一的同质的中间阶级，即新的中产阶级，从而混淆阶级界限。与此相反，在这些群体内部出现了尖锐的截然对立，这意味着在工薪人群中出现了一种新的等级制度，即领导与下属类别的区分。“经理人和办公室工作人员”这一短语意味着要捕捉这一双重模式。（“办公室工作人员”在这里必须从广义上理解，尤其包括从事商业活动或维护工作的人员。）经理人定义领导类别以及这些办公室工作人员所属的下属类别。

在现代资本主义最后数十年的发展过程中，由于生产劳动与办公室工作的劳动逐渐发生转变，将办公室工作人员与生产工人联合起来考虑逐渐变得愈来愈有意义。将中间阶级缩减为经理人阶级是一种很有帮助的简化方式。本书使用了如图解 1.1 所示的三重模式。

这些阶级没有一个是同质的。将某些群体的上层部分与其余成员进行区分经常很有帮助，如同在资产阶级内部的传统区分一样。可以将大型股权投资组合的持有者、中小公司的所有者以及真正意义上的小资产阶级区分开来。但是经理人阶层也存在类似的等级划分的特征。最后，生产工人与办公室工作人员的合并更多的是定义了一种趋势，而不是一种成熟的结果，而且在当代资本主义中，异质类别的共存依然是这些群体的一个基本特征。

权力分配及其阶级基础

新自由主义是构成现代资本主义的三种社会秩序中最近出现的
15 一种秩序。此种社会安排具有阶级基础。正因为如此，这些阶级基础均可以被称为“阶级权力结构”。第一种和第三种社会秩序——分别从19世纪和20世纪之交到罗斯福新政，以及自20世纪80年代初以来——可以被称作“第一次”和“第二次金融霸权”。此处所使用的“金融霸权”是指资产阶级——实际上是金融、资本家阶级上层部分和金融机构——依照自身利益或者他们所意识到的自身利益，从总体上不受限制的领导经济和社会的能力中获益。不知何故，这是现代资本主义的一种“正常”情形，而在战后最初数十年的资本主义显示为一种例外，从罗斯福新政到20世纪70年代末这种霸权减弱了。在那些年占据上风的社会秩序经常被称作是一种“社会民主制度”或者“凯恩斯主义的妥协”，但是这种术语不是没有问题的。

1. **第一次金融霸权**。20世纪最初数十年的一个显著特点是自由市场经济与公司内部组织的大幅进步的结合，自由市场经济既包括国内的也包括国际的（伴随着金本位制）。[5]

如同上一节所述，20世纪最初的数十年里，现代资本主义建立中的核心方面特征是一个或多或少脱离了企业的资产阶级的出现，以及与非金融公司密切相关的新的金融机构的出现。这个资产阶级进入这种新的制度结构，并没有破坏所有较早出现的部门。相反，它涉及了上层阶级某些部分的消亡，另一些部分的存续或者变革。在这种新的权力结构中，资产阶级的上层部分能够在本国和国际范围内统治经济和社会。在20世纪最初的数十年里，大公司内部的管理权力已经变得相当重要，并且在资产阶级中间关于他们自身控制公司的能力存在一种愈来愈强烈的情感。当然可能涉及在金融与经理人阶层的上层部分之间普遍存在的一种妥协。是大萧条、罗斯福新政以及第二次世界大战标志了这个时代的终结。

2. **战后妥协**。第二个时期从罗斯福新政和第二次世界大战一直延续到 20 世纪 70 年代末。在这几十年里，社会等级制度的整体变革主 16
要有三个层面。这三个层面解释了用以划定这个时期所使用术语的多样性。

第二次世界大战后最初数十年的一组最初的典型特征是，一种相对于资产阶级而言得到增强的管理自主权，伴随一种有利于投资和技术变革的大公司的管理，以及国家对于经济更大程度的干预（监管，尤其是金融监管，与发展和宏观政策，特别是低实际利率，以及刺激性的货币和财政政策）。这种管理自主权建立在代表了现代资本主义普遍特征的管理趋势的基础之上，但同时也处于新的政治环境之下，就其本质而言，这种自主权指的是 20 世纪 60 年代或者 20 世纪 70 年代达到顶峰的管理资本主义（见表框 5. 1）。宏观经济管理领域的凯恩斯主义革命可以被理解为这种更广泛意义上的管理特征的一个组成部分。另一特征是为了保护国民经济发展而对对外贸易和资本的流动性（资本在不同国家之间的自由流动）设定重要限制和约束，如同 1944 年的布雷顿森林协定中对资本流动性的约束一样。这种国际关系框架定义了战后数十年凯恩斯主义特征的另一面，尽管此时凯恩斯主义倡导的所有措施并没有实施。实际上，凯恩斯主义革命如此重要，以至于必须将其置于与 19 世纪和 20 世纪之交的那三场革命相同的立足点上。如同在大萧条中所显现的那样，第四场革命被大大地推迟了。

战后妥协的第二个层面涉及购买力的增长、有助于充分就业的政策，以及所谓福利国家的建立，福利国家指的是国家逐步致力于为大众阶层提供健康、退休和教育福利。

这前两组最初特征是截然不同的。这二者的结合解释了各个术语——“经理人”、“凯恩斯主义”或者“社会民主妥协”——根据所考虑的国家而或多或少相关的短语。

这一时期的第三个特征是对金融（或者资本家）利益的控制。这一点已经隐含于上述两个特征。构成这一特征的三个主要部分可以区分为：（1）一个旨在推动实体经济增长的金融部门，而不是像新自由主义中那样的资本家集体利益的“行政管理部门”；（2）对
17 于股东的较少关注（也就是以积累而非资本收入为目标的一种管理）、低实际利率，以及一个“不太表现的”股票市场；还有（3）由于较高的劳动力成本而可能导致的利润缩水。

就阶级关系而言，在战后妥协中的权力结构必须解读为经理人与大众阶级在经理人领导下的一种联盟。尽管资产阶级还远未消除，也没有被完全排除在这一妥协之外，但是私人管理、政策和强有力的政府干预却表明，社会利益明显区别于资产阶级的利益，就像后面在新自由主义中狭义表达的那样。就一种社会妥协而言，还可以做另一种解读，它是在资本与劳动之间存在的一种妥协，就像在福特主义中所解读的那样。这种观点在形式上是忠实于马克思主义框架的，因为这一框架只涉及两个阶级。而本书的观点与此有所不同。本书所指的是经理人与大众阶级之间形成的一种联盟，指的是得到增加的管理自主权以及对资本家利益的遏制。

战后社会秩序的特征在世界各国截然不同。与欧洲和日本相比，在美国这种秩序的变化不太突出。尽管如此，对于大多数核心国家

来说，在战后最初数十年里，对资本家利益的限制都是一个重要方面。矛盾的是，最为明确强调经理人阶级重要作用的管理资本主义理论却是在美国得到了发展，而在欧洲各国、韩国和日本却推动了对资本家利益的遏制，并将经理人阶级的杰出地位提升至前所未有的高度（像在国有化中，在政府保护下的经济计划中，旨在促进充分就业的政策中，或者服务于生产型经济的金融部门中那样）。在欧洲，由于国有和私人部门的共存，混合经济的概念比管理资本主义的概念更加受到青睐。

再一次，一场严重的危机使得这些社会模式丧失了原有的稳定：即 20 世纪 70 年代的结构性危机。这场危机是利润率的下行趋势与表现经济紧张关系的累积通胀率所导致的结果。它也为新自由主义的强制实行创造了条件，其中的典型人物包括玛格丽特·撒切尔和罗纳德·里根。

3. **作为第二次金融霸权的新自由主义**。新自由主义既没有阻止
19 世纪末的三场革命所代表的典型趋势，也没有彻底转变宏观经济 18
控制过程中的第四场革命，尽管宏观政策的目标被重新界定了。无论如何，这场变革是广泛而激进的。第一方面是一种新的高层管理或者，相当于公司治理。新自由主义使企业拥有行动的自由，所谓的“市场经济”的回归（对国内和国际的不受限制的资本主义动态的一种委婉表述）。按照这种市场意识形态，新自由主义促进了各个领域的管制解除，尤其是对金融机制的管制解除。它强制推行强有力的宏观政策，旨在通过实行价格稳定并开放贸易和资本前沿从而保护贷款人。

意识形态并不是新自由主义革命的引擎。阶级等级制度的关系也是显而易见的。上述每一种成就都是与上层阶级的利益相吻合的，

右倾的妥协：1. 资产阶级；2. 经理人阶级

左倾的妥协：2. 经理人阶级；3. 大众阶级

图解 1.2

换句话说，是将高收入者的利益最大化。工人的购买力受到遏制，世界向跨国公司开放，政府债务与家庭债务的增长成为巨大利息流的一种来源，同时金融化允许金融部门获得巨额收益（工资、奖金、股票期权和股息）。上层阶级的霸权地位被刻意恢复，重返金融霸权。一种新自由主义意识形态出现了，即对新自由主义的阶级目标的表达。这种意识形态在新自由主义的确立过程中是一种至关重要的政治工具。

如果资产阶级与经理人阶级，尤其是其上层部分之间没有结盟，那么在新自由主义发展阶段发生的重大社会变革就不可能出现。这种结盟中的变化可以被称为“新自由主义妥协”。鉴于每个国家特定的权力结构和战后妥协的特点，取决于各国的实际情况，经理人阶级对于新自由主义目标的坚持或多或少容易或者难以实现。美国就比欧洲容易。同时各国在活跃性方面以及金融和工程等领域也有很大的不同。但是，如果没有这样一种妥协，与管理层的全面结盟以及新自由主义目标的政策是不可能出现的。

对于历史的这种解读赋予了经理人阶级在社会变革中的卓越地
19 位，但是二战以后经理人阶级和大众阶级之间的结盟，只有在当时的政治环境以及全国和国际范围的强大工人运动带来的普遍压力下才成为可能。然而，经理人阶级并不只是被动的历史参与者。他们在罗斯福新政和战后妥协的确立，以及在新自由主义中重返金融霸权地位的过程中都发挥了核心作用。

在新自由主义中，资产阶级与经理人阶级之间的妥协代替了战后数十年经理人阶级与大众阶级之间更早的妥协。这样，就为图解 1.2 中所示的右倾和左倾的政治方向之间的传统区别提供了阶级基础。

总体而言，社会秩序的历史顺序体现了连续回合的阶级斗争——历史的引擎——的暂时结果，上述三种行为主体在这些回合的阶级斗争中相互作用。然而，这些冲突所导致的结果却在很大程度上依赖于特殊的经济环境，诸如技术—组织的变化、利润率趋势，以及负责宏观经济（尤其是货币政策）稳定性的体制框架的成熟等。

结构性危机：盈利能力与金融霸权

现代资本主义历史的三个发展阶段被深刻而持久的经济危机的发生所打断，在此，这些危机被称之为“结构性危机”。19 世纪 90 年代的危机、大萧条、20 世纪 70 年代的危机与大收缩时期达到顶点的新自由主义危机都属于结构性危机。[6] 结构性危机是每一种社会秩序的内部矛盾与阶级斗争共同作用的结果。结构性危机标志着资本主义历史中的明显突变，但并未改变根本的演化进程（见表框 1.2）。图解 1.3 概括了整个历史发展模式。

表框 1.2　一种历史趋势 20

在资本主义历史的各个不同发展阶段，尽管受到结构性危机的阻隔，但是整个历史进程却并没有因此被打断。一般说来，这些巨大冲击并不决定社会变革的趋势，而是刺激潜在的变革。它们创造出有利于变革发生的环境，这些变革的逻辑显示出更为深刻且相应不太明显的历史动态。19 世纪和 20 世纪之交的三场革命——金融、企业与管理革命，加之后来的凯恩斯革命（宏观经济的集中化管理）和金融稳定性，可以被视为仍然作为典型的当代资本主义制度框架的建立过程中的连续步骤。马克思对这些资本主义历史变迁的描述，提到了“生产力与生产关系的辩证法”。[①]一个流程可以表明渐进的“生产社会化”，同时意味着诸如大企业与中央机构等组织，以及使各国和全球劳动力的社会分工趋于复杂巧妙的网络的发展。

就像地壳板块在地震中显示其自身运动一样，当社会与政治条件满足时，由于整个体系突然要适应新的结构，社会变化的各个不同组成部分之间共同和谐发展的缺乏便会导致重大的扰动。盈利能力的趋势连同上层阶级不受控制的野心，以及两者之间无法同步发展而导致的紧张关系，是所谓“内部矛盾”的基本表现。从 19 世纪末早期社会框架到现代资本主义的转变是以一个长达数十年的、逐步且痛苦的过程为代价而得以实现的，在这个过程中的大萧条只是一个“不幸的副作用”。广义而言，技术与组织的进步是促进社会板块运动的动力。在结构性危机中表现出的混乱要求建立新的社会秩序。推动新秩序建立的引擎总是社会斗争。因此，以一种令人讶异的规律，在标志着基本发展趋势的长达三四十年的过程中，历史重复着自己。

①. Karl Marx, *A Contribution to the Critique of Political Economy* (Moscow: Progress Publisher, 1970)，前言。

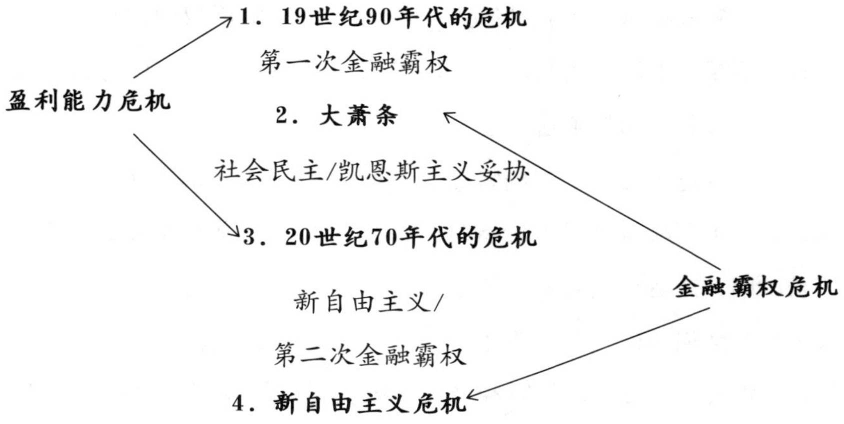

图解 1.3

关键问题是历史会否重演，即当前的危机是否正在引发进入一个新的发展阶段。尽管有关未来的发展通常具有不可预测的特征，但此处的答案是肯定的。

在剖析结构性危机时，利润率是一个重要的变量。（利润率的这些历史趋势反映在了图 21.1 中；也见表框 21.2）。19 世纪 90 年代 21
和 20 世纪 70 年代的经济危机皆是盈利能力呈下降趋势的结果。与此相反，大萧条和新自由主义危机与利润率的下降趋势却没有联系。在这两个时期，利润率皆处于一个缓慢的恢复过程中。无论是利润率的上升趋势还是下降趋势都不能视为当前危机的一个决定因素。然而，显而易见的是，这并不意味着利润率与当前的研究在某些方面没有关系。[7]

大萧条与当前危机的共同之处在于，它们都标志着一个金融霸权时期的顶峰。大萧条可以被称为“第一次金融霸权危机”。这一称谓直接表现出它与新自由主义危机的共同方面，后者本身就是“第二次金融霸权危机”。两者皆是行使霸权，即阶级霸权和国际霸权所导致的后果，上层阶级需求的无限扩张将经济机制推向可持续发展的边界，并最终超越了这一边界。

22 结构性危机的一个共同特点是它们的多个方面和持续时间。譬如，如果不是战备刺激了经济的话，是难以确切说出大萧条持续了多长时间，或者说将会持续多长时间。自 1929 年末至 1933 年，宏观经济突然崩塌进入了大萧条。1937 年，当产出重新暴跌时，经济开始逐渐复苏。随后，战时经济彻底改变了危机发展的过程。20 世纪 70 年代的危机呈现出同样的发展特征。20 世纪 80 年代，伴随这一年代之初的深度衰退而产生的金融危机，在向新自由主义转变的过程中，新的事态发展延长了各种新形式的危机的存续时间。很有可能，当前危机会以相似的趋势发展下去。一旦产出收缩，正增长率占据上风，这将标志进入了一个新的发展阶段，但肯定不是导致危机的各种紧张关系的消除。许多问题仍然有待解决。正增长率将是合宜的增长率吗？美国经济的失衡何时得以解决？政府债务将如何偿付？美元可以支撑国际压力吗？一个新的可持续的事态进程的确立将是一个长期而艰苦的过程。

美国国内和国际新自由主义战略的野心与矛盾

在资本主义的整体发展变迁中，新自由主义并非例外。从一开始，野心勃勃的新自由主义战略中的阶级因素和国际因素由于重大内部矛盾而被逐渐削弱。一场严重危机的爆发应该毫不奇怪。本节将分别考察这些矛盾的三个重要部分。

1. **令人目眩的追逐高收入的态势**。新自由主义这一社会秩序旨在为高收入阶层增加收入，而不是促进生产投资，更不是促进社会进步。在中心国家，国内资本积累被放弃用以支持使上层阶级受益的收入分配。引人注意的是，美国的新自由主义意味着一种生产的去地域化（转移至某一领土之外），从而使若干外围经济体受益。新自由主义的最初赌注是中心国家会逐渐将自身转变为服务型经济体，同时仍然集中大量以知识、教育和研究为主的社会活动，并为世界 23
提供金融服务。当然，所谓的知识产权将会受到保护。总之，这些经济体被认为将成为金融中心——最终变成一场噩梦的玛格丽特·撒切尔夫人的梦想。在这第一方面，风险在于新兴的挑战者们将不仅在制造基本商品的过程中追求效率，而且也会涉足高科技、研究和创新领域，并且可能还包括金融服务领域，发展到一定程度则使得中心经济体逐渐被雄心勃勃的挑战者们夺走阵地。

在新自由主义尝试适当放松监管的整体背景下，对收入的相同追求是国内和国际金融化的动力。在美国大额家庭负债的肥沃土壤里，金融机制兴起的一个特殊组成部分——证券化以及被普遍认知的“结构性融资”迅速涌现。（这些金融工具的大部分被出售给了国外投资者。）除此之外，还必须考虑到衍生品市场中最大胆的交易程序的急剧扩张，以及诸如全球范围内的套利交易等各种有风险的金融业务。

新自由主义见证了在美国以及世界其他地区，一个基于很成问题的实践之上的脆弱而臃肿的金融结构的形成。2000 年以后，这一过程急剧加速。它发展到如此程度，以至于那几年金融部门所要求的高额收入和盈利水平，逐年变得越来越依赖于可疑资产和不确定的资本利润的积累。这种趋势可以被称为一种“产生虚拟盈余的倾向”。这场危机将幻景调整回现实。

2. **被削弱的管理宏观经济的能力**。资本在国际范围内的自由流动削弱或者抑制了一个特定国家的宏观政策。在没有全球监管和政策的情况下，或者全球监管和政策效率低下时，未受控制的金融化和全球化进程，对主要资本主义国家控制金融机制及其宏观经济的能力构成了威胁。

在此次危机爆发之前，这一威胁只对加入了新自由主义国际“社区”的外围国家造成伤害（有时呈现出某些极端格局，如 20 世纪 90 年代阿根廷的情况）。情况逐渐发生变化。金融全球化迅速发展，在世界任何地方可用于投资的全球资本数量迅猛增加。美国经
24 济先于欧洲经济显露出新自由主义全球化过程中的内在风险。

虽然上述两种发展类型——对于高收入的追逐以及被削弱的宏观经济管理能力——总体而言是主要资本主义国家的典型特征，美国的金融—全球霸权——美国霸权下的新自由主义——使得美国将新自由主义战略推行至其他中心大国所无法达到的程度。美国向全世界揭示了新自由主义尝试的内在矛盾。

3. **以资本积累不断减少和危险的累积性失衡的发展轨迹为代价迅速向前发展**。另一个矛盾的源头在于美国经济所特有的宏观发展轨迹，这使得美国的发展超过了其他主要资本主义国家。由于占据全球霸权地位而不需受制于对外贸易平衡的要求，同时也缘于美元作为国际货币的地位，美国将商品生产的国际化进程推进到了前所未有的水平。这些机制包括两方面。一方面，美国国内经济的积累率呈下降趋势。另一方面，消费需求的增长导致进口呈上升趋势，同时贸易赤字不断增加。这些趋势所导致的一个后果是，美国产能的正常利用以及相应的增长率水平不得不以国内需求的强大刺激为代价来加以维系。这种刺激是建立在家庭负债激增的基础之上的，

从而加速了与此相对应的住宅投资的繁荣。这一结果只有以危险且具风险的金融创新为代价才能实现。朝向金融化和全球化的整体转向（由于它们相互关联），以及世界其他地区金融机构与政府的合作，为家庭负债的大幅增加提供了所有必要的前提条件。

这一宏观发展轨迹的结果可能只是美国在全世界范围内的霸权的逐步削弱。但是，大规模危机还是有可能发生的，即便其将呈现出的形态还很难预测。首先可能发生的一种情况是，在主要资本主义国家内部，尤其是美国，新自由主义阶级战略会受到金融危机的扰乱而导致产出的收缩。第二种可能发生的情况是，经济衰退将使脆弱的金融结构发生动摇，并因此转变成一场严重危机。第三种可 25
能情形是，在外围国家发生的严重危机将使中心国家不稳定。最后，第四种情况是美元危机。第一种危机情形正在蔓延，但是难以预测其发展，而且关于即将可能发生的情形仍具有很大的不确定性。

在极端金融化、被削弱的控制宏观经济的能力，以及累积性失衡的共同作用下，危机从美国波及世界，这并没有消除美国经济对境外融资的依赖所特别固有的风险。截至 2009 年末，美元突发或渐进的危机意味着，一场潜在的重大发展将彻底改变当前危机的特征。这样一场货币危机的发生将会加速历史的进程，这一历史进程关乎将要实施的新的社会秩序和美国霸权两方面。因此，这场危机不仅会比预期的时间更长，而且也会更加令人惊叹。

成功还是失败?

尽管存在差异，但新自由主义的阶级战略在所有国家都被普遍接受，并服务于一个特权的少数阶层的利益。这种情况不仅出现在发达资本主义国家，就连外围国家的上层阶级也将自己的国家带入新自由主义的国际分工，甚至中国也不例外。在一个强大的政府领导之下，一个强有力的资本主义部门的发展受到鼓励，其发展作为一项大胆自信的发展战略的一部分，与依旧强大的公共部门同时并存。尽管就这种阶级战略的全球性而言，是所有发达资本主义国家的共同特征，如同在“新自由主义全球化”或者“新自由主义时期的帝国主义”中所体现的那样，但美国由于其霸权地位而表现出独有的特征。

从其自身的阶级目标来看，在当前危机爆发之前，新自由主义是一次毋庸置疑的成功。譬如，在中心国家，存在强大的社会阻力，试图维系一定程度上的福利保障制度。在全世界，就像在拉丁美洲那样，也有抵制，作为对新自由主义引发的破坏的一种回
26 应。然而，这并没有改变全球最富裕人群的收入和财富急剧增长的事实。

与这样的成功故事形成鲜明对比的是，当前这场危机的深刻性、全球扩展程度、可能持续的时间，以及在应对这场危机时所采取的措施，都暗示了新自由主义的阶级战略的最终失败。本书最后一章的内容正是指向了上述结论。解决上述一系列矛盾（既包括不可持续的脆弱的金融结构，也包括美国经济的发展轨迹）所需要的一种新社会秩序的建构，与美国霸权下新自由主义特有的阶级野心是互不兼容的。最有可能的情况是，美国资本主义将进入第四种社会秩序，其特征仍有待探讨。

美国上层阶级与美国经济：分离与协调

值得注意的是，考虑到美国庞大的军事装备，这场危机在未来几年内尚不会削弱美国占据世界统治地位的潜能。但是，新的发

展态势已经开始。各项指标都显示美国经济与世界其他地区相比急速衰落。中国和印度的经济都是巨大且正趋于发展的，而且类似的发展趋势也出现在世界其他一些地区，尽管不如中国和印度那样引人注目。这不仅涉及美国国内经济中的生产，而且也涉及美国资本在全球范围内的配置，以及该国跨国企业的主导地位。如果不迅速而有效地实施重大调整的话，美国在世界主要超级大国之间的领导地位将迅速减弱，甚至比当前的发展趋势所暗示的速度更快。

美国国内经济的相对衰退与上层阶级战略不容置疑的成功之间形成了一个鲜明的对比。这些上层阶级提升和恢复了自身的权力和收入，至少截至这场危机发生时他们是这样做的。在追逐新自由主义的阶级目标时，只要所投资的国家在政治方面仍然可靠，无论利润实现于美国国内还是世界其他任何地方都没有关系。因此，美国经济愈来愈依赖于对外融资的趋势也毫不重要。政府和家庭负债的持续增长也同样毫不重要，这种增长被理解为不断增加的金融收入 27
的来源而不是危险的国内发展的来源。在美国，这种偏离达到如此巨大的程度，以至于可能导致该国的上层阶级与国内经济之间的一种“分离”。

在这种事态模式中，真正新奇的不是分离本身。许多外围国家正在或者已经由上层阶级，或者那部分对自己国家发展并无贡献的阶级统治着。而且，这些精英的行为往往取决于，他们与中心帝国主义国家合作从而大幅增加自身财富（尤其是海外财富）的欲望。这对本地区经济和社会造成的后果是毁灭性的。上层阶级的民族主义或者爱国主义对于国家经济的发展至关重要。自 20 世纪 80 年代以来的新情况是，新自由主义战略意味着新自由主义中心世界的分崩离析，与在许多不太发达的国家所观察到的颇为相似。

在诸多的外围国家，类似的民族主义趋势得以建立，这些国家正在抓住机遇——鉴于其他的有利条件（诸如廉价而自律的劳动力、自然资源等等）——并最终对中心国家的统治形成威胁。事实上，与中国强大的资本积累进行对比是很说明问题的。这一对比显示，这里所谓的“分离”不是资本主义动态的一般属性，甚至也不是新自由主义的一般属性。细想一下当前资本主义发展过程中的中国资产阶级与其国内经济之间的关系，这种关系仍然属于一种“蜜月期”的关系。

隐藏在这些机制背后的是一个逐渐成熟的过程，即在一个特定的背景下达到一个特定的发展阶段。以中国的情况为例，从国内资本家或者中国侨民中的资本家的角度来看，国家的领土和人口都发挥了犹如“吸引子”（attractors）的作用。显然，这种阶级战略无法与全球部署分割开来，如同在海外投资一样，但是目标仍然在很大程度上指向国内发展。这种国际部署在很大程度上受到特定目标的刺激，诸如自然资源控制或者使国内金融机构加入全球金融网络等，而不是缘于对比它们在国内可获得的利润率更为突出的利润水平的追逐。

28 就美国的情况而言，20 世纪 90 年代下半叶，新自由主义阶级策略与国内经济发展轨迹的分歧被“长期经济繁荣”暂时性地掩盖了。（事后看来，2000 年以后爆发的第一场危机、经济衰退以及股票市场的下跌都标志着这种繁荣的终结，可以解释为如同一次彩排，预示了那个十年期结束时经济崩塌的出现。）20 世纪 90 年代可以被视为新自由主义尝试的全盛时期，之后的数年被认为是新自由主义误入歧途的十年。因此，20 世纪 90 年代那段发展良好的小插曲，形成的印象只是关于上层阶级利益与国内经济之间的一种巧合。

从美国社会与经济的角度来看，亟需一种协调。这就需要一种大幅且很有可能耗费时日的调整，也就是向一种新的社会秩序的转变。如果新自由主义阶级目标和方法继续维持，即使在某种程度上实施易于确保一定程度的金融稳定的金融监管，美国霸权的衰退也将非常迅速，也许迅速得令美国的上层阶级无法忍受。

新的社会和全球秩序：国家因素与新管理资本主义的选择

考虑到即将到来的数十年，一个基本假设是，对隐藏在美国经济相对衰退表象下的发展趋势的纠正与新自由主义战略毫不相容。针对资本收益和股票市场表现的公司治理与强大的国内积累率是不相称的。自由贸易与资本在全球范围内的自由流动亦是如此。从低劳动力成本的国家的进口的增长与海外直接投资都给国内经济带来了无法承受的压力。旨在为其所有者和经理人创造超额高收益的金融部门并不能服务于非金融积累。不仅如此，这样一种金融部门趋于过度扩张威胁经济稳定的金融机制。可能的情形可以清晰地罗列为：（1）将追逐新自由主义目标作为首要目标，与此同时，美国作为世界范围内的领导者继续衰退，或者（2）超越新自由主义，向一
种新的社会秩序转变，也就是前一节所描述的在上层阶级与国内经 29
济之间所亟需的一种“协调”：

1. **新管理资本主义**。上述要求全都指的是一种新的管理领导阶段的确立，新自由主义目标对此未作承诺。这种领导的主要方面可能包括（1）不以股票市场和资本收益为目标，而以国内投资为目标的管理；（2）对自由贸易和资本的自由流动设定限制；以及（3）

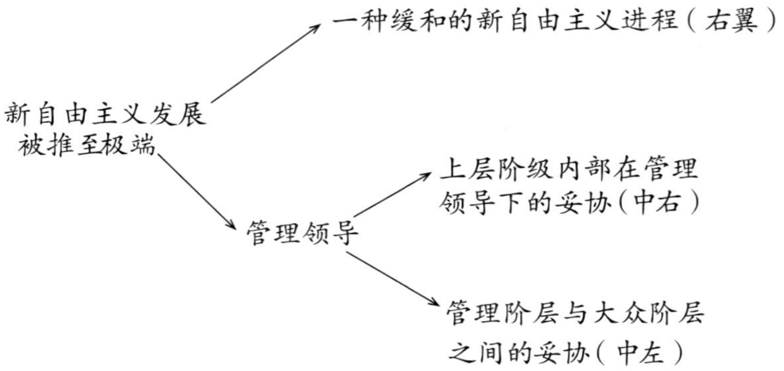

图解 1.4

一个服务于非金融经济并且得到充分监管的金融部门。这些是增强美国本土经济发展、纠正美国经济失衡，以及稳定金融机制所必需的基本条件。

新自由主义目标与维持国内经济之间的矛盾导致的后果是，美国希望保持其在全球相对地位的决心，可能成为它向一种新的社会妥协转变过程中一个至关重要的因素，就像图解 1.4 的第一分支点所暗示的那样。非金融管理人员与政府管理人员的作用将会越来越大。

这种调整将得以实施这一点尚不明显。如果这种调整战胜了上层阶级狭隘且短期的利益，仍然不清楚它是否能够成功确立。对于美国经济发展轨迹的纠正将比人们通常所想的更为艰巨。保证大量工薪族的购买力（社会和谐的一个条件）与保持利润率之间，以及跨国公司的扩张与生产的再地域化问题之间的冲突将十分尖锐。

2. **向左还是向右**？上层阶级将新自由主义的新规则强加于大众
30 阶级，而大众阶级完全为了少数人的利益而工作。这场危机揭示了新自由主义尝试的真实本性及其不可持续的特征，尤其是2000年之后被普遍接受的各种形式。因此，必须提出的问题是：大众阶级会允许上层阶级确立一种新的经过有限调整的新自由主义发展轨迹，或者达成一种新的允许上层阶级仍然处于社会顶层的阶级妥协——这样两种使大众阶级被排斥在外的社会安排吗？与大萧条进行对比就可以知道，之前由金融霸权所引发的危机如何最终导致一种偏左的社会妥协的确立。

然而，在当前的资本主义发展阶段，却没有像20世纪最初数十年那样爆发大规模的工人运动。巴拉克·奥巴马2008年当选美国总统使得实现这种社会调整的可能性有所增大。这些调整措施可以使人们略微联想起罗斯福新政。但是，此时的主动权似乎并不在大众阶级手中。在议事日程上，既没有再现社会民主妥协，也没有出现更为激进的社会变革。

如果国家因素战胜了一种缓和的新自由主义进程的继续的话，那么它似乎更不可能引向一种新的偏左的社会妥协，就像战后的社会妥协那样。截至2009年——从进一步扩张的危机（在其实体、金融与货币组成中）所产生的潜在影响中分离出来的同时——当前危机似乎为上层阶级内部的社会妥协铺平了道路，这种社会妥协仍然是偏右的，但却是在一个与新自由主义截然不同的格局之中。这正是图解1.4中第二个分支所蕴含的意义。

就新自由主义发展阶段而言，这样一种新的社会秩序的阶级基础应该是，在管理领导下的上层阶级、资本家与经理人之间的一种妥协，其中，资本家的利益在一定程度上受到了抑制，同时也没有了战后数十年里的福利保障的特征。这种权力结构可以称之为一种“新管理资本主义”。

这种新型权力结构的确切内容将取决于上层阶级各部门之间的内部纷争的程度，以及大众阶级所施加的压力。这种情形开启了相当广泛的潜在政治方向（从一种极右的选择中分离出来）：

a. 考虑到有利于上层阶级的收入流，有必要强调，美国增强其全球主导地位的坚强决心将要求对管理层和资本家的收入予以显著限制。尽管如此，新的社会妥协将仍然发生在上层阶级之间，偏向
31 右翼。在这些阶级的比较利益范围内一种转变将会发生。

b. 如果没有大众阶级的大力支持，难以想象这样的广泛变革会得以实现。向大众阶级做出一定程度的让步可能是必需的。因此，偏于中右的政治方向可以期待。

3. **世界其他地区的多元化发展**。这样一种增强美国国内经济的新战略，对于极大地参与了新自由主义国际分工的外围国家而言将会产生重要的影响。但从长远来看，这种发展趋势也为一种国家发展模式的建立创造了机遇，就像大萧条以后的情况那样（如同拉丁美洲国家的进口替代工业化的情形一样），这种模式是新自由主义全球化所亟需的替代模式。

如果不受美国所遵循的发展道路的影响，全球的情况将全然不同。在新的或多或少偏右或者偏左的社会秩序的建立过程中将会看到不断增加的多样性。欧洲没有像美国那样致力于国际霸权，而且欧盟在政治上也无法执行这样一种雄心勃勃的战略。欧洲可能——很矛盾的是，鉴于其历史——在今后的数十年里成为传统的新自由主义阵营。

一些拉美国家的社会民主趋势是否会为其打开社会进步的新出路，这一点仍不明朗。至关重要的因素将是当前危机对于中国的影响。或者，由于已经成功战胜了危机的影响，中国仿佛什么事都没

有发生，或者，中国自身或世界其他地区的危机经历将发挥作用，从而支持沿着中国当前普遍接受的混合经济模式下的“第三条道路”发展。

即使新的社会安排在美国得以成功确立，仍然难以想象美国霸权将得以维持。对于被削弱的美国统治地位而言，将没有清晰的替代者，而围绕区域领导者形成的一种多极结构将在今后数十年里逐渐被普遍接受。大西洋和亚洲的两极世界也是一种可能的结果。如果相互冲突的利益无法取代，抛开不断升级的国际对抗，一种乐观的情形是新的国际等级关系将在国际机构内部显现出来，而全球治理的任务则会慢慢转向这些机构。这种新环境将有利于全球社会秩 32
序的国际多元化。这将意味着对新自由主义全球化逻辑的一次明显突破，对于发展中国家而言具有一种潜在的可能性，如同国内社会秩序问题中的大众阶级一样，这种可能性取决于这些国家将会实施何种战略。

赌注是很高的。

33 # 第二章　对于危机的剖析

关于2000年以后的金融扩张与创新机制，以及美国经济的宏观发展轨迹的技术层面，与上个章节中有关周期化、社会与国际等级的探讨相去甚远。尽管如此，关于新自由主义危机的解释仍然属于这两类问题的交叉领域。本章的研析所需达到的目的之一，是在技术机制与历史解读之间架起一座桥梁。

在对导致危机的各种机制进行分析时，时间框架通常始于2001年经济衰退之后，当时，金融创新最极端的部分得以实施。但是，金融创新也可以通过一种历史的视角来进行考察，因为从最初时起它就是新自由主义的一个普遍特征。在针对宏观体制的剖析中，时间框架也意味着相同的多样性。近30年的新自由主义发展趋势是危机的重要因素，但在此的分析还必须从衰退和复苏各个阶段的更迭的角度，了解短期商业周期的波动。

以下几节有两个主要目标。运用比前一章更多的技术术语重新表述对当前危机进行剖析的整体框架，同时概述从次贷危机到“大收缩”主要的危机发展阶段。

脆弱的结构与不可持续的宏观发展轨迹

对于当前危机尚没有综合性的技术解释。它不是利润率不足的结果。它也不是由于需求匮乏，需求匮乏是对工资购买力不足的表述。如果必须找出一种最主要的解释，那么它的原因在于新自由主义的目标、实现这些目标所使用的工具，以及这些目标和方法中固有的矛盾。由于当前这场危机是新自由主义危机，因此毫无疑问，分析必须聚焦于这种社会秩序。尽管如此，新自由主义仍然无法与美国在世界范围内的霸权分离开来，尤其是关于金融机构和金融机制方面。 34

从第一组决定因素到此次危机的发生，有两种连锁机制发挥作用，如同图解 2.1 所示。这些机制可以被视为美国霸权下新自由主义矛盾的直接表现（见第一章）。一方面，它们是对高收入不受约束的追逐，连同与金融化和全球化相关的成就，另一方面，它们是美国经济的不可持续的宏观发展轨迹，这种发展轨迹未受到制约其他中心资本主义国家的因素的影响。

图中新自由主义、全球化与金融化之间的分离也许令人吃惊。当代资本主义的这些方面在这里被视为三种相互关联但又各不相同的一系列现象（见表框 2.1）。

1. 对于高收入、金融化和全球化的追逐。图解 2.1 上半部分（箭头 A 和 B）的第一个因素是“对于高收入的追逐”。在此，高收入指的是利润、资本利得以及上层收入阶层的高工资。（就像本书所使用

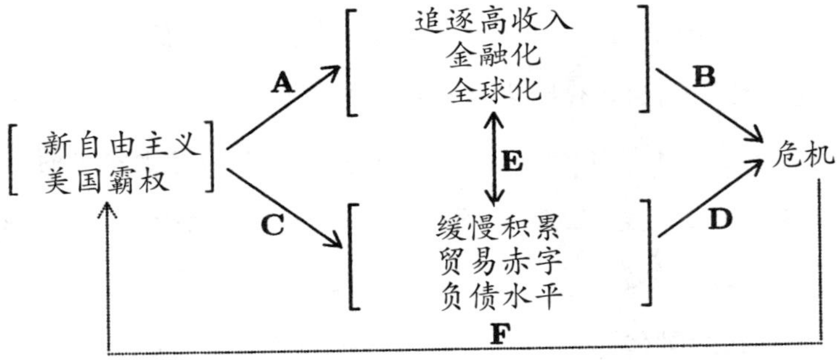

图解 2.1

35 **表框 2.1　新自由主义、全球化和金融化**

考虑到新自由主义的国内与国际的情况——自由市场经济、自由贸易以及资本的自由流动——新自由主义实际上字如其意，就是一场新的自由主义。尽管如此，在本书的研究中，新自由主义的概念被理解为一种新的社会秩序，在这种秩序中，一种新的行为准则被强加在了劳动力之上，同时新的管理标准与政策建立起来（不同国家之间具有显著的不同，管理也具有不同的组成部分）。所谓的“自由市场”是服务于这一目标的一种工具。

与新自由主义相比，全球化是当代资本主义的分析者们更倾向于使用的一个概念。虽然全球化进程使人们回想起资本主义早期甚至最初的发展阶段，但在 20 世纪的最后数十年里，商业与金融的国际壁垒都得到进一步缓和。与以往任何时期相比，21 世纪的经济更是一种全球经济。新自由主义为全球化赋予了具体特征（就像“新自由主义全球化”这一术语一样），但新自由主义却不仅仅是全球化的一个阶段。

“金融化”这一概念同样包含了多重含义。像全球化一样，“金融化”指的是像资本主义一样悠久的体制，甚至是更早的前资本主义市场经济，但是，在新自由主义的数十年里的一个重要情况肯定是，达到前所有未有的复杂和扩张水平的金融机制发展到了巅峰状态。本书的研究显示，一方面，就创新程序而言，“金融化”总是意味着金融机构与机制的扩张（以及随之而来的大量的资产与债务），另一方面，“金融化”也意味着实施诸如为股东创造价值之类的管理标准。金融部门的相对规模和利润率包括在此概念中。同时也包括金融机构和非金融企业内部金融管理部分的扩张，以及向财务经理们支付的收入的大幅上涨。

鉴于当代资本主义中金融收益被赋予的作用，“金融化”这一概念也被用于更广泛意义上的文献中，涵盖了新自由主义的大多数特征。新自由主义是一个“被金融化的资本主义”，这一论断具有许多含义，有时候其含义是基于所谓的类似“金融或者金融资本（主义）”等意义之上的。但是，这一特点并不真是新的。“金融资本”这个词在20世纪初由希 36
法亭创造。[1]如果要给予“金融”一个合适的定义的话，“金融主导的资本主义”将更接近这里所探讨的角度。

①. R. Hilferdind, *Finance Capital: A Study of the Latest Phase of Capitalist Development* (1910; London: Routledge and Kegan Paul, 1981).

的概念那样，“工资”包括周薪、年薪、股票期权、奖金和退休金。）对于高收入的这种追逐超越了可持续发展的界限，以至于创造出了一种虚构盈余，这种盈余只是支付实际收入的一种借口。

金融化与全球化是获取高收入的两个手段。与二战之后对金融机制设定限制截然相反，新自由主义对于金融机制的扩张有着极大的刺激作用。对剖析这场金融危机而言至关重要的是，2000年以后金融机制进入了一个更加迅猛扩张阶段的事实。这种迅猛扩张是已经存在的机制的增长与创新程序的引入共同作用的结果。自由贸易、资本在全球范围内的自由流动（海外投资），以及金融机制与货币机制的全球化皆是新自由主义全球化的重要支柱。这些朝向全球化的发展趋势与金融化一样具有威胁性。整体而言，金融化和全球化意味着一种既脆弱又庞大的金融结构的建立。这些机制的另一个共同作用的结果是被削弱的宏观政策的稳定能力。在一个自由贸易和自由资本流动的世界中，难以控制利率、贷款和汇率。

2. **美国经济的宏观发展轨迹**。图解 2.1 的下半部分强调，在新自由主义指导下，长达 30 年之久的美国经济宏观发展轨迹所发挥的作用（箭头 C 和 D）。三个基本面可以区分开来：（1）积累率呈低水平并且不断下降，（2）贸易逆差，以及（3）逐渐依赖于来自世界其他地区的融资和国内债务。我们通常将后两组决定因素一同称为“全球不平衡”，这是对“美国经济失衡”的一种委婉表达。显
37 然，美国的贸易逆差在其他国家看来就是其另一面的贸易顺差。但是本研究将这些发展趋势的责任归咎于新自由主义全球化背景下的美国。

积累率不足是美国经济发展轨迹的一个基本构成，但是这些发展趋势并不是导致危机爆发的唯一原因。与此相反，消费的增长，特别是上层阶级消费的增长是导致危机爆发的中心机制。因此，危机绝不能被解读为过度积累或者消费不足的后果，而应该是过度消费以及与之对应的积累不足的后果。在美国，贸易前沿的开放对进口的刺激远超过出口，同时伴随着一种不断上升的贸易逆差的趋势。

图的上半部分和下半部分两组趋势已经分别表明了本质上不可持续的发展。因此，危机的原因可以从“过度”的角度加以描述。过度金融化意味着一种脆弱的金融结构，而过度全球化则意味着一种不可控制的世界经济。美国家庭债务的逐渐积累不可能毫无节制地继续下去。在某个时间点，对于对外融资的依赖不得不停止。尽管如此，重要的却是要理解箭头 E 所表示的各类决定因素之间的关

系。呈上升趋势的家庭债务（图的下半部分）肯定是金融机构贪婪地追逐利润以及监管缺乏所导致的后果（图的上半部分）。贸易逆差和对外融资的共同增长是一个开放的世界经济（上半部分）所带来的后果，鉴于美国的国际霸权，这一后果使得贸易逆差增长而没有过于严重影响美元的稳定性。

然而，这场金融危机的核心却是所有上述因素相互联系的一种更为具体的关系。国内债务的增长（直到20世纪90年代，政府债务以及家庭债务一直处于增长状态）是在一个开放经济中的宏观政策的结果，这种宏观政策旨在维持适度的增长率和正常的产能利用率。有三类机制共同发挥作用：

1. 作为新自由主义发展趋势的一个后果，富裕家庭需求的扩张是消费大幅增长的根源。鉴于贸易前沿的开放，愈来愈多的消费商品需求是由进口满足的。因此，这些消费趋势在很大程度上不利于美国国内的生产者，而是满足了进口的增长（大大超出了出口国的 38
出口能力，这是导致贸易逆差不断增长的一个特征）。

2. 国内生产者所面临的需求长期匮乏，并且要求通过一种大胆的信贷政策来刺激消费。如上所述，这种刺激的不断增加使国外生产者受益。（从这个意义上讲，美国经济作为世界经济增长引擎的形象似乎与此有重大关系。）

3. 由于各种不同原因——平衡对外贸易的制约措施的缺乏、放宽了信贷条件的金融创新、衍生品市场的爆炸式发展［信用违约互换（CDSs）与利率合约］等等——，家庭债务的扩张没有得到控制，并且呈现出渐增趋势。

美国抵押贷款相关市场的剧烈增长及其随后的崩塌都必须置于这一背景下来理解。这些现象并不是金融化独立存在的不幸的副作用，而是与金融机制大肆扩张并存的组成部分（尤其在2000年以后），同时也是美国经济宏观发展轨迹延续过程中的一个必要要素（图的中上半部分和下半部分的决定因素的共同作用）。房地产危机以及金融机构金字塔的相应倒塌像地震波一样动摇了脆弱的全球金融结构。它是危机的触发因素，不是危机产生的原因。

显然，金融危机对于使其出现的条件有一个反馈效应（箭头F）。正像第一章最后一节中所主张的，新自由主义和美国霸权都有牵连。

事件顺序

自2007年8月金融危机爆发以来所发生的一连串事件，必须理解为新自由主义最后发展阶段的巅峰，当危机发生时，这个巅峰阶段的历史经历了将近30年。在危机爆发之前，新自由主义经历了三个连续发展阶段，这三个发展阶段严格来说，或多或少地与20世纪80年代、20世纪90年代和2000年以后这三个十年相重合：

1. 新自由主义建立的最初阶段，即1980年至1991年的十年，
39 是非常困难的。这个阶段以三次衰退为标志，伴随着1980年、1982年和1991年的负增长。与此同时，这些年也是金融动荡的年份，伴随着银行、储蓄和信贷机构的危机。

2. 从1991年的衰退中复苏标志着进入了新自由主义的第二个发展阶段，尽管复苏过程缓慢，但是在20世纪90年代下半叶，增长率却稳定在较高水平。在这一复苏的表象之下是信息技术领域的投资浪潮。这个时期也是部分美国投资者在国外进行大规模直接投资，以及与此相应的外国在美国的直接投资大幅增加的时期。在这利好的十年中，选择新自由主义被视为一种新的万能药，特别是与欧洲

的情况进行对比时（并且忽略在亚洲和拉丁美洲反复出现的危机）。在20世纪90年代下半叶中，随着信息技术的繁荣以及随之而来的股票市场泡沫，美国经济进入了2001年的衰退。

3. 2000年后一连串的事件可以视为危机的一个前奏。从2001年的衰退中复苏，是仅仅以住宅投资上涨、房地产市场繁荣为代价而取得的，但生产性投资水平依然低下。整体宏观经济保持了适度的增长率。同时，在新自由主义开始以来的一段稳定增长期之后，家庭债务、贸易逆差以及美国经济从世界其他地区的融资都大幅飙升。这个时期还以金融机制的迅速扩张为标志。譬如，自2001年末至2005年末期间，衍生品合约的总市值增长了2.6倍。在这一时期与诸如证券化和违约保险等抵押贷款相关的金融工具也出现大幅增加。美联储意识到了这些发展趋势，但是在从2001年的衰退中复苏之后，美联储联邦基金利率的提升却未能成功抑制信贷扩张，而此时监管仍没有被提上议事日程。

由此，五个阶段可以区分出来：

1. 在2005年与2006年之间，一场严重混乱的早期征兆显现了出来，首先出现了建筑许可量、房屋销售量和房屋价格的下降。违约潮也在此时开始发生（最初影响的是浮动利率次级抵押贷款）。银行开始减记账上的贷款，同时风险最高的抵押支持证券（MBSs）出现贬值。2007年上半年，大量与住房抵押贷款直接相关的金融机构遭遇震荡。

2. 2007年8月标志着这场金融危机正式开始。它最初是一场流 40
动性危机。房地产市场的低迷形势加剧（建筑许可量、房价等进一步下降），抵押支持证券的危机导致一个具有巨大的不确定性的局面，这种情况下证券不能再进行估值。由于银行间市场的混乱，美联储介入进来以缓解这种情况，其最初借助的是以低利率进行公开市场购买这一传统机制。2007 年末，由于危机的严重性，公开市场操作无法予以抵挡的事实变得清晰。于是，美联储采取新的措施，使愈来愈多的可疑证券被接受为抵押物。一定的放宽措施占据上风，但事实证明这只是暂时有效的。次级抵押贷款显然只是诸多决定因素中的一个，正是这些决定因素使得新自由主义的真实本质骤然显现出来。

3. 许多金融工具的崩塌动摇了整个金融结构。2008 年初，金融机构遭受损失的情况明显增加，破产像传染疾病一样开始蔓延。3 月，贝尔斯登公司破产，房利美和房地美的弱点亦显现出端倪。从 2008 年初开始，金融部门不断恶化的情形堕落成一场家庭和非金融企业面临的信贷供给危机，即所谓的“信贷危机”。

4. 2008 年四季度标志着一次重大突破，伴随一种新的并且深化的危机和恐慌的气氛。美国雷曼兄弟公司、华盛顿互惠银行以及其他金融巨头相继破产。其他诸如美国国际集团（AIG）、美林证券、花旗集团等在最后一刻才得以获救，但是这些公司的股票价格下跌超过 90%。货币政策毫无用处。信贷紧缩比例呈现不断扩大的局面。产出收缩席卷全球。外汇市场出现不稳定，同时股票价格大幅下跌。

在这种背景下，美联储和美国财政部扩大了它们的活动范围，充当起私人机构的替代者。它们启动积极干预来刺激新贷款，为商品和服务的购买融资。资本融资（购买境况不佳公司的股份）成为信贷融资（通过借贷实现）的补充。美联储和财政部（作为保险人）为可疑资产提供担保。各种外币互换业务被组织起来以帮助缺乏外汇储备金的外国央行（美联储此时担当起了全球经济的中央银行）。

5. 2008 年末，大收缩开始了。整个危机应对措施的主要组成部 41
分成了政府赤字，政府负债随之相应上升，而世界其他地区和美联储的融资也相应增加。

大收缩——一场美元危机

截至 2009 年，产出收缩已经成为主要发展趋势，这让人们联想到“大萧条”。在 2007 年 7 月至 2009 年 6 月间，美国制造业的产能利用率从 79.4% 降至 65.1%。但是，其他国家的降幅更大。自 2008 年 8 月至 2009 年 4 月，美国钢铁产量减少了 56%。自 2008 年 8 月至 2009 年 5 月，美国商品和服务进口减少了 33%。从 2011 年秋季开始，产出对于金融部门、非金融企业和家庭的情况也分别产生了重要的反馈效应。美国国债在国内生产总值中所占比重从 2007 年 8 月初的 35% 升至 2009 年末的 54% 以上。全球各国的政府债务和国家债务也都大幅飙升。截至 2009 年下半年，根本无法得知产出收缩的影响究竟多么深远。预期不断往下行方向调整，也许已经达到最低。2009 年 12 月，美国的产能利用率依然只有 68.4%，也就是说，仅高于 6 月份的最低点。（在大萧条低谷时，产出已经下降大约 25%。）

此次大收缩将有多么深刻？它将持续多长时间？这在很大程度上取决于经济活动亟需的刺激措施。关键因素是这种刺激的实际数量、内容、贯彻实施的速度、在全球范围内而不是一个又一个国家解决问题的能力。在美国，政府本身或者与政府联系紧密的核心机构介入进来，充当私人部门的替代者。至少以下三个方面必须强调：（1）在信贷紧缩的背景下，大量政府赤字趋于弥补来自私人部门的需求匮乏；（2）证券化由联邦机构与政府支持企业（GSEs）实施，政府支持企业现在由政府所有，而私人公司发行者的行为则被终止；以及（3）抵押支持证券由美联储而不是私人投资者购买。

42 考虑到美国经济对于境外融资的依赖，特别是政府赤字的大幅增长，美元的突然贬值是一种可能的发展趋势。这场危机的性质与波及范围都将会发生改变。即使美元温和贬值也会将危机输出到世界其他地区，尤其是欧洲。据说，阿拉伯国家已经启动了与中国、俄罗斯和法国的谈判，试图在石油定价过程中寻求新的安排以避免对于美元的依赖，使用一揽子货币（以及黄金）作为其替代。这样一场危机会从根本上威胁美国霸权的维系。

第二部分 43
金融的第二王朝：阶级与金融机构

前面章节中的大部分探讨预示了本书的主要研究结果。尽管如此，剖析的实际过程却是从这一部分开始的。

本书将当前危机的根源追溯至新自由主义的内在机制及其在美国的具体特征。尽管“新自由主义”这一术语被广泛使用，但是关于其内涵却并没有一个普遍共识，而且有时被认为是一种用词不当。因此，有必要首先对其进行定义。

第二部分及其后续部分的目标是逐渐将新自由主义作为一种阶级现象加以介绍，并提出一些实证细节来支持这一解读方式。在第三章中，将探讨上层收入阶级在不考虑其收入来源的情况下的收入恢复。第四章专门论述新自由主义盛行的数十年里资本收益（包括利息、股息和资本利得）的增长。只有第三部分（第五章和第六章）将新自由主义视为三极阶级结构中的一种阶级现象，这三极阶级分别是第一章中所介绍的资产阶级、管理阶级和大众阶级。[1]

第三章　高收入阶层的利益 45

收入统计数字没有提供有关阶级模式及其不断变化的结构与权力的直接信息。我们必须满足于诸如收入阶层等的类别以及一种宽泛的“上层阶级”的概念。但是收入分配的历史性转变却充分揭示出潜在的社会变化。这正是本章的观点。

收入集中在顶层

很有趣的是，一同构成现代资本主义的三种社会秩序的先后次序在美国收入分配的历史概况中一目了然。在实行新自由主义的数十年里，每个国家乃至全球范围内收入的不断增长，以及更为普遍的社会不平等问题经常被加以讨论。托马斯·皮凯蒂和伊曼纽尔·赛斯从损益表中收集的数据清晰地表明了收入分配的这些历史趋势。[1]（损益表的数据是有偏差的，但是向美国国税局［IRS］申报的报表当然不会过高估计更高的收入，根据所观察的基本情况，报表数据正是本节研究中最重要的内容。）

图 3. 1 提供了有关收入等级的历史概况的最初观点。该图表明，家庭所获得的总收入的份额与 1% 的上层收入阶层有关。（2007 年，这意味着将近 150 万家庭所报告的年收入超过 398, 909 美元。）第二次世界大战以前，这一特权群体的收入占美国家庭总收入的 18%

46 （1913 年至 1939 年的年平均值）。自第一次世界大战时起，历经大萧条和第二次世界大战，这一百分比逐渐下降。值得注意的是，直至 20 世纪 70 年代末这一下降趋势都没有恢复。（另外一些指数[2]

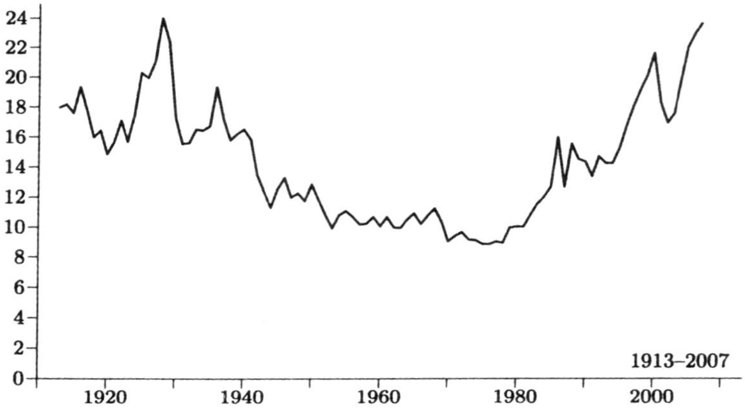

图 3.1　1% 更高收入阶层所获得的收入在总收入中的份额：美国家庭（百分比，年度值）。在衡量收入时，资本利得包括在内。

表明，20 世纪 70 年代，这些上层阶级的相对财富大幅减少，这个十年，股票市场萧条，实际利率非常低或者出现负值，股息的支付受到限制。）后来的恢复尺度是极为惊人的，百分比从 20 世纪 70 年代中期 9% 的最低值升至二战前的水平。我们可以猜测，这一概况实际上是低估了恢复的幅度的，这种恢复实际上是高收入阶层逃税的结果（譬如前往避税天堂），但是这一低估的程度却不得而知。

购买力概况也反映了类似的变化（因消费者价格指数而降低的收入）。图 3.2 反映了顶层 1% 的收入的家庭与其余 99% 的家庭的年平均购买力。1% 的顶层的实际收入反映在右轴上，99% 的大众阶层的实际收入反映在左轴上，衡量标准均是 2007 年的美元价值。右轴单位比左轴的单位大了 20 倍。

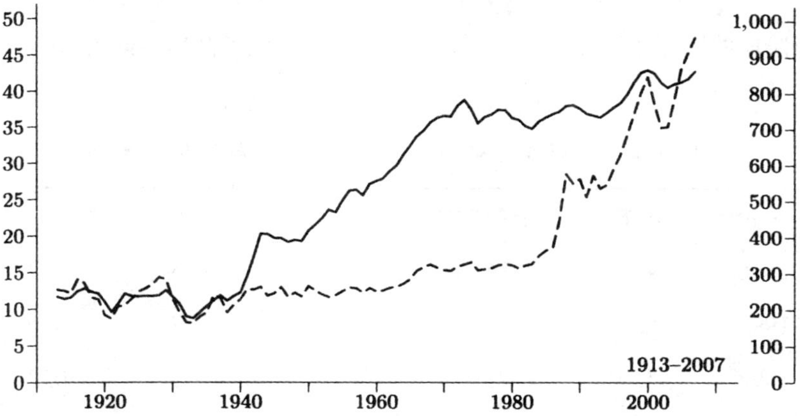

图 3.2　两大收入阶层的实际收入：美国家庭（2007 年的千美元，年均值）。左轴：99% 的大众家庭的实际收入。右轴：1% 的顶层收入阶层的实际收入。右轴的规模比左轴大 20 倍。

第二次世界大战以前，两条线的叠加表明 20 这一比率是一直维持的。在二战期间，99% 的大众层的购买力（——）开始大幅上涨，20 世纪 70 年代，这一数值几乎达到了其战前平均水平的 3.3 倍。接着，截至 2007 年，这一数值几乎呈水平走势发展。这一走势图将二 47
战后最初数十年的中间时期的具体特征显著地呈现出来。我们可以将 20 世纪 70 年代最初几年的经济停滞，归咎于这十年中结构性危机对收入可能造成的一种令人沮丧的影响，但是在新自由主义下却没有确立任何新的上升趋势。第二个变量（— —）表明了 1% 的上层收入阶层的购买力。一个对称模式显现出来，截至 20 世纪 80 年代初，这部分阶层的购买力几乎停滞不前，之后又大幅上涨，2000 年以后，这一变量升至战前水平的 3.6 倍（2007 年，比这一水平高出更多)。事情再清楚不过了。收入等级的差别与第一章中所论及的三个阶段的顺序相匹配，对于不同的收入阶层产生了截然不同的影响。

表格 3.1　全球高净值个人（百万个人与万亿美元）

年份	人数	金融财富	年份	人数	金融财富
1996	4.5	16.6	2002	7.3	26.7
1997	5.2	19.1	2003	7.7	28.5
1998	5.9	21.6	2004	8.2	30.7
1999	7.0	25.5	2005	8.7	33.4
2000	7.0	27.0	2006	9.5	37.2
2001	7.1	26.2	2007	10.1	40.7

这种收入与财富集中于高层的现象并不是美国所特有的。在新
自由主义发展阶段，全球范围内的金融财富都增长巨大。表格 3.1
中使用了凯捷—美林共同发布的“世界财富报告”中的“高净值个
人”概念（HNWI)。这一人群是指财富（不包括主要居所并减去债
务之后）超过 100 万美元的个人。在世界范围内，超过 1,000 万家
48 庭的人口属于这个人群。1996 年至 2007 年间，这一人群的数量以
7.6% 的年平均增长率增长。他们的总财富以 8.5% 的年平均增长率
增长（而世界生产总值［GWP］却是以 5.5% 的平均速度增长)，这
表明他们获得了非常可观的收益和资本利得。2007 年，高净值个人
的总财富达到了 41 万亿美元。(见表格 7.1 中与 2006 年的其他数据
的对比。)

上层收入阶层的高薪资和利润

新自由主义极大地改变了收入分配的整体模式，尽管在美国的这种改变并不体现在利润和薪资在总收入中分别所占份额这一传统意义上。（“薪资”这一术语是指总的劳动报酬，即对于雇主而言的劳动力成本。）

图 3. 3 表明（——）薪资在美国公司部门的国内收入中所占的份额，也就是将非金融企业和金融企业结合起来考虑。（在分析收入分配时，将非公司部门与政府部门分离出来是很便利的，在这两个部门中，由于不同的原因，薪资与利润的区分皆存在问题，这两个部门的发展态势是对具体机制的体现。）就份额水平而言，首先可以看到，薪资在总收入中所占份额在 72% 上下浮动，而剩余的 28% 则对应着总税收和总利润。就发展趋势而言，我们可以看出，薪资份额在经过了截至 1970 年的一段有限增长的时期之后，就进入了一个停滞期。（这一变量以及另外两个变量的波动情况趋于伴随经济周期而上下起伏。）这种始终不变的百分比是美国经济所特有的，而在其他许多国家，新自由主义背景下的薪资份额却是下降的，这也是 20 世纪 80 年代初利润率恢复的一个因素。[3]

这一结论显然与新自由主义是一个加强了对劳动力剥削的阶段的观 49
点相矛盾。劳动条件不断恶化、广大工薪阶层的购买力停滞不前，以及由于从低劳动力成本国家进口而导致消费商品的跌价，这些全都众所周知，并且都支持了对于不断上升的利润份额的直观评估。

这种矛盾只是表面上的。考虑到上层收入阶层的高薪资的重要性，不可能将薪资份额作为区分上层阶级和大众阶级收入的一个精确常数。图 3. 3 中的第二个变量（— —）表明了工薪阶层中 95%

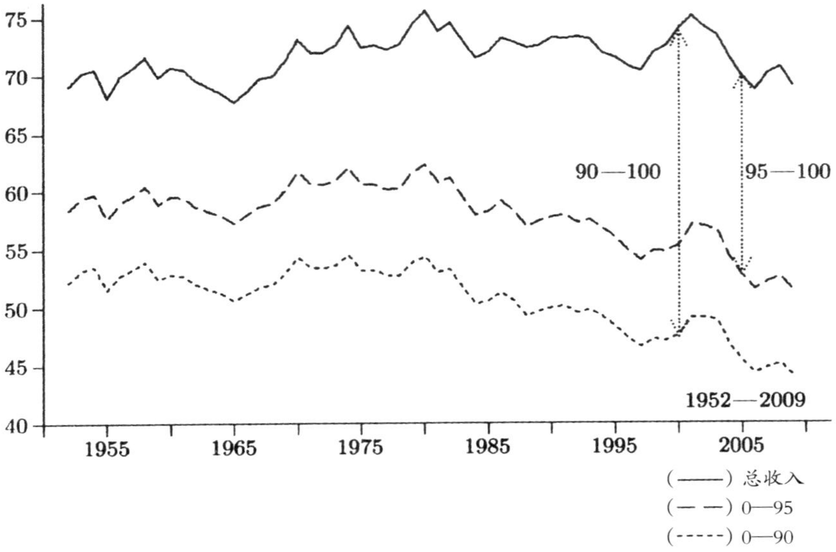

图 3.3　薪资在总收入中所占份额：美国公司部门（百分比，年度值）。由于在国民经济核算框架内无法获得收入群体的薪资数据，一系列（— —和-----）选自图 5.1 的统计数据显然只是一个近似值。

的较低薪资人群收入在总收入中所占的份额（即 0—95% 的收入部分），也就是将工薪阶层中排列于薪资水平顶端的 5% 的人群排除在外。（2007 年，介于两个部分之间的家庭年薪为 14.3 万美元。）相应地，两条线之间的距离指的是总收入中 95%—100% 人群的薪资在
50 总收入中所占的份额（2009 年是 18%）。数据表明，除去上层薪资收入家庭的薪资，在新自由主义的数十年里（1980 年至 2009 年），0—95% 的收入阶层的薪资在总收入中所占份额普遍呈明显下降趋势，从 62.2% 下降了 10.8% 至 51.5%。

没有直接的理论基础来确定位于收入等级顶层的“高薪资”阶

层的下界在何处。在此，使用的是纯粹的经验范畴。除了薪资金字塔顶端那部分人群的薪资之外，其他人群的薪资份额呈不断下降趋势，然而，这一结论并不是取决于精确的百分比界定。若将分界线界定于 10%（-----），就会看到类似的发展趋势。这一结论表明，90%—95% 这部分的人群并没有从典型的新自由主义的收入集中于顶层这一事实中获益。[4]

因此，在分析美国的收入分配时的一个核心因素是总薪资中流向高薪资阶层的大量份额，以及当考察总薪资时，这个阶层对于收入分配总体概况的巨大影响。这部分薪资的增长掩盖了流向广大的大众薪资阶层的收入比例的减小，并解释了薪资在总收入中所占份额仍然保持不变的原因。

税收在非薪资收入中占据了很重要的比例。其余部分可以称之为“利润”。（在这种定义中，利润份额显然要小于将所有非薪资收入都定义为利润时的测算结果。）图 3.4 显示，这种利润份额（——）的衡量方式是用 100% 同时减去薪资和税收份额所对应的百分比。（由于图 3.3 中的薪资份额几乎保持不变，这一变量略微上升的变化趋势是总收入中税收份额下降的结果。）上图显示，在过去 20 年里，总收入的 12% 转为了利润（16% 用于税收）。

图 3.4 中的第二个变量（— —）衡量了公司的留存利润。引人注目的是其下降趋势，从战后最初 20 年间约为 6.3% 的平均水平降至新自由主义数十年里的 3.5%。这两条线之间的距离表明了用于支付资本收益的利润流量，即利息和股息的总和。在新自由主义的数十年里，这种资本收益增加了。因此，该图显示了作为资本收益——利息和股息的利润分配不断上涨，这是除了顶层的高薪资之外的第二个渠道，通过这个渠道上层收入阶层的收入得以增长。这 51

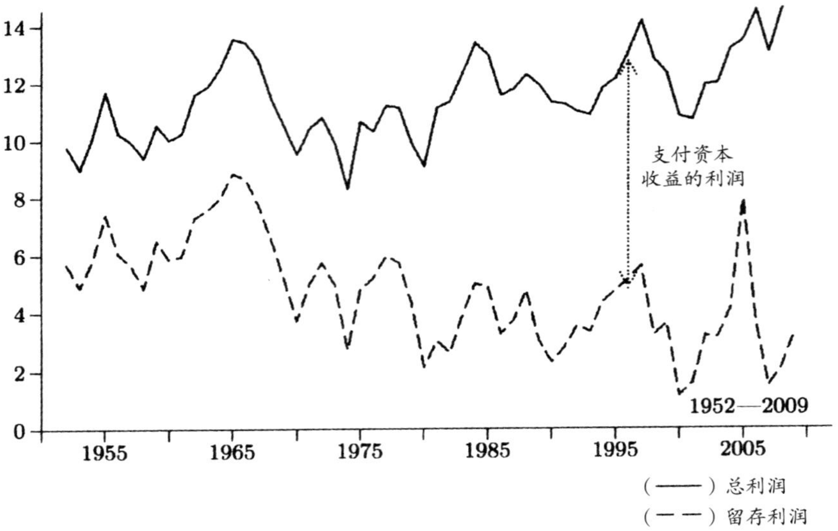

图 3.4　税后总利润和留存利润在总收入中所占份额：美国公司部门（百分比，年均值）。总利润是指扣除所有税收之后、支付利息和股息之前的利润。

种收入分配的拐点是新自由主义的一个主要特征。

图 3.5 概括总结了上述结论。主要变量（——）是另外两个变量之和在总收入中所占的份额，这两个变量是 95%—100% 收入阶层的薪资（— —）以及用于支付利息和股息的利润部分（-----）。由此可以得出诸多有趣的结论。首先，以 1952 年至 1971 年这最初的 20 年与 1990 年至 2009 年这最末的 20 年的情况作为参考，两个变量之和在总收入中所占份额从 15.5% 升至 25.8%。第二，占据总收入一半以上的高薪资增长了。第三，随着时间的推移，两个变量的基本概况在某种程度上是不同的。尽管从 20 世纪 70 年代开始，高薪资的份额稳步增长，但是在 20 世纪 80 年代早期，随着新自由主义

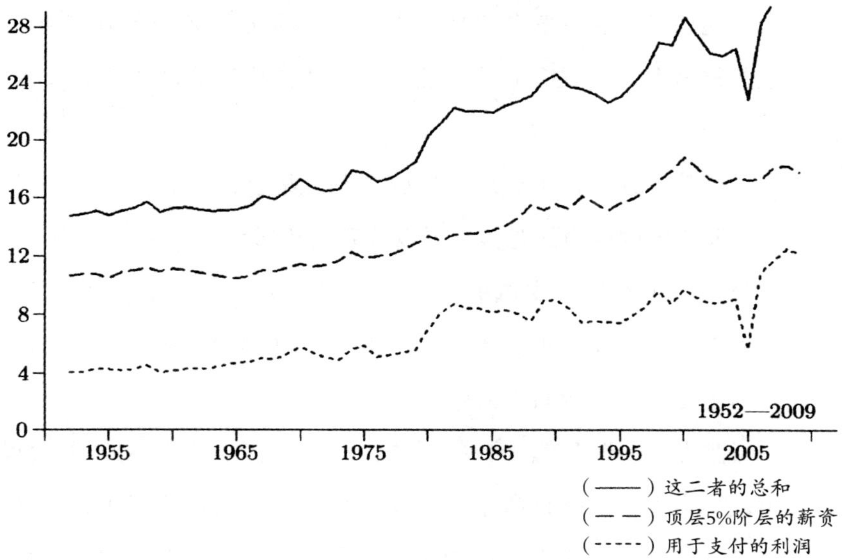

图 3.5　高薪资与资本收益在总收入中所占份额：美国公司部门（百分比，年均值）。

的形成，用于支付的利润份额也呈上升趋势。（利息和股息无疑是资本收益，但是它们显然并没有完全流向上层收入阶层。）

总而言之，新自由主义时期上层收入阶层的收入恢复，是大量薪资和企业留存利润在总收入中所占份额的下降趋势，与高薪资和用以支付作为资本收益的利润份额的联合增长共同作用的结果。这是关于新自由主义符合上层收入阶层的利益这一断言的实证表现。 52

约束工具

在使上层收入的恢复成为可能的各种工具中，重要的是要区分新自由主义的国内因素，也就是每一个特定经济体的固有实践与国际因素。这种二元性使得在“新自由主义全球化”这一术语中同时提及这两种因素真正很有必要。然而，这两类机制之间也存在重要的重叠部分。

第一个基本方面在于更加严格的盈利性标准的推行。手段包括给工人不断施加的压力、总体上得以改善的组织结构、资本的输出，以及从跨国公司海外分支机构获得的相应的利润流。在每个国家，新自由主义都建立在强加给工人的新的行为准则的基础之上。新自
53 由主义的主要方面包括购买力停滞不前（见图 3.2 中美国的情况）、社会保障制度的逐渐瓦解、更苛刻的劳动条件，以及所谓的“灵活的”劳动力市场，也就是雇用和解雇的自由。管理也不得不符合新目标。然而，工人与管理人员之间的不同，用胡萝卜与大棒来比喻，就是工人是大棒，而上层管理人员是胡萝卜。实际上，管理层，尤其是上层管理层，逐渐增强了其将企业内部产生的不断增加的盈余分离出来的能力，从而通过在此处所使用的广义上的高薪资形式来谋取自身利益。

关于管理层，除了追逐高利润水平的诱因之外，我们还会发现，私人经理人对公司治理的服从目的是为了使股票价值和股息分配最大化。但是，这些新准则里还存在一种政策因素，其中涉及政府官员和代表人士。其主要的方面是货币政策，该货币政策旨在抑制通货膨胀压力，而不是刺激增长和就业，刺激社会保障的私有化，刺激以养老金部分替代现收现付的公共体系，以及刺激放松监管。

新自由主义国际层面的两个支柱是自由贸易和资本在全球范围内的自由流动。自由贸易的推行是第二次世界大战以来一个长期渐进过程的结果。在当地精英阶层的通力合作下，新自由主义在全球

各地推行“开放模式”。20 世纪 70 年代，从美国开始，资本控制被逐步废除。自 20 世纪 90 年代起，境外直接投资（DIA）的流量显著增长，这是跨国企业增多的一种表现。显然，在国内和国际这些各不相同的因素之间存在重要的联系。对外投资使得企业能够在外围国家寻求高额回报。全球化使发达资本主义国家的工人处在了一种与外围国家的工人展开竞争的情形之下。从劳动力成本特别低廉的国家进口的便宜的消费商品，降低了发达国家内部购买各种给定商品所必需的名义工资。因此，在大量工薪阶层的购买力保持不变（或者下降）的情况下，这些进口商品就促进了利润率的恢复。

与对当前危机的剖析密切相关的是货币机制和金融机制。首先，
不断上涨的政府和家庭债务成为庞大利息流量的一个来源。第二， 54
金融放松监管与金融创新使得金融部门的业务和收入激增。旨在获得高额回报以及股息和极高薪资支付的各种程序被推到极致。这些做法达到了本书所称的“虚拟性”水平（见第九章）。在所有这些领域，官员与代表人士的合作是至关重要的。

55 # 第四章　资本的神化

前一章的分析围绕着“上层收入阶层”这一统计学概念。这类收入包含两个部分，即收入等级顶层的高薪资与资本收益。本章将关注资本收益，即社会关系的特别资本主义的方面。从这一视角出发，社会框架是我们所熟悉的。它将资产阶级与被广泛定义为工薪阶层的工人阶级对立起来。本书其余部分的研究都可以此为基础进行。因此，新自由主义被理解为对资产阶级权力与收入的恢复的表达。

本章首先考察整个公司部门的盈利性，之后探究资本收益的来源（利息、股息以及股票市场中的所得）。本章末尾将从技术层面对非金融和金融企业的比较利润率进行更多探讨。[1]

金融：新自由主义中的资产阶级

在本书中所使用的金融和金融霸权的概念，指的是资产阶级与金融机构的上层部分。众所周知，在资产阶级内部存在一个强大的等级体系，从中小企业主到大量的跨国公司股份组合的持有人。在历史上有一个资本集中的过程，但是在当代资本主义中，新的企业仍然在创立，同时大小企业之间的传统等级也依然存在。小企业经
56 常服从于大型非金融和金融企业的支配，而这种支配地位在许多方面都与金融机制有关（也不是全部，譬如，还与外包导致的依赖和

控制有关)。在第一次金融霸权时期，整个社会发展态势、经济和政治就已经由资产阶级的上层部分所掌控。[2] 这些大型所有者是新自由主义确立过程中的主要参与者。

金融机构逐渐建立起来。19 世纪，围绕着银行和保险，新的证券交易框架逐渐发展起来；其他逐渐发展起来的还包括：共同基金、养老金和对冲基金；私募股权公司和家族事务公司；联邦机构和政府支持企业（GSEs）；中央银行；国际货币基金组织和世界银行等国际机构，以及大量新金融工具等。20 世纪，这些机构的职能逐渐多元化且大大增加。在新自由主义中，无论是私人企业、中央银行等政府机构，还是国际机构，它们都发挥着核心作用。

在缺乏金融机构的情况下，个人资本家的权力将会十分有限。国家是放松监管、强制推行自由贸易和资本在全球范围内的自由流动的实施者。然而，除了国家之外，金融机构同样是新自由主义的实施者。中央银行强制推行了有利于物价稳定而非充分就业的政策，旨在增加资本收益。大量资本由资产管理人控制（包括养老基金的资本)，他们将新自由主义规范强加于非金融企业。更受限制的金融机构将金融运作的优势集中于资产阶级的上层人群拥有机会的地方。

金融霸权这一概念指的就是所有这些做法。资产阶级的上层人群及其财务机构，也就是“金融机构”，在新自由主义中强制推行了与其权力和收入相关的新的运作方式。

我们可以顺便解释一句，关于资产阶级和金融机构的共同思考使我们回想起马克思的分析。早在《资本论》[3] 第三卷中，马克思就已经写道，银行作为 19 世纪的金融机构，不仅定义了在众多产业中的一种独特的金融产业，同时还充当了生息资本的“管理员”（见表框 4. 1)。这是对资产阶级和资本的（机构）管理者的共同思考所定义的“金融机构”。

57 **表框 4.1　马克思和希法亭眼中的金融**

20 世纪 80 年代以来，资本主义的新发展趋势有时被描述为“金融”或者“金融资本”——作为经济中的一个部门，拥有自己的资本家——对于“产业资本”（商业资本可以向它聚集）的一种控制。这种观点既不同于一个世纪前希法亭所发展的资本主义概念，也不符合本研究中所隐含的理论框架。

金融机构是作为一个整体的资产阶级手中掌握的对整个经济实施控制的工具。更具体地说，金融企业同时也是参与一个特殊运作类别的部门，即马克思所谓的“货币经营资本”[1]，并且在马克思的定义中，也称之为“生息资本”（一个使人误解的术语，指贷款、债务证券和股份，尤指“融资资本”）的管理员。[2]在新自由主义中，两类机制——工业部门和管理人员——都发展到了前所未有的水平。譬如，我们首先会想到外汇兑换，其次是资产管理。由于这第二个因素，即对融资资本的管理，我们不可能简单地将非金融企业与金融企业之间的关系视为竞争关系。等级体系的一面也涉及其中。

---

①. 作为与“商品交易资本”对立的资本。K. Marx，*Capital*，vol. 3（1894；New York：Vintage Books，1981），431.

②. G. Duménil and D，Lévy，“Les trois champs de la théorie des relations fiancières de Marx. Le capital financier d'Hilferding et Lénine，” in Séminaire d'Études Marxistes，*La Finance Capitaliste*（Paris：Presses Universitaires de France，2006）.

新自由主义盛行的数十年的利润率

尽管金融收入也是建立在来自家庭和政府的利息流的基础之上的，但是对生成金融收入的资本的能力的分析，最为重要的还是资本的盈利性。

在笔者的早期调查研究中，对于 20 世纪 70 年代的结构性危机中的利润率的下降，以及随后的新的上升趋势的研究占据了核心位置。[4] 图 4.1 中的计算为这一早期研究提供了最新数据。该图显示了马克思所说的利润率（——），在他的叙述中，利润等于总收入减去劳动报酬，而在总收入中的资本存量则限于固定资本。[5] 此时的考察 58
单位是企业部门。

图中的点状线表明了 1952 年至 1971 年、1974 年至 1983 年、1998 年至 2007 年这三个时期的连续水平，被简单地称为“20 世纪 50 年代和 20 世纪 60 年代”、“20 世纪 70 年代”以及“危机前十年”。这三个数值分别是 20.2%、15.0% 和 17.0%。因此，以这一标准衡量，从 20 世纪 70 年代到危机前十年利润率得到了恢复（17.0/15.0 的恢复率，也就是 1.13），而在第一个 20 年里的利润率却没有得到恢复（17.0/20.2 的恢复率，也就是 0.84）。 59

在这第一种界定中，对赢利性发展趋势的分析涉及了劳动力成本和技术。运用广为熟知的“利润率 = 利润份额 × 资本生产率”公式，可以分别评估利润份额与资本生产率（产出价格与固定资本价格的比率）所发挥的作用。我们发现，在战后最初的 20 年和危机前十年这两个时期，这两个变量对经济的局部复苏几乎做出了同等的贡献（0.84 = 0.93 × 0.91）。（第三章已经指出，在 1970 年以前薪资份额呈上升趋势，而自 20 世纪 70 年代起直至危机前十年，薪资份

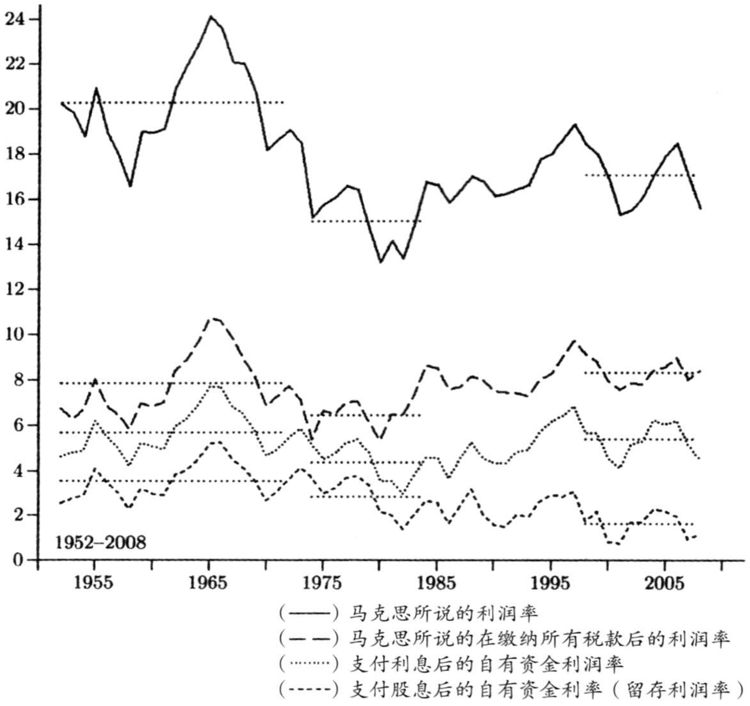

图 4.1 利润率的四个衡量标准：美国企业部门（百分比，年度值）。也可以计算出自有资金的利润率，即在缴纳所有应缴税款后但在支付利息之前的数值。图 10.4 反映了非金融企业的这一利润率，在那里，利润率是用来证明资本收益对确定留存收益率的影响。尽管如此，利润率并不是衡量盈利趋势的一个恰当变量。如果利润率通过自有资金来衡量，利息就必须从利润中扣除才是合乎逻辑的。

额处于一个水平停滞期。）廉价商品和新信息技术的进口无疑对 20 世纪 70 年代以来利润率的恢复发挥了一定的作用。

不可能直截了当地将这一发展趋势的结果追溯到易于影响企

业行为及其投入和生成资本收入流量能力的利润率。马克思所说的利润率与企业所“感受”的利润率之间存在很大差异。若将税款考虑在内，将极大地改变利润率水平及其发展趋势。在图 4.1 中所示的第二个变量（— —）中，总税收（生产税和利润税）已经被扣除。在这第二个衡量标准中，与二战后的最初数十年相比，利润率在危机前十年间的恢复比其在前一个衡量标准中的恢复幅度大得多，尽管这些变化幅度因为图中的税前利润率采用了大的垂直刻度而显得很小。1952 年至 1971 年间的平均利润率（— —）为 7.8%；20 世纪 70 年代，这一数值降为 6.4%；而在危机前十年间，它又升至 8.3%，复苏率和恢复率分别是 1.29 和 1.06。重要的是要理解，这一结果并不仅仅是新自由主义下企业税收减少的缘故，而且也是由二战之后即刻出现的高税收水平及其随后的缓和所导致的。[6]

在第三种衡量标准中（········），企业的自有资金（即资产减去债务）取代了固定资本[7] 的净存量（连同其他一些小的变化），与此相应，这些利润在扣除税收和支付利息后得以确定。在这一衡量标准中，恢复率接近于 1.0。

第四个衡量标准（-----）指的是进一步扣除用于股息支付的利润后的利润率。这是“留存利润率”（这使我们回想到图 3.4 中的留 60
存利润份额）。尽管前三个衡量标准揭示了从 20 世纪 70 年代结构性危机到危机爆发前十年这段时期利润率的显著复苏，而这最后一个衡量标准则显示出这三个时期利润率的持续下降趋势。换言之，危机前十年中的留存利润率甚至低于 20 世纪 70 年代的水平。最后，这一恢复率竟然跌至 0.46！

总而言之，在新自由主义时期，马克思所说的企业利润率从 20

世纪 70 年代结构性危机的低水平形成了一股稍微上升的趋势，但是，利润率仍然低于这场危机爆发前的十年中普遍的利润率水平。当利润在税后进行衡量时，可以看到利润率数值回归 20 世纪 50 年代和 20 世纪 60 年代的水平（或者甚至有所增长），但是由于企业所支付的股息的增加，留存利润率一直处于下降趋势。

利息率：1979 年的突变

在资本主义发展历史上，如同一战期间那样，通货膨胀的发作是财富从贷款人大量转向借款人的源头所在。它们对于金融机构和证券持有人的财富产生了重大影响。这一历史经验导致上层阶级对通货膨胀的厌恶。

20 世纪 70 年代，主要资本主义国家进入了结构性危机，这是以上述所有衡量标准测算出的利润率都处于不断下降中的一个十年，中心国家或多或少还是保留了国内生产总值的增长率。这是实施刺激性宏观政策和对通货膨胀予以容忍的结果。累积性通货膨胀，导致了牺牲贷款人利益而有利于非金融机构（以及其他诸如一部分家庭和政府等借款人）的大规模的收入转移。这种政策发展趋势的突然中止对于资本收益流量产生了惊人的影响。1979 年末，美联储在“1979 年的突变”中突然提高利率。

如图 4.2 所示，这些变化反映在了商业部门长期和短期实际利率（利率减去通货膨胀率）的基本概况中。20 世纪 60 年代和 20 世纪 70 年代，这两种实际利率都围绕着 2.1%（AAA 级企业长期业务的年平均值）的高位上下波动，最后在危机期间，这二者均跌为负值。而 1979 年的突
61 变显得极其剧烈。20 世纪 80 年代后期和 20 世纪 90 年代，在这个新的新自由主义的停滞期，长期利率仍然保持在 5.9% 的水平。

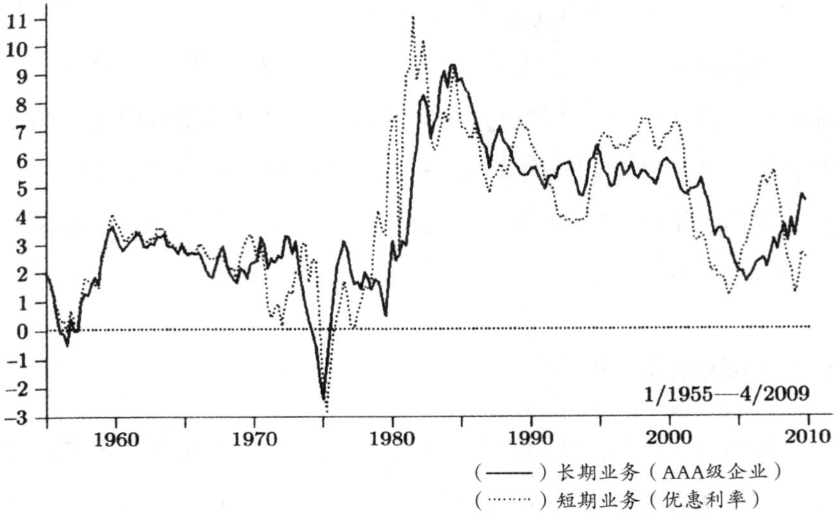

图 4.2　实际利率：美国企业（百分率，季度均值）。实际利率是名义利率减去通货膨胀率。

在本图中，美国政府长期证券和抵押贷款利率与企业所支付的长期利率十分相似。从 20 世纪 90 年代开始，名义短期优惠利率等于联邦基准利率加 3 个百分点。

在稍早期货币主义者试图放弃回馈政策之后，向新战略彻底转变的趋势十分惊人。在 1974 年至 1975 年的经济衰退之后，卡特政府仍然在寻求与主要资本主义国家的合作，以刺激全球经济。1979 年 8 月，保罗·沃尔克（Paul Volcker）被任命为美国联邦储备委员会主席，当年年末，他将利率显著提升至前所未有的水平，导致了美国和欧洲国家的严重金融危机、第三世界 1982 年的债务危机，以及自二战以来美国更为严重的经济衰退。1980 年通过的《存款机构解除管制与货币控制法案》允许消除之前的监管框架（见第九章），与此同时，该法案增强了美联储的权力。

62 这次突变开启了 1983 年以后一个宏观政策相对稳定并且通货膨胀受到限制的时期，这是一直持续到 2001 年衰退的新自由主义的典型特征，其间只被 1991 年的唯一一次衰退中断过。

该图还显示了 2000 年以后实际利率的下降。其中涉及了复杂的机制（见表框 14.2）。

股利分配与股票回购

资本收益的第二大来源是企业的股息支付。图 4.3 显示了由非金融和金融企业分别作为股息支付的税后利润的份额。1980 年以前，在这两种情况下，这些份额在 51% 上下浮动（非金融企业在 20 世纪 60 年代与 20 世纪 70 年代间的年均值），而在新自由主义盛行的最初 20 年间则围绕 74% 上下波动（仍是上述部门）。[8] 这一突然增加反映了新的公司治理有利于股东的利益。在战后的最初数十年间，非金融企业出于生产性投资的目的，存留了较大部分的利润。股息支付和投资是合并决定，而新的公司治理则有利于股息流转。于是，在新自由主义下，利润得到了十分大方的分配，
63 给上升的利率增添了压力，这两种发展趋势皆限制了非金融企业进行投资的能力。

这种利润分配符合新自由主义的意识形态。一旦利润分配至个人或者机构，一般认为，就可以获得新的资源，使资本在最佳机遇被打开的产业和企业之间进行最优配置。这一思路的问题在于，如同美国非金融企业的情况那样，支付的利润并没有返回到公司，而且资本积累很低。[9] 这是新自由主义盛行的数十年间的一个重要特征，也是决定美国经济长期发展轨迹的重要因素（见第十章）。

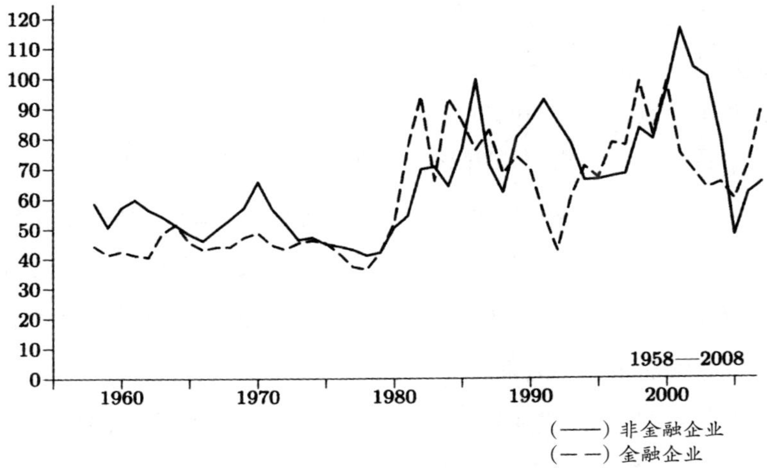

图 4.3　股息在税后利润中所占份额：美国非金融企业与金融企业（百分率，年度值）。股息是指支付的股息。获得的股息则记入税后利润。

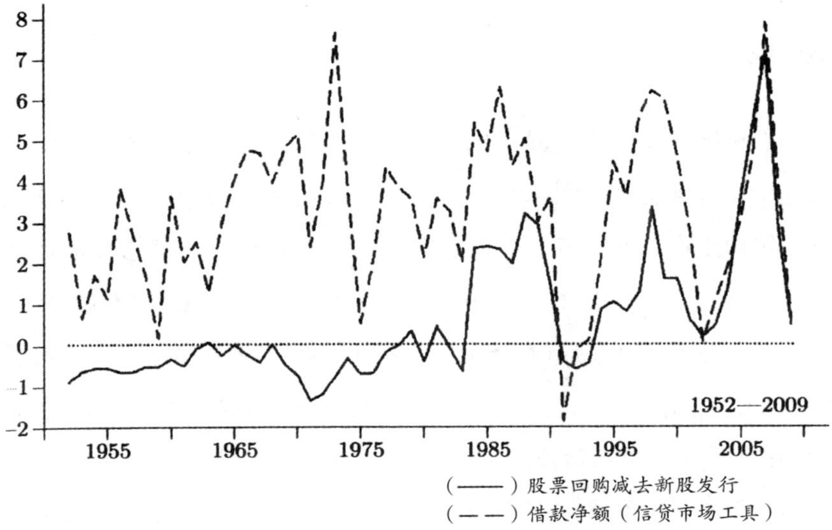

图 4.4　股票回购减去新股发行和借款净额：美国非金融企业（固定资本净存量的百分比，年度值）。变量为正值（——）表示股票回购大于新股发行。

在这些观察之外，还可以增加对旨在刺激股票市场指数的非金融企业的股票回购的考察。（这一现象是非金融企业而非金融企业的典型特征。）图 4.4 显示的是股权购买减去新股发行（——）。股份
64 购买基本上就是企业回购自身的股份。[10]这一变量是固定资本净存量的一个百分比。我们可以看到，在新自由主义盛行的数十年间，这一变量分别在 1984 年至 1990 年间、1998 年前后以及 2004 年以来出现了三轮上涨，这是一个令人困惑的发展变化。这些行为皆指向了一个明显的“去积累”的策略，给美国经济增长带来了十分严重的后果，这种后果将会愈来愈明显。

图 4.4 中的第二个变量（— —）显示了非金融企业的借款净额（借款减去贷款）。通过这张图，我们可以看到在新自由主义盛行的数十年间这两个变量是如何先后变化的，尤其是在 2004 年以后。在新自由主义下，这些借款不断为股票回购提供资金。

股价飙升

新标准的实施使得股市成为一个中心轴，生产与金融活动围绕着这个中心轴运转。图 4.5 显示了一个股票市场的指数趋势，其受到了国内生产总值价格的抑制。在 20 世纪 70 年代的结构性危机期
65 间，股票价格急剧下降。但是，若将 1980 年第一季度的数值视为 1，那么纽约证券交易所（NYSE）指数在 2000 年第三季度就达到了 5.45 的最高值，这一切都发生在 2000 年至 2001 年股市暴跌之前（2003 年第一季度该数值降至 3.58）。值得强调的是，这些突出表现并不局限于美国经济。在主要资本主义国家也出现了类似的发展趋势，例如在欧洲，而日本是一个例外，它进入新自由主义的时间较晚，而且随之而来的危机也给日本股指赋予了一些具体特征。

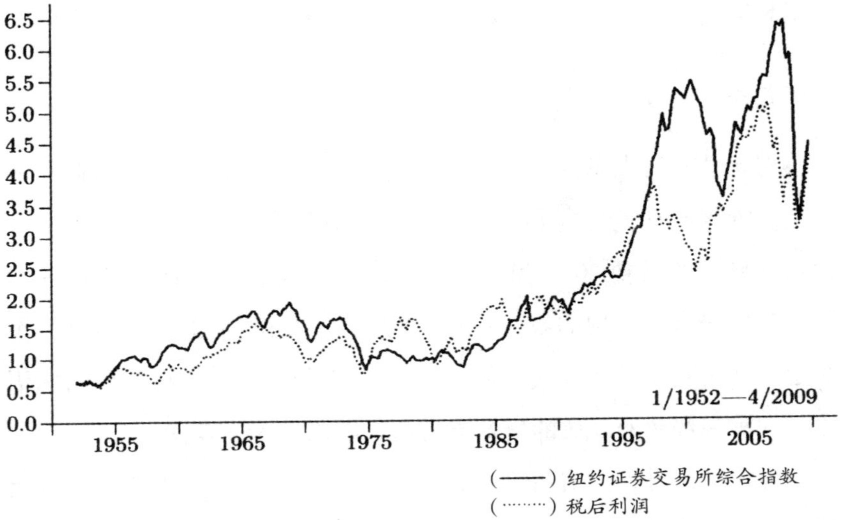

图 4.5　纽约证券交易所综合指数和美国公司利润（1980 年第一季度=1，季度值）。两个变量已经受到国民生产总值平减指数的抑制。

美国宏观经济发展的主要片段体现在这些基本概况中：[11]（1）20 世纪 60 年代经济蓬勃发展；（2）20 世纪 70 年代初进入危机时期（缩小了 1 倍，从 1972 年第四季度的 1.68 降至 1974 年第四季度的 0.84）；（3）20 世纪 80 年代初期这场危机结束（尽管银行、储蓄和贷款机构依然处于危机中）；（4）信息技术繁荣发展期间的泡沫；（5）2000 年至 2001 年间的股市暴跌与复苏；（6）自 2007 年年中起的危机。

这些趋势不应该被解读为投机行为的单纯表现。这体现在了图 4.5 中的第二个变量中，即所在部门的企业税后利润（⋯⋯）。这两个变量先后发生变化。当这两个变量的发展出现巨大分歧时，就像20世纪90年代末或2005年以后的情形一样，我们可以称之为“泡沫”。

刺激盈余

对于熟悉马克思主义视角的经济学家来说，资本收益的概念能够使其回想起马克思的剩余价值概念，即联想到生产领域。在新自由主义盛行的最初20年里，利率的增长以及家庭和政府负债的增加，都使得来自机构的收入占比尤为重要，而不是来自作为另一个渠道的通过利息支付方式获取的企业员工的收入。[12]在马克思的术语中，向家庭和政府发放的贷款指的都是虚拟资本（表框4.2）。

在第二次世界大战后的最初数十年里，家庭支付的利息流量始终保持上升势头，但是升幅温和，在1979年达到国内生产总值GDP的4.4%。[13]由于新自由主义，这一数值在达到国内生产总值的5.7%之后进入一个停滞期。20世纪90年代初，政府所支付的利息升至3.6%，而在2007年降至1.9%。因此，在2007年，家庭和政府所
66 支付的利息总值达到国内生产总值的大约8.1%。这一总额大于美国非金融企业在支付利息和缴纳公司利润税款之前的利润（因此，仍然包含在这些利润中），2007年，这一数值升为国内生产总值GDP的7.6%。

表框4.2　虚拟资本

马克思将“资本”定义为自我扩张过程中的价值。[①]这一定义同时也是指剩余价值理论（解释了“扩张”的原因），以及

资本通过三种形式流通的理论：货币资本、商品资本和生产资本（解释了资本的“过程”）。

与马克思的定义不相匹配的资本被称为“虚拟资本”。[②]典型的虚拟资本是向政府发放的贷款。由政府支付的利息对于贷款方来说是真正的收入，但却不是剩余价值（例如利息、股息或企业支付的房租）的直接形式。贷出的货币并没有为资本流通提供资金，却支持了花费，而且，根据马克思的定义，这方面的货币并不是资本。作为对购买房屋或消费商品的资金支持而向家庭发放的贷款同样如此。持有由非金融企业所发行的股份则标志着拥有了作为“自我扩张过程中的价值”（在企业资产中）的一部分资本。然而，由于股票份额在股票市场上具有自身价格，马克思同时也指出了一种“虚拟”资本。

---

① . K. Marx, *Capital*, vol. 1 (1867; New York: Vintage Books, 1977), chap. 4; G. Duménil and D. Foley, "Marx's Analysis of Capitalist Production," in S. N. Durlauf and L. B. Blume, eds., *The New Palgrave: A Dictionary of Economics* (London and Basingstoke: Macmillan, 2008).

②. K. Marx, *Capital*, vol. 3 (1894; New York: Vintage Books, 1981), chap. 25; G. Duménil and D. Lévy, "Les trois champs de la théorie des relations financières de Marx. Le capital financier d'Hilferding et Lénine," in Séminaire d'Études Marxistes, *La finance capitaliste* (Paris: Presses Universitaires de France, 2006).

相对利润率

对非金融企业和金融企业的相对利润率的调查研究并不容易，

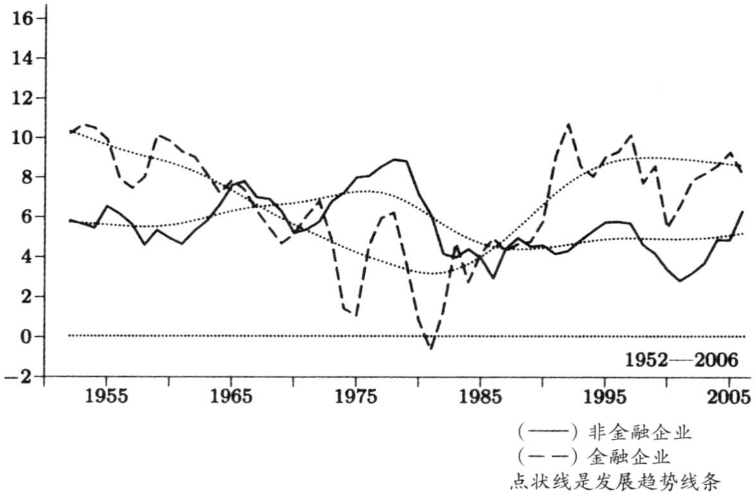

图 4.6 利润率：美国金融企业和非金融企业（百分比，年度值）。在利润率的这种衡量方式中，利润在支付利息和缴纳税款后得以确定。金融资产贬值和通货膨胀引起的负债（抑或净负债贬值）得到调整。资本利得被考虑到了。（由于所观察到的巨大波动，这后一种因素已经逐渐消除。）

而且由于衡量方面的困难，该研究也并不可靠。就金融企业而言，适当的资本衡量方式是企业的自有资金（因为固定资本存量明显不
67 足）。利润必须根据对利息净流量（获得的利息流量减去支付的利息流量）的考量得以确定，而且是在向股东支付股息之前，但所收到的股息则作为利润的一部分。对股票市场上的资本利得以及由通货膨胀引起的贷款和债务贬值予以考虑是很重要的。（如果利率恒定不变，在不断上升的价格水平下，金融企业所持债务容易发生贬值。）这种企业自有资金的利润率被称为净资产收益率（ROE）。显然，对于非金融企业而言，必须使用同样的定义从而便于对照。

图 4.6 显示了根据这一定义对金融和非金融企业利润率的衡量标准（分别以——和— —表示）。发展趋势线条（………）则强调了不考虑短期偏差时的潜在发展趋势。

在通货膨胀的年份（20 世纪 70 年代的大多数年份），大量收入从金融企业以及非企业贷款方转移至非金融企业。金融部门的利润 68
率因此骤然下降，尽管对于整体部门而言，马克思所谓的利润率下降了，但非金融公司的利润率不仅依旧保持而且还得到增长（见图 4.1）。在后来的 20 世纪 80 年代，金融企业的状况并没有迅速好转，并且在 20 世纪 80 年代末极为严重的金融危机期间，低利润率席卷了整个企业部门。尽管大量利息支付符合金融部门的利益，但这种低利润率所达到的水平也类似于非金融企业的水平。[14] 在新自由主义盛行的数十年里，早期有利于非金融部门的等级制度被颠倒过来。非金融企业的利润率围绕着几乎水平不变的趋势小幅波动，而金融公司的利润率却增加了。除了利息之外，金融企业还受益于与金融创新和股票市场中的资本利得相关的新的利润流量。

表框 4.3　图 4.6 与图 4.1 中利润率衡量标准之调和

图 4.6 中关于利润率的定义与图 4.1 中的第三个衡量标准（………）是类似的，因为在这两种情况下，利息支付都被扣除，资本作为自有资金来衡量。二者的水平大致相同，但是所观察到的基本概况却截然不同。第一个原因是在图 4.6 中将资本利得考虑在内了。第二个原因则是对通货膨胀的影响进行了调整。20 世纪 70 年代，这一结果大幅提升了非金融部门的利润率，同时减少了金融部门的利润率。在这两种情况下，利息支付侵占

了利润率的复苏，但是在图 4.1 中（……）这种侵占却不足以抵消非金融企业的利润率的复苏。相反，图 4.6 显示通货膨胀的结束使得债务贬值停止。考虑到这一贬值情况，非金融部门的利润率依然相对较低。同样，我们还可以认为，“实际利率”的增长抵消了其他类似衡量标准中所显现的利润率的恢复，在其他类似衡量标准中，由通货膨胀引起的债务贬值并未被考虑在内。

此外，我们也有可能确定这两个被一同考察的部门的利润率。
69 其结果与非金融部门的变量并无较大差异，这是因为金融部门比非金融部门要小得多。20 世纪 50 年代和 20 世纪 60 年代，金融企业的自有资金达到了非金融企业自有基金的 12.6%。2000 年以后，这一比例升至 24.3%。（表框 4.3 比较了图 4.6 和图 4.1 中的衡量标准。）

总之，根据这些数据，20 世纪 90 年代，金融企业与非金融企业之间一个新的利润率等级得以确立，这一等级符合金融企业的利益，而非金融部门的利润率却处于停滞不前的状态。根据这种（本章最复杂的）衡量标准，考虑到通货膨胀的影响，包括金融企业和非金融企业在内的所有企业的经济复苏率是 0.76，而恢复率是 0.82。

金融部门的创纪录盈利水平

如图 4.6 所示，金融企业所达到的盈利水平或许被高估了。我们一定还记得，新自由主义标准对企业净资产收益率的设定高达 15%（根据企业账目）。在过去的近十年里，即使是被保险银行，当
70 然不是更具投机性质并且要服从于美国联邦存款保险公司（FDIC）监管的行业所宣布的净资产收益率也接近这一水平，至少截至 2003

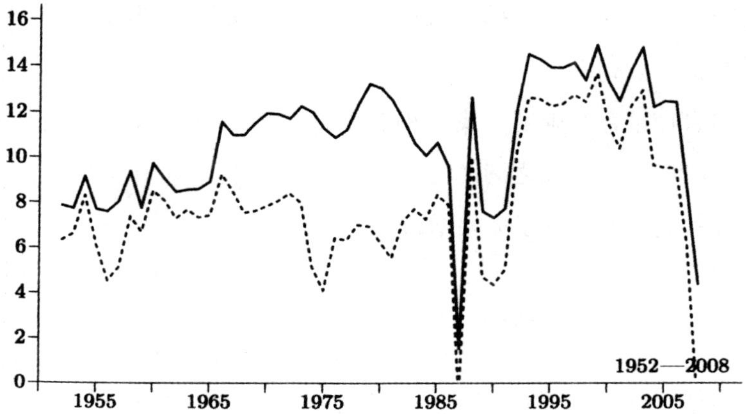

图 4.7　按年计算的季度净资产收益率：美国被保险银行（百分率，年度值）。“被保险银行”指的是存款由美国联邦存款保险公司保险的存款机构的主要部门。

年金融危机发生的前夕，依然保持在 12% 的水平。[15]

在图 4.7 中，部门的净资产收益率以（——）这一变量表示。我们可以看到，这些收益不断上涨的情况集中在 20 世纪 80 年代末的金融危机之后的经济复苏到当前这场危机开始这段时期。2000 年以后利率的下降以及非利息收入的收缩侵占了部门的收益，但是由于非利息支出的急剧紧缩，净资产收益率得以维持。（我们还会看到在 1990 年前后的金融危机和经济衰退期间的衰退和严重动乱。）

在图 4.7 中的第二个变量（-----）中，通货膨胀得到调整。可以预料的是，在 1964 年至 1985 年期间净资产收益率急剧下降。考虑到分析的单位（金融部门和存款机构的银行部门）和资料来源

（国家和企业会计）的差异，由此确定的净资产收益率水平与按时间顺序排列的基本概况，都与我们在图 4.6 中所观察到的金融部门的相关数值颇为相近。

尽管衡量存在难度，我们仍然可以得出结论，从 20 世纪 80 年代和 20 世纪 90 年代之间的过渡期发生的金融危机中复苏之后，金融企业的利润率出现了大幅增长。

第三部分 71
一种三极阶级构成：打破薪资收入的同质性

我们在前一部分的研究方法或者基于“上层阶级”这一广义概念，或者基于资产阶级所有者与工薪阶层之间在传统意义上的阶级分化。第四章探讨的是被赋予了有利于资本收益的收入分配方式的有偏向的新自由主义。尽管如此，在当代资本主义发展过程中，有利于某一少数特权阶层的高薪资不断强化的重要性却揭示出这种强调资本收益的局限性。对美国上层收入阶层及其所获得的收入之基本概况的分析表明，高薪资与极高薪资——包括所有形式的额外薪酬，如奖金和已执行股票期权——是占有一定社会盈余的一个主要渠道，将与资本收益（利息、股息、租金和资本利得）一同进行考察。与此相应，属于高薪阶层的家庭的变化情况，在现代资本主义各个发展阶段的继承中也是一个重要的组成部分。关于收入分配的历史发展趋势的分析，证实了社会变化的这一组成部分的重要性。（在第四部分，将讨论未来数十年的情形，将资产阶级与工薪阶层区分开来的传统的二元模式的局限性变得愈加明显。）

第五章所采取的研究角度是历史经验性的，而第六章则打下了理论框架的基础。

第五章　管理阶级与大众阶级 73

本书开篇所提出的关于资本收益与薪资的区分并不能解释当代资本主义发展阶段社会关系的复杂性，为此，本章将建立一种三极阶级构成框架，在这一框架中资产阶级、管理阶级和大众阶级被区分开来。将特别强调管理阶级、他们的职能，以及他们在现代资本主义的各个发展阶段不断变化的角色。

高收入阶层内的薪资

薪资在高收入构成中的重要作用已经清晰体现在数据当中，并且这种作用也将会愈加明显。这一结论从根本上对将薪资作为一个同质整体对待提出了质疑。这种质疑至少是出于两方面的考虑。首先，最富裕人口的收入中的相当部分源于薪资。其次，这些薪资的历史变化简况区别于其他人口的薪资的普遍趋势。这些差异与现代资本主义每个发展时期的社会特点相匹配。值得注意的是，在每一种社会秩序中，经理人所发挥的特殊作用及其与资产阶级或者大众阶级之间不断变化的关系，是影响这些收入分配模式的一个至关重要的因素。

第一个观察——薪资在高收入或者极高收入阶层的重要性——是最容易证实的。表格 5.1 显示了对高收入阶层而言，薪资在其不同收入群体的总收入中所占的份额。我们可以区分两个时期：(1)战后

表格 5.1　薪资在不同收入群体的总收入中所占份额：美国家庭（百分率）

	90—95	95—99	99—99.5	99.5—99.9	99.9—100
1950—1969	87.4	71.8	48.3	41.5	29.3
1980—2007	89.8	82.0	70.7	64.3	48.8

用 100% 减去上述百分比则对应着企业家收入和资本收益，也就是利息、股息和租金。对于最上层的 1% 的收入人群而言，如同图 3.1 和 5.1 所示，薪资占总收入的百分比分别是 40.7% 和 60.5%。

的 20 年（1950 年至 1969 年）至 20 世纪 70 年代金融危机爆发前，以及（2）新自由主义时期（1980 年至 2007 年）。我们最初的观察
74 是这些数据证实了标准的观点。正如所预料的那样，在这两个时期，高收入阶层的薪资份额变小了。（我们在下面会进一步探讨这两条线之间的对比。）在 90%—95% 的收入阶层的总收入中，薪资比重依然占了约 90%。而对于收入更高的人群来说，这一比重则呈下降趋势。一个更令人惊讶的现象是，高收入阶层内部的薪资所占百分比很高。1980 年以后，薪资在 99.9%—100% 的收入人群的总收入中所占比重为 50%，也就是说，如果按照收入递增的顺序排列，1,000 个家庭中有一个家庭的总收入中薪资占比约为 50%。（2007 年，这一极小人群的年均家庭收入超过了 2,053,000 美元。）

历史发展趋势同样说明问题。在这里我们有必要回顾一下收入分配的历史发展简况，但是观察视角只从薪资出发。在图 5.1 中，第一个变量（——）所指的与图 3.1 中的那一部分家庭群体相同，即总收入分配顶层的1% 的高收入人群（99%—100%）。然而，尽

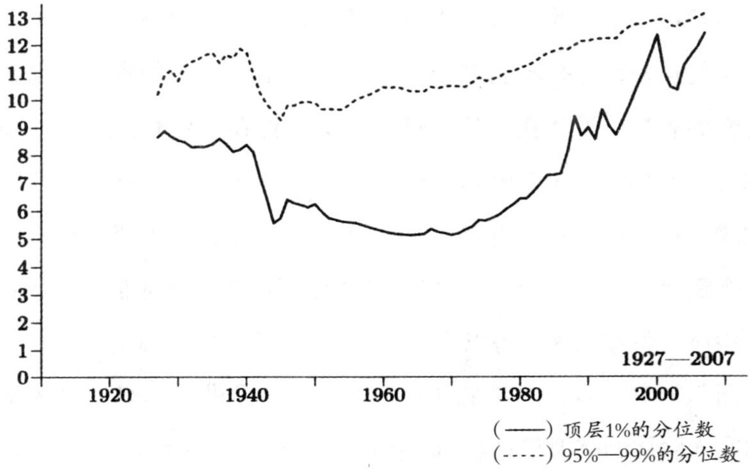

图 5.1　两个分位数的收入人群所获总薪资份额：美国家庭（百分比，年均值）。

管图 3.1 中的变量是这 1% 的顶层收入人群的总收入份额，图 5.1 中的变量则是该群体所获得的总薪资份额。我们可以看到（1）二战期间的下降趋势（意味着收入不平等现象有所遏制），从 8.4%（1927 年至 1939 年的均值）降至 6.2%（1946 年至 1949 年的均值）；（2）截至 20 世纪 60 年代晚期的轻微下降；以及（3）升至 11.4%（2000 年至 2007 年的均值）。（后来的这一上升趋势的最初阶段出现在 20 世纪 70 年代。）因此，1980 年至 2007 年间，尽管属于 1% 的收入人群的总收入的百分比从 10.0% 跃升至 23.5%（如图 3.1 所示），但它在单纯薪资中所占份额则由 6.4% 升至 12.4%。在这两种情况中，数值都增加了大约两倍。这一新观察证实了上述分析判断。除了资本收益之外，在新自由主义盛行的数十年里，上层收入阶层的高薪资成为促使收入集中于金字塔尖的一个重要因素，而不仅仅是资本收益。

75 与表格 5.1 中的变量相比，在只考察了薪资的图 5.1 中的变量的一个优点是，它并不受制于极高收入阶层所申报的资本收益的不确定性的影响。虽然在国外获得的薪资也许在一定程度上存在少报的问题，但与表格 5.1 中相同的观察结果在图 5.1 中同样突出，没有问题。在新自由主义框架内，薪资成为构成高收入或者极高收入的一个重要渠道。实际上，薪资也是使顶层 1% 收入人群的收入在总收入中所占份额的恢复得以实现的主要渠道，如图 3.1 所示。

图 5.1 中的第二个变量（-----）为我们提供了 95%—99% 的分位的收入阶层的类似信息。（这两个分位数相加就相当于收入顶层的 5%，即前面章节中我们称为“高收入阶层”的部分。）我们看到二战期间出现了类似的下降走势，而在战后温和上升的趋势也是明显的，这种上升趋势在整个新自由主义盛行的数十年里一直保持着。在二战后的最初数十年里，这种略快的上升趋势与庞大的薪资增长和资本收益的停滞形成对比。由于二战期间收入不平等现象减少，95%—99% 的分位的收入人群是战后最初数十年新发展趋势的首批受
76 益者，这种观察结果与该时期的管理特征相匹配。但是，同样有趣的是，新自由主义并没有影响（既没有加速，也没有放慢）有利于这一群体的薪资的稳定集中，同时这一观察结果证实了资产阶级与广大经理人群体（即 95%—99% 的分位数的收入群体）之间的关系，也证实了薪资等级中最顶端薪资的具体特征（即 99%—100% 的分位数）。

在这里我们回过头来看表格 5.1，其中两条线的对比揭示出，在新自由主义盛行的数十年里，对于所有上层收入分位群体而言，薪资在总收入中所占百分比上升了，反而没有像人们曾经预想的那样，由于资本收益增长这个新自由主义的典型特征致使这一百分比下降。

对于 99.9%—100% 这一极小的分位群体而言，这种上升趋势是最令人惊讶的。

如上所述，这些发展趋势表明，上层收入阶层获得的高薪资增长得甚至比资本收益更快。[1] 他们的历史变化的动态与其他工薪阶层人群截然不同，如同战后最初数十年和新自由主义时期的情况那样显而易见。总之，顶层收入人群的资本收益和高薪资都以极大的比例受益于新自由主义发展趋势。我们在此处的解读是，高薪资的发展简况反映出管理阶层不断变化的社会地位，并且相应地反映出它们与大众阶级或资产阶级之间的关系。

下一节的目的就是解读这些不断变化的发展模式。这需要对经理人的职能及其在社会关系中不断变化的地位和发挥的作用进行更为细致的考察。

经理人的职能形象

自管理革命以来，经理人活动的主要领域是公司组织。因此，经理人可以被划分为不同类别。我们通常可以进行以下两方面的区分，一方面是在组织更为严密的技术管理部门与商业管理部门；另一方面则是金融领域。但是，管理却并不局限于私人企业。从 20 世纪早期开始，私人管理的方法被迅速输出到城市管理中，[2] 并逐渐扩展至整个政府服务领域。在罗斯福新政时期和二战后的数十年里，官员在政府机构中所发挥的作用得到了相当大的发展（譬如 20 世纪 30 年代的战时经济，以及在 20 世纪 60 年代的政策中，尤其是宏观政策和社会项目中）。因此，除了公司经理人之外，还必须在管理阶 77
层中加入负责行政管理的官员。

经理人的目标取决于管理得以实施的社会秩序。第二次世界大战以后，管理的基本目标是增长（公司内部的增长以及政策定义中的增长）和技术变革。在新自由主义时期，主要目标变成了股票市场和资本收益。因而，一种相互关系存在于一个特定权力结构的盛行与某种管理要素的突出地位之间。罗斯福新政的历史节点为政府官员赋予了一种卓越地位。这使得管理的发展朝着这个特定方向转变。战后妥协从各方面促进了管理能力的发展，但尤其强调技术和组织。新自由主义偏向有利于管理的金融要素的管理趋势。

经理人不应被视为历史进程的决定过程中的单纯被动的因素。政府官员在罗斯福新政的实施以及第二次世界大战以后新的社会妥协的巩固过程中都发挥了积极的作用。在新自由主义时期，管理阶级特别是其中的上层阶层，积极地投身于新的社会发展趋势的形成中，期望获得高报酬，并以进入积极有效的所有权领域为目标。实际上，如果在社会等级金字塔的上层，所有者与管理层之间新的联盟没有碰撞而成，那么新自由主义的推行就没有可能。

管理层掌舵：战后妥协的三个方面

在提及第二次世界大战后的最初数十年的社会时，存在一个清晰的词汇问题。此处，没有大家普遍接受的术语。虽然本书使用了“战后”、“社会民主”或“凯恩斯主义妥协”等词语，但“管理资本主义”或者在某些国家使用的“混合经济”等表达也是恰当的。虽然这种社会安排在大多数主要资本主义国家很普遍，但确切的结构和程度在地理和时间上都各不相同。各个国家之间方法迥异并且随着时间的推移发生了重大的变化。

这种三极阶级视角为战后资本主义的发展特征提供了一种阶级
78 层面的解读。这种社会秩序的基础是在大众运动的刺激性压力下，大众阶级方面（包括生产工人和办公室工作人员）与经理人阶级方面（包括官员）达成的一种妥协。尽管大众阶级是社会变革的动因，经理人和官员却是社会新秩序的重要支柱。

重要的是要理解战后妥协所涉及的三种社会角色，他们代表着三种截然不同的视角。首先，存在一个特定的社会（或者福利）因素，而在这里，大众阶级处于中心舞台。第二，在这些社会变化的动态中，存在一个管理的方面。这数十年无疑是管理资本主义的数十年，既存在于私人部门，同时也有政府机构官员的强大参与。第三方面是对资产阶级利益的限制，而这也是资产阶级状况必须予以考虑的地方。

1. 社会因素（大众阶级）。战后社会妥协的概念暗示着大众阶级境况的改变。回顾起来，这种资本主义看起来像是一种经济结构，更为普遍地说，像是一个暴力已经得到缓和的社会，与第一次金融霸权和新自由主义形成了鲜明对比。因此，另一种“温和资本主义”的称法也可以使用。与大众阶级的妥协在购买力进步、以充分就业、福利保障、教育、健康、退休等为目标的政策中是显而易见的。战后最初数十年的资本主义经常以这种方式体现出来，在美国带有一种强烈的罗斯福主义色彩，是对法国人民阵线运动或者威廉·贝弗里奇的英国的一种非直接的参考。

2. 管理自主权（经理人）。考虑到管理层的状况，其实并不存在太多选择。工人不掌握权力与资产阶级所有者的权力受到限制，这两种现象意味着管理阶级被赋予了得到强化的角色和自主权。总体而言，工人阶层不掌握权力，资产阶级受到限制，同时组织权力掌握在经理人手中。这种自主权在管理革命的历史发展趋势基础上发展起来，并且在罗斯福新政、战时经济和战后妥协等政治和经济环境下，找到了表达自身潜力的机会。连接两次金融霸权的中间阶段在美国产生了这样一种社会秩序的独特历史。

79 公司管理需要关注投资和技术变革等，这些因素与“股东价值”的创造截然不同。与所有者相比，经理人拥有相对的行动自由，将相当的利润份额留存在公司内用于投资。在一些国家，由于国有化，经济结构中的大型部门都在政府的控制之下。关于这一点，人们可以加上服务于非金融经济的金融部门，这一部门被置于了经理人的控制之下。这种管理自主权也体现在战后数十年的国家机器中。官员被赋予了一种特殊的组织职能。官员设计的政策经常指向增长和就业。

凯恩斯主义的宏观政策定义了这种政策因素的主要方面。认为宏观经济必须由中央机构——通过财政和货币政策进行控制，并且在就业和物价方面抱有具体目标，这一观点直截了当地指向管理实践。信息必须收集，决策必须做出。结果必须加以评估。这些任务都由中央机构内部的官员来执行，而不是由私人企业内部的经理人来完成，这种观点扩大而不是减少了这些机制中的管理特征。

这种管理方面的特征往往没有得到这种实际上的中间道路（与新自由主义所声称的中间道路相对）的参与者或分析者的清晰表达，他们往往从资本主义固有的暴力的缓和角度来审视事件的这种发展过程。一个重要的例外是美国在20世纪60年代和20世纪70年代的管理资本主义巅峰（表框5.1）。

3. 限制资本主义利益（资本家）。上述每一个特征都证实了资产阶级的发展境况。公司管理层对股票市场表现的无力关注就是一个清晰的例证。在非金融部门中一个服务于积累的金融部门的存在，是资产阶级衰落的另一个突出表现。这些阶级已经部分失去了对于金融部门的控制，而这个部门是他们霸权（也就是他们的权力和收入）的一个重要工具，如同在“金融”中一样。

在资本家利益限制方面，各国情况截然不同。譬如，法国在第二次世界大战以后建立起了一个强大的公共部门（“国有”意义上的），包括金融部门的重要部分，这种限制比美国的限制更加强有力。在日本，国家发展直接掌控在公共部门和私人部门的经理人手 80
中，他们之间有很大程度的合作。拉丁美洲的情况也不相同，在进口替代工业化的大背景下（参见表框 23.1），为“民族”资产阶级赋予了一种特殊的角色。

表框 5.1　管理资本主义

围绕“管理资本主义”的概念有许多困惑。困难源于两类决定因素共同发挥作用。

一方面，在现代资本主义中，组织工作委托给了管理和办公室工作人员，以及由此产生的组织效率的提高，为二战以后管理资本主义的定义提供了历史发展趋势的基础。毫无疑问，在当代资本主义，这些管理特征和发展趋势依然存在。在新自由主义全球化所特有的新框架下，公司得到了管理，并且比以往得到的管理更多，就像跨国公司的管理那样。这就要求比以往更多的人员、技能和技术。

另一方面，管理资本主义本身指的是历史发展中的一个特定时期，即二战后的最初数十年，在这一时期，管理的历史性进步与经理人和属于大众阶级的办公室工作人员和生产工人之间的社会妥协一同发挥作用。从大萧条到20世纪70年代的结构性危机，在不同程度上根据特定国家的情况，这种社会秩序意味着管理人员和官员（伴随相应的公司治理和政策）而获得了相比资本家更大的自主权。新自由主义终结了这种自主权，因为它隐含着对资本家利益的限制，同时在社会等级的顶层建立了一种新的妥协，这种妥协与其他部门相比更有利于金融管理人员。但是，新自由主义并没有停止管理发展的脚步。

81 由于潜在的经济决定因素（不断增长的管理能力）与权力结构（管理领导下的社会妥协）之间的这种巧合，战后数十年中的管理特征变得尤为明显。管理革命——在21世纪最初数十年的早期发展阶段关注的一个目标——中固有的对于资本家而言的潜在威胁最终变成了事实。在战后数十年里，资产阶级某些部分所真正害怕发生的事，就是失去了金融霸权并处于管理领导下的一种资本主义。第二次世界大战以后，管理关系的这种清晰度（管理层的兴起和自主权）解释了20世纪60年代和20世纪70年代管理资本主义理论为何发展至巅峰的原因，如同阿尔弗雷德·钱德勒和肯尼斯·加尔布雷斯的著作中所论述的那样。[1]自由主义的建立和官僚管理主义结构的失败（在没有资产阶级时，管理阶级占主导地位），如同在苏维埃主义时期一样，对激进的管理实验之于“市场”动力的益处提出了质疑，“市场”动力是对不受限制的资本主义暴力的一种委婉说法。

---

①. A. D. Chandler, *The Visible Hand*: *The Managerial Revolution in American Business* (Cambridge, Mass.: Harvard University Press, 1977); J. K. Galbraith, *The New Industrial State* (New York: New American Library, 1967).

从上述三个方面可以看出，与第一次金融霸权或新自由主义时期相比，资本主义在这数十年里的资本主义特征要少一些。从某种意义上说，劳动力并不是像经济中的其他物品那样的商品。在美国，象征着这一新时期开端的是《1946 年就业法案》，该法案使得充分就业成为政府的一个职责。积累的动力掌握在经理人手中。所谓市场机制的许多例外得以实施（而这些例外是新自由主义努力想要抵消的）。尽管如此，但如果说与第一次金融霸权时期相比，战后社会的资本主义特征较少的话，它实际上仍然是一种阶级社会，在此剥削建立在对有利于上层阶级的一种盈余的获取的基础之上。考虑到之前所描述的等级制度和历史发展趋势，获取盈余的两个渠道是资本收益和上层薪资。

重要的是要理解上述三个组成部分之间的关系。前两个方面——社会妥协的福利特征和管理自主权——从结构上说是独立的，也就是说，彼此不依赖于对方而存在。诚然，在特定的历史环境下，大众阶级的支持对于管理自主权的建立可以产生影响，而这种影响可能要求诸多有利于大众阶级的改进。但是，在特别有利于大众阶级的情况没有形成的环境下，管理自主权也可能被接受。在纳粹主义下，在一种极右的社会布局中，官员被赋予了一种至关重要的职 82
能。与此相反，第三个组成部分——资本家利益限制——是上述两个组成部分所导致的典型后果。大众阶级购买力以及社会保障的进步逐渐侵蚀了资本收益，而管理自主权则限制了资产阶级的权力。在战后的社会妥协中，这个两方面是联系在一起的。

在管理自主权建立过程中的阶级斗争

这种历史变革的动力是阶级斗争。大萧条在深深撼动资本主义基础的同时对其幸存提出了质疑。在资本主义佃户中间，悲观主义情绪无处不在。[3] 在这种背景下，决定罗斯福新政和美国战后社会妥协确切内容的是激烈的社会冲突，伴随着传统工人运动的兴起，以社会主义或共产主义国家的出现。在激增的内战中，这些发展趋势是显而易见的（就像诸如西班牙、希腊、中国等的情况那样）。大众阶级的这些斗争与资产阶级和管理阶级之间的紧张关系共同作用，从而削弱了上层阶级的妥协。这发生在一个截然不同的社会格局的广阔范围中，例如在罗斯福新政中。但是，激烈的阶级斗争也意味着资产阶级方面可能产生的极端反应，就像在法西斯主义下一样。两个目标，即让资本主义变得温和从而使其可以存续，以及与大众阶级进行妥协从而使资本主义可以被容忍，融合在了一起。

在美国，针对所有自由主义者（如同在麦卡锡主义中）的妥协和压制，以及明显地针对（国内和国际）共产主义党派中最激进的成员的妥协与压制，两者的结合使战后权力结构得以实现。二战以后，在戴高乐领导下的法国，通过与共产党的短暂联盟而取得了一种类似的结果，但很快被搁置一旁。在所有的地方，凯恩斯主义都提供了一种妥协的框架，将私人的能动性（“市场”）与宏观政策结合起来。从严格意义上讲，社会民主主义是北欧的典型特征。在英国或法国可以被视作中间状况，出台了重要的公共部门、社会保障
83 以及发展和就业的政策。在美国没有出现像欧洲那样的国有化，但是国家实体却建立起来，或者它们的职能被拓宽（联邦机构，政府支持企业），并且公司管理和政策（低实际利率，以工业发展为目标的政策等）体现出战后妥协的特征，与此同时也结合了金融监管以及对涉及社会保障、研究和教育的强有力的国家干预。尽管如此，但美国的金融压制却没有其他国家严重。[4] 如前所述，日

本的情况是极端的，出现了私人经理人及官员之间的一种紧密合作、彻底服务于生产经济的一种金融部门，以及由资产阶级扮演的一种小角色。

正如所揭示的那样，第二次世界大战以后，技术变革的新趋势和利润率的新水平，对于妥协的建立及其在之后数十年内的存续发挥了相当大的作用。也许在资本主义早期发展史上，至少在现代资本主义历史上，没有出现过如此有利的发展趋势，曾解除了往往加重分配负担的各种限制。（这在图 4.1 和图 21.1 中可以明显看出。）高利润率水平使得以下几方面得以兼容：（1）企业内部留存利润率的保留；（2）企业纳税和政府收入的增长；以及（3）工薪阶层购买力的进步。这意味着有利于积累的条件，即一个庞大而积极的政府（包括发动战争），以及广大工薪阶层境况的改善。

因此，十分有利的经济条件与政治环境交汇在一起，决定了战后数十年的特征。如果没有这种潜在的有利环境，战后妥协还会被普遍接受吗？这些条件对于社会秩序如此重要，以至于 20 世纪 70 年代当技术—组织发展趋势出现逆转，以及利润率随之下降时，妥协未能幸存。这种逆转创造了有利于资产阶级斗争胜利的环境，更普遍地说，是有利于资产阶级领导下的上层阶级斗争的胜利。在这种对抗中，一个至关重要的因素是战后妥协背后所潜在的社会力量缺乏一贯性，这种政治上的弱点为新自由主义的实施铺平了道路。

新自由主义中的管理阶级——偏向金融管理 84

新自由主义没有阻止管理进步。它最初的影响是使管理服从于资本家的阶级目标，但是在管理职能的推进过程中没有任何停顿。

在新自由主义时期，大型跨国公司就是巨大的管理机构，而政府雇员的数量也持续增长。

这种服从在新自由主义的连续发展阶段逐渐得到拓展。尽管还需要进一步研究，但我们仍可以猜测，20 世纪 80 年代，资本家与管理阶级之间的新型关系的纪律特征占据了主导地位。就像在公司治理中那样，经理人被告知去进行对所有者有利的“治理”。由于这种关系的本质逐渐转向了一种更为和善或热情的合作（根据在等级制度和收入层次中的不同位置而呈现可能明显不同的程度），金融经理人和其他经理人的区别也逐渐建立起来，如同在收入分配的等级中所反映的那样。20 世纪 90 年代标志着一个过渡时期，而 2000 年以后，金融经理人已然成为金融的一个支柱。

因此，新自由主义偏向有利于金融管理的管理趋势。经理人广泛活跃于金融机制中（使股东价值最大化，在衍生品市场进行操作，进行兼并和收购，等等）。随着数学的广泛运用，资产经理人和交易人是“科学的”金融经理人。管理领域里的技术部门和金融部门之间的等级体系发生了深刻改变。这在由选择职业过程中的金融运算以及所提供的巨额报酬所施加的魅力中清晰可见。

在管理等级体系的顶层，经理人参与新自由主义的公司治理的发展到了如此程度，以至于管理的金融特征趋于压倒性地占据主导地位。金融运作，尤其是兼并和收购，对于技术—组织成就的伤害发挥了超群绝伦的作用。后面这些职能被分派至等级体系的较低层级，并受制于金融标准的压力。顶层管理被转变成金融管理。

在新自由主义下，金融管理增添了如此的重要性，以至于一种
85 非常独特的关系在金融企业和非金融企业的金融经理与资产阶级之

间建立了起来。金融管理的兴起意味着上层管理层渗透到了所有权得以体现的核心的、最密切的机制中。一种紧密的合作隐含其中，但我们可以认为，在新自由主义下，资本家处于一个越来越依赖经理人的专门知识，尤其是金融经理的地位。

新自由主义的妥协——顶层的混杂

就收入与财富而言，管理阶级得益于新自由主义在两个主要方面的发展趋势，即高薪资和金融资产组合的积累。尽管在新自由主义的数十年里，广大工薪阶层的购买力停滞不前，但上层薪资却大幅上升，带来了高薪资阶层的消费繁荣以及金融财富的积累。这种交汇作为与战后数年的社会民主妥协相对立的新自由主义妥协的基础。（这个交汇过程在美国比在许多欧洲国家更先进，[5] 尽管欧洲国家也在进行之中。）阶级权力与收入关系新型结构中的这种伙伴关系解释了前面章节里对上层阶级这一宽泛概念使用的原因。

在管理等级的顶端，不只产生了一个联盟。额外的研究应该是必需的，从而对这些新的社会发展趋势进行更为具体的分析，但收入模式却暗示了一种“混杂”或者合并的过程正在进行中。理解这一社会格局的双向特征是重要的。在这些上层领域，当代资本主义将赚取薪资的资本家与参与资本收益和所有权的工薪阶层结合在一起（表框 5.2）。不仅极高薪资阶层持有大量金融资产组合，而且基本上资本家家庭仍然通过他们在这些等级体系中的一些成员的参与，而从公司获得重要的收入流。高级别经理人与资本家阶级之间的边界被模糊了。

我们可以推测，这一合并过程在金融机构内部尤为强烈。这些机构中的经理人从极高薪资中获益，而金融机构也是大量金融财富

86 组合的持有者可以在高层管理圈中找到自己位置的一个最好的所在。公司顾问委员会或私募股权公司的管理层的情况亦是如此。因此，金融经理人就直接共同地隐含在了关于资产阶级上层群体以及金融机构的定义中，如同包括了这一社会类别的“金融”的延伸概念中的情况一样。

表框 5.2　第一和第二层级资本主义

除了新自由主义中管理阶级与资产阶级的共同目标之外，经理人与资产阶级之间的紧密关系还存在第二个层面。经理人也参与资本所有权。

在资产阶级内部，总是可以区分出上层和下层部分，但是，新自由主义的特点，至少在美国是建立了一种资本所有权的“二层”模式。[①]在“第二层级资本主义”（较低类别）的机构中，人口中的相当部分作为（直接或者各种类型的基金）证券持有者加入了资产所有者的行列，但是这种加入并没有从根本上决定他们的社会地位。与此相反，第一层级资本主义指的是资产阶级本身，其金融财产极大地超越了消费或者退休的需求。所有的资本都不存在于养老金或共同基金中。

在这一方面，管理阶级不是同质的。经理人的低层部分无论是否愿意，都以各种基金的方式为了他们的退休或者其他大额开支而积累资本。这种积累的主要目的是跨期转移原本作为薪资形式的收入利润，也就是将收入存起来供将来使用而不是积累财富。在管理人群的上层部分，情况截然不同。这是权力集中的地方，也是与资产阶级的上层群体之间关系最密切的地方。显然，这种情况反映在了收入的各个水平中，并与“混杂”的概念相关。管理人群中的上层部分享受着相当大的获得所有权的能力。

①. A framework introduced in G. Duménil and D. Lévy, “Neoliberal Income Trends: Wealth, Class and Ownership in the USA,” *New Left Review* 30, (2004):105—133.

回到本章前面使用的数据，我们可以看到，如图 5.1 所示，最高薪资演变的历史模式与我们在图 3.1 中所观察到的同一群体的总 87
收入的演变模式相同（但 95— 99 分位的总收入部分的概况却迥然不同），这肯定不是巧合。在图 3.5 中，一种相似的关系是显而易见的。尽管如此，但还需要进一步研究，从而确定涉及哪些分位以及通过哪些机制。

这种社会格局的社会政治后果是明显的。顶层阶级群体的混杂意味着，目标的汇合超越了传统资本家收入渠道之间或者在此所使用的广泛意义上的薪资之间的区别。管理人群中的下层部分与资产所有者之间的关系依然具有不同的性质，但总体而言，以前管理阶级与大众阶级的联盟被管理阶级与资产阶级之间的联盟所替代。而且不止涉及一种暂时的联盟。

政府和官员与市场和资本家

除了公司经理人以外，政府官员也是管理阶级中一个重要组成部分。在特定的历史情况下，这一特殊阶级的地位成为社会历史变化中的一个关键因素。如前所述，譬如在罗斯福新政时期，情况即是如此，在这个时期，因危机和紧张的阶级冲突而动摇的早期权力结构瓦解了。

在特殊情况下，官员与诸如资产阶级等其他社会群体之间的关系也许体现出一定程度的自主权。但是这种有利于官员的权力转移，同时也是管理阶级在整体上拥有更广泛的被强化了的自主权的一种特定表现，也是对资本家权力和利润进行限制的一种表现。然而，这种危机情况是过渡性的。以罗斯福新政为例，在战后社会妥协得到调整，社会结构与政府机构之间更为正常的关系得以恢复。然而，在战后妥协中，政府官员继续发挥着核心作用。这种自主权是对更为普遍的战后管理领导权的一种表现。

与此对称，人们常常认为，新自由主义意味着政府受挫，市场获益，资产阶级权力因而相应地根据市场机制进行解读。经理人享有
88 大量自主权的社会和经济也可以是一种市场经济，关于这一事实，人们会有许多看法。总结这种理论的改进之处，其主要观点是，战后和新自由主义的数十年里，政府与市场方面的特征与本书研究的视角是相矛盾的，在本书中，政府总是在阶级关系的背景下进行理解的。

不可否认的事实是，在新自由主义下，较多强调的是“自由市场”机制，但在所有的国家，政府行为有利于新的社会秩序的建立，[6] 这种新秩序是新自由主义实施的一个条件。每当政府限制商业自由，保护工人权利，向高收入征税等的时候，新自由主义的佃户们都会反对过多的政府干预。新自由主义摒弃了社会民主妥协的政府，而不是一般意义上的政府。新自由主义的政府——作为社会等级体系顶层普遍接受的霸权和妥协的体现与工具——小心翼翼地达成有关自由贸易以及限制它们自身政策能力的资本自由流动的协议。

随着欧盟的建立，这一情况在欧洲显得尤为突出，在美国亦是如此（见第十四章）。新自由主义全球化的新语境的建立是这些政府蓄意设置的目标的一部分，而这些目标则反映了这些国家所代表的那些阶级的目标。

当新自由主义全球化发展到苏维埃主义（基本上是大部分或者说所有社会主义国家中的一种模式）与资本主义之间的过渡形式时，就像俄罗斯、中国或者越南那样，政府在所谓的“资本原始积累”过程中的作用曾经是并且仍然是最重要的。因此，在不同程度上，这些社会都共有新自由主义的某些目标，尽管不是都采取了新自由主义的方法。在这些国家，政府介入远比标准的新自由主义国家中的情形更为强大，并且以独特的威权格局体现出来。这种混合模式是复杂的，是经济自由化与政府干预的一种结合，也是当前危机很有可能改变的一种发展方向。

总的说来，国家在阶级社会的建立与延续的过程中的作用是核心的，在新自由主义下也与从前一样，国家利用法律的潜在力量，
诉诸直截了当的暴力，在新自由主义下国家的这些做法没有减少。 89
国家是阶级等级和每种社会秩序妥协得以界定的中央机构。根据权力结构的政治特征，或多或少的空间被允许用以表达妥协的各个组成部分之间的紧张局面，但是国家永远是这种妥协得以界定的机构，也是确保这种妥协得以普遍存在的工具。

90

第六章　理论框架

前一章所做的分析将三极阶级模式视为给定情形。并没有试图提出针对这种方式的理论基础。接下来，本章的第一节将以一种受马克思主义启发的框架来建立这样的理论基础，该理论基础将适应现代资本主义的特征。这一节将阐述所有权与管理的区别，区分资产阶级与管理阶级，并引入大众阶级这个类别，其中办公室工作人员与产业工人将被同时考虑在内。第二节将概括社会秩序的总体类型，包括了第一章所介绍的各种可能的史无前例的组合。在这个框架中，右翼或左翼政治倾向的传统概念可以被赋予一种新的含义。

生产的社会化：所有权与管理

在社会关系内部，打破工薪阶层所谓同质的社会地位引发了难解的理论问题，许多研究都致力于寻找这些问题的答案。在美国，领薪管理阶层的发展以及社会等级体系顶层的新型模式，成为大量管理资本主义相关文献出现的根源（见表框 5.1）,[1] 成为从管理革命开始对资产阶级所有者的某些担忧的根源。[2] 对于管理资本主义理论的关注尤其在于对经理人的关注。尽管如此，管理人员和办公室工作人员合在一起却通常被称为新中产阶级。尽管这里明确提及了阶级，但此种描述方式经常用于模糊阶级分化的存在。马克思主义学

者还在管理人员和办公室工作人员中看到了一种新的小资产阶级，91
或者说一种广义上的无产阶级群体。[3] 我们在这里的观点与后一种解读是有差异的。薪资等级并不是在一种同质的生产过程中，针对执行具体任务时技能的不同水平支付的报酬的简单体现。这种高薪资是一种阶级结构中的管理层的报酬（从广义上讲，包括负责中央或地方组织工作的官员），这一结构显示了与生产关系相对应的不同地位。正如在之前的争论中所反映的那样，问题实际上是两方面的。首要的方面是应该如何解读传统资产阶级和无产阶级之间的中间社会群体的出现。问题的第二个方面是管理人员与办公室工作人员之间的区别。

下面的分析分为五个步骤：

1. **阶级与收入**。在对阶级模式进行一种解读时的一个关键要素是收入渠道与阶级之间的紧密关系。在由弗里德里希·恩格斯负责出版的《资本论》最后一章中，马克思定义了相对于不同收入类别的各个阶级。[4] 这些收入渠道包括薪资、利息和地租。与这种“庸俗经济”相反，马克思将这后两种收入视为剩余价值的形式，并且在薪资中看到了被榨取了这种剩余价值的工人的劳动力的价格。相同的方法必须适用于现代资本主义，但一个新要点是管理层的高薪资也必须包括在对一种社会剩余的占用形式中。随着资本主义的演变，由于管理的历史发展，这一点更加正确。难点在于这种高薪资像劳动力报酬的其他形式一样被称为“薪资”。就像在类似**月薪**和**周薪**的术语中那样，并没有清晰的收入类别。

不幸的是，无论在理论方面还是在经验方面，都不可能将这类高薪资与大部分工资区分开来，也不可能对高薪资阶层所占用的剩余的可能规模做出可靠的评估。尽管如此，可获得的数据却显示出这种机制的重要性。（一个大概数字在表框 6. 1 中显示出来。）

2. 生产关系与阶级。在分析阶级模式时，另一个根本依据是它们与生产关系之间的密切关系。一种社会剩余如同收入一样被占用和分配的渠道与普遍存在的生产关系相匹配。因此，生产关系的新结构意味着新的阶级模式，反之亦然。二者之间的对应关系如此严密以至于有时候被称为一种“同源关系”。

92 **表框 6.1　剩余劳动报酬与利润**

在美国，对收入趋势的分析，当适用于上层薪资群体时，从根本上对“劳动报酬”或者马克思术语里的“劳动力”价格的概念提出了质疑。两个视角可以采用。第一，收入金字塔顶层的“劳动报酬”可以解读为劳动被视为“复杂劳动”的这一类别工人的劳动力价格。这一观点与将资产阶级和工人阶级对立起来的双重传统视角是一致的。第二，与三极阶级结构相一致的另一种考察方法是将这类劳动力的高价格视为一种社会剩余的“形式”，与剩余价值的直接占用同样地，是工薪阶层的上层部分所获得的“剩余劳动报酬”一种形式，是高于广大工薪阶层的薪资。

这种分析的理论含义显然超出了本书的研究范围。接下来所希望做的只是提请对涉及数量的重要性的关注。凭经验而论，困难在于对一种“标准劳动报酬”提供一个近似值。在此所使用的数据来源与图 3.1 和图 5.1 相同。标准劳动报酬被视作 0—95% 的收入分位群体的平均劳动报酬。1997 年至 2006 年的十年中，这一标准劳动报酬的平均值达到全部工薪阶层平均劳动报酬的 80%。[①]如同 2007 年的国民收入和生产账户（NIPA）所示，若将这一百分比用于私人部门，这种方法推算得出的总的标准和剩余报酬分别是 5.307 万亿美元和 1.06 万亿美元。

运用这一方法的目的在于将 2007 年 1.06 万亿美元的剩余劳动报酬与利润进行对比。作为股息分配的利润是 6,420 亿美元，而留存利润则是 3,330 亿美元。因此，剩余劳动薪酬似乎比作为股息支付的利润大 1.6 倍，甚至略高于总利润。

我们可以顺便强调的是，与上述任何预测无关的是，将标准报酬和剩余报酬共同考虑的话，对于整个私营经济而言的股息达到了劳动报酬的 10%。

---

①. 美国劳工统计局（BLS）所做的一项调查提供了关于美国经济中薪酬情况的非常详细的信息（见 www.bls.gov/ncs/ect/home.htm）。从整个职业列表来看，我们可以选出四个“基本”类别，这四个类别占据整体就业的百分比超过 40%，可以被视为一种“标准劳动报酬”下典型劳动类别：（1）销售与零售职业，（2）办公与行政支持职业，（3）生产职业，以及（4）交通与物资流动职业。2007 年，这四类职业的年平均报酬达到了整个经济平均劳动报酬的 82%，是与我们在之前预测中所保留的劳动报酬相近的一种测算。

在传统上，这一分析框架适用于对不同生产模式之间的区别的分析，譬如封建主义与资本主义。生产关系指的是相对于生产资料（获取商品的能力、结构、自然资源等）的不同群体的地位，包括控制劳动力的能力。在封建主义中，封建主可以通过多种机制从帮佣的劳动产品中获益，譬如对于帮佣而言，在封建主的土地上劳作，将收获庄稼的一部分奉献出来，或者以货币的形式支付租金。而在资本主义中，资产阶级拥有生产资料，从工人身上榨取剩余价值，工人们则由于在这个时期没有获得能够满足竞争需求的生产资料，而不得不出卖自身的劳动力。

93 对历史发展变迁的深入考察表明，在对一种给定生产模式下的历史变革进行研究的过程中，使用了这些同样的基本原则。因此，一种周期化——一种生产模式下不同阶段之间的区别——被包括在了这些原则之中，比对生产方式的普遍传承的分析更为详细。封建主义和资本主义都经历了这些发展阶段。对于此处的分析而言，至关重要的是对迎来现代资本主义的20世纪之交所爆发的三次革命的解读。生产关系、阶级模式和收入渠道的变革皆是现代资本主义建立的基本方面。

3. 所有权与控制。关于生产关系重要的一点是，在现代资本主义之前，人们有可能将生产资料所有制两个基本方面——所谓“严格意义上的所有权”——简称为“所有权”——与“控制”，也就是管理——结合起来一同考察。所有权、控制以及阶级模式得以体现的机构在19世纪和20世纪之交都经历了重大转变。

（94）

这两方面发展的共同演变揭示出这些变革的本质。它们不能被解读为任何一种随意的制度变革。相反，它们必须被理解为整个历史变化的漫长链条中的较小环节，而生产模式在此漫长的链条中则是更大的环节。由于生产资料所有权所根植的机构变革是生产的社会协调逐渐趋于成熟的结果，因此在历史发展中隐含了一种方向（见表框1.2）。在自治组织（尤其是企业）的成长中，在交通与信息的国内和国际的发展中，以及来自核心机构（私人组织、政府和国际机构）的监管中，这些发展趋势都显而易见。这就是马克思以前所谓的“生产的社会化”。

由于生产资料所有权的两个组成部分之间存在差异——由证券

(股权和债券）所支持的所有权以及股东监管下受薪雇员被授予的管理权[5]——私人企业中的受薪经理人阶级的数量和重要性在远离所有者的地方与日俱增。与此同时，中央和地方政府中的官员数量也出现增长。这种广义上的管理的两个组成部分被所谓的“白领”包围着，而实际上，从严格意义上讲，“白领”是办公室工作人员以及其他诸如维护人员和商务人员等员工。

4. **经理人与办公室工作人员之间的两极分化**。随着受薪人员被赋予的管理权的扩大，上层部分与下层部分之间出现了尖锐的两极分化，就像“管理人员与办公室工作人员”的短语中所显示的那样。在负责概念、组织、贸易、会计、融资等方面的受薪人员中，任务分工不仅仅是**功能方面的**，而且是**等级体系方面的**，这种等级体系依然是当代资本主义中社会关系的一个基本特征。这种两极分化的典型特征是主动性和方向性的管理集中于顶层人群，而执行则集中于等级体系中的较低层，就像在经理人与办公室工作人员之间所呈现的那样。办公室工作人员完成劳动的条件根据上述特征被严格界定。在大量的活动中，办公室工作人员的工作都愈来愈表现出生产 95
劳动所具有的特征。而且这种等级体系反映在了那些薪资等级中。

5. **生产劳动的变革和大众阶级的形成**。与此相应，生产劳动也是重大变革的目标。社会学家指出的事实是，生产工人的劳动形式愈来愈多地采用办公室工作人员的劳动形式，特别是与信息技术的发展相关。[6] 尽管在当代资本主义这两类劳动力在许多领域仍然存在差别，但是在将生产工人与商务—文职工人共同进行考察的同时，将这两类劳动力同指为大众阶级逐渐显得愈来愈充分。[7] 至少，这是一种有用的简化。

总体来看，对于资产阶级和生产工人之间传统的新中产阶级（管理人员与办公室工作人员）模式而言，它看起来更与取代结合了如图解 1. 1 所示的资产阶级、管理阶级和大众阶级的三极结构相关。相比传统的资产阶级—工人的二元模式，这种框架具有重要优势。首先，这种模式将管理阶层视为一种新的阶级关系，而这种关系是理解当代资本主义的关键所在。第二，这种模式为上层阶级或高收入阶层这种较为松散的类别提供了理论基础，如同前面章节所述，经验性考察直接说明了这一点。“上层阶级”既指所有权和管理权，也指资产阶级和经理人，存在相当大的重叠。第三，这种框架为针对大众阶级的分析打下了基础，并且解决了我们观察到的严格意义上的生产工人数量下降所提出的问题。

替代性社会秩序的类型

阶级关系的三极模式——资产阶级/管理阶级/大众阶级——提供了一个简单的框架，在此框架下替代性社会秩序可以进行正式分类。在某一阶级的领导下，当代资本主义所特有的这三种秩序中的每一种，都可以具有一种不平等的社会联盟形式（一种权力结构）的特征。（“妥协”一词强调了这种社会格局中仍然固有的紧张关系。）这种社会秩序类型中的一个根本标准是，普遍存在的阶级联盟是朝向上层阶级方向，还是朝向大众阶级方向而建立的。前一个选
96 择是新自由主义下资产阶级与管理阶级之间的典型妥协，而后一个选择则是战后管理阶级与大众阶级之间的典型妥协。就左翼与右翼之间的传统区分而言，第一种社会结构可以被称为“朝向右”，而第二种结构则是“朝向左”（或者是偏右或偏左）。这是为政治方向提供了阶级基础的一种重要区分。

在这种划分中，有可能对替代性情况做进一步区分，并取决于参与联盟的两个群体中的任一群体的领导权。在偏右的妥协中，如

表格 6.1　替代性社会秩序

	联盟之间	在其领导之下：		
偏右	资产阶级/经理人	[1]资产阶级（新自由主义）	[3]经理人（新管理资本主义）	
偏左	经理人/大众阶级		[2]经理人（战后妥协）	[4]大众阶级（“社会主义”）

[1] 资产阶级与管理阶级之间的一种妥协，偏右，处于资产阶级领导之下，如同在第一次金融霸权和新自由主义下那样。

[2] 管理阶级与大众阶级之间的一种妥协，偏左，处于管理阶级的领导之下，如同罗斯福新政时期和战后妥协中那样。

[3] 资产阶级与管理阶级之间的一种妥协，偏右，处于管理阶级的领导之下。

[4] 管理阶级与大众阶级之间的一种妥协，偏左，处于大众阶级的领导之下。

同在新自由主义下那样，资产阶级或许会处于领导地位，但管理阶级获得领导权也是可能的。在偏左的妥协中，管理阶级可能获得领导权，但是大众阶层获得领导权的对应情形也是可以想象的。因而，四种社会格局在表格 6.1 中得到界定。

第三和第四种社会格局与前两种社会格局的重大区别是在美国缺乏历史先例，这使得对它们的界定更成问题。

在第一、二种社会格局中，一种方向意味着如同“偏右”或者“偏左”中所表达的一种偏向。可以更具体地说，新自由主义可以被 97
定义为“偏右”，而战后妥协被定义为“中左”。

在分析第三种社会格局［3］时——处于管理阶级领导下的偏右

的一种妥协——与替代性社会格局进行比较可以有所帮助：[8]

1. 在罗斯福新政和战后妥协［2］这一社会格局中，有三个主要方面。管理阶级在公司治理和政策方面发挥一种关键作用；一种更有利于劳动者的新态度普遍存在；重要限制被置于资产阶级的霸权之上。第三种社会格局的基本概念就是区别对待这些不同的方面。这种新的社会格局显示了未与劳动阶级达成同盟的管理阶级的领导权所具有的特征，以及对资产阶级利益一定程度的限制，但考虑到妥协是在上层阶级之间的，因此这种限制在某种程度上是温和的。这种社会格局可以笼统描述为（1）一种管理资本主义，但是（2）没有战后妥协的社会特征。在第一方面，这种权力结构可以称为一种“新管理资本主义”。

2. 这种社会秩序也可以在与新自由主义的对比之中得到确定。在新自由主义下，妥协发生在处于资产阶级领导下的社会等级体系的顶层。在第三种社会结构中，妥协同样是朝上层发展，但领导权却从资产阶级转向了上层阶级中的管理部门。这种新的方面是上层阶级沿着所有权/管理权的界线划分的两个组成部分之间权力和收入平衡的改变，这两个组成部分具有不同的目标和方式。就上述新管理资本主义而言，“新自由主义”的命名中显然有一种双关语。尽管政府在这种社会秩序建立和发挥作用方面发挥了至关重要的作用，新自由主义在很大程度上却是一种新的自由主义。新管理资本主义同样如此，是一种新的管理资本主义，尽管战后数十年的福利成分以及上层阶级之间的联盟的缺乏极大地改变了它的社会特征。

关于在这样一种权力结构中可能普遍存在的收入模式，另外两个额外因素必须加以考虑：

1. 重要的是要考虑上述已经被意指为“上层的一种混杂的过

程”导致的后果。这种社会格局中的新的管理趋势通常会利于管理阶级的收入渠道（通常是广义上的高薪资），而不是传统的资产阶级收入渠道（股息和利息），但同样的个人会在一定程度上受益于这两 98
种收入流。

2. 调整美国宏观发展轨迹的坚强决心会要求对所有高收入进行限制的一种形式。这种必要性会反映出为了理顺美国经济的发展轨迹，整个上层阶级将要实现的调整幅度。

由于过去社会主义革命的胜利总是会导致新的阶级等级的建立，表格 6.1 中的第四个选择［4］同样是没有历史先例的。但是激进的选择也是可以加以考虑的，在此选择下，大众领导权会普遍存在。这样一种方案是所谓“左翼”政党中，或者另类全球化运动中典型的政治风向。这是可以看到对资本主义具体的新自由主义特征以及资本主义本身进行批评之所在。在如此激进的政治风向中，我们看到了广泛的替代性社会方案的范围——一种确切内容难以确定的混合形式。在强调大众阶级权力的激进话语背后，我们可以窥探出政治的视角，这种视角被置于上述第二种和第四种社会格局之间的某个地方。社会主义显然存在于那些最致力于激进社会变革的人的心中。尽管如此，但关于这种深远的社会变革的探讨却超出了本书的研究范围。[9]

第四部分 99

金融化与全球化：消除障碍—失去控制

金融化与全球化共同指的是资本主义根深蒂固的历史趋势，而这种特征阻止了这两个概念在新自由主义特征下的直接融合。尽管如此，新自由主义却为这两方面的发展赋予了具体特征，并且没有新自由主义金融化和新自由主义全球化特征的新自由主义将会是另外一回事。因此，在图解 2.1 中，这两套机制被直接置于新自由主义的下游。

第七章和第八章将依次探讨金融部门的变革，以及全球化的实际组成部分和金融组成部分。探讨的重点是有关金融危机爆发前十年的情况，其间这两方面都有了惊人的发展。探讨的目标是为与当前危机分析相关的广泛现象提供基本信息。第九章将致力于研究如此发展趋势所导致的脆弱结构。

结论是直截了当的。尽管灾难来到这个世界的确切渠道仍未确定，但却使一次严重的崩塌成为可能。

第七章　一个新的金融部门 101

如同可以预料的那样，新自由主义和新自由主义全球化深深地改变了金融部门的结构与功能发挥。许多例证可以看出，2000 年以后情况尤其如此。本章不是意图系统地解读这些发展趋势，而是为了引起对金融机制急剧扩张的关注，同时找出这种扩张在哪些机构并通过哪些工具得以实施，从而作为对此危机进行分析的前期准备。

仅仅是对大量资产和债务的考察就为新自由主义下金融扩张的规模提供了一个简单易懂的说明。表格 7.1 比较了危机爆发前截至 2006 年末的一些数据。

以下第一节提供了所有美国金融机构所持有的大量资产的总体情况。[1] 第二节侧重于对美国经济中债务扩张的分析，尤其是金融部门的债务。本章其余部分将介绍三类广泛的机制，从而为危机金融要素的技术分析提供参考：(1) 渠道、结构性投资工具与资产支持商业票据；(2) 杠杆收购；以及 (3) 衍生工具合约。

金融机构

了解金融化问题的一个简单方法是考察各类机构所持有的金融资产的比较数量，及其在时间推移中的变革。图 7.1 显示了美国经济中这些总值在美国国内生产总值中所占百分比。金融机构被划分为四个组成部分。[2] 除美联储之外，各变量涵盖了所有的美国金融机构。 102

102 **表格 7.1　多大是“大”？（截至 2006 年，单位为万亿美元）**

世界范围内总的衍生品（名义上的）（11）	415
全球金融资产（7）	167
全球生产总值（美元购买力平价）[c]（6）	77
全球 1，000 家最大银行的资产（10）	74
世界范围内的管理资产（500 家最大的管理公司）（8）	64
国内市场资本化（所有证券交易所）（3）	52
高净值个人的金融财富（4）	37
全球银行的海外资产总额（11）	26.2
美国家庭直接持有的金融资产[a]（1）	21.8
美国养老基金和共同基金资产（1）	18.5
世界其余地区所持有的美国资产（1）	14.4
美国家庭的负债总额（1）	13.4
美国非金融企业的有形资产（1）	13.4
美国国内生产总值（2）	13.2
美国商业银行的金融资产（1）	10.2
衍生工具合约的总市值（11）	9.7
美国联邦政府的负债总额（1）	6.2
亿万富翁的金融财富（4）	3.5
外汇市场的日成交额[b]（11）	4.0
主权财富基金资产（5）	3.0
非洲的国内生产总值（美元购买力平价）[c]（6）	1.8
对冲基金管理资产（9）	1.7

括号里面的数字来源于本书附录 B 的资料。

a. 人寿保险储备、养老基金储备，以及不包括非公司业务的资产净值。

b. 2007 年 4 月的平均值。

c. 购买力平价汇率是可以平衡有关国家价格水平的实际汇率。

第一组变量（——）是商业银行业（投资和存款银行）与保险公司，以及储蓄机构和信用社的组合。数据表明，1980年至2009年间，这一变量从国内生产总值的107%稳定而温和地升至157%。第二组变量（— —）反映了养老基金、共同基金和封闭式基金[3]资产的急剧扩张。1980年，这部分资产达到了国内生产总值的33%，
1999年，这一比例升至149%，2007年达到156%的最高值。其中 103
所涉及的大量资本由资产管理公司掌控，资产管理公司是新自由主义下的一个主要产业和参与者。由资产管理公司所掌控的基金中的大量资本的集中使得资本约束得以实施。在新自由主义的数十年里，这类机构的权力得到成倍增长。第三个部门（-----）是政府支持企业（特别是最初作为联邦机构的房利美和房地美两大房贷公司）与吉利美（美国政府国民抵押贷款协会），后者是与危机紧密相关的一个机构。除了急剧上升的趋势之外，我们还可以注意到2000年以后这些部门出现的相对于国内生产总值的类似停滞的状况。最后一类金融机构（-·-·-）是新加入的群体，相对于危机而言真正有趣的新一代。它们是谁？不足为奇的是，其中的主要部分是资产支持证券的私人公司发行人部门（也就是除了吉利美、房利美和房地美之外的发行人），以及证券经纪人和交易商。[4]1980年至1997年间，这一新群体以几乎等同于基金和政府支持企业的速度增长，而且在之后的几年直至2007年，它们仍然持续增长。

后两个部门的兴起是金融部门负债额增长的源头，在接下来的 104
一节中就将对这一重要发展进行分析。

不断增长的债务

在剖析危机时，不断增长的负债是一个常见因素。许多注意力

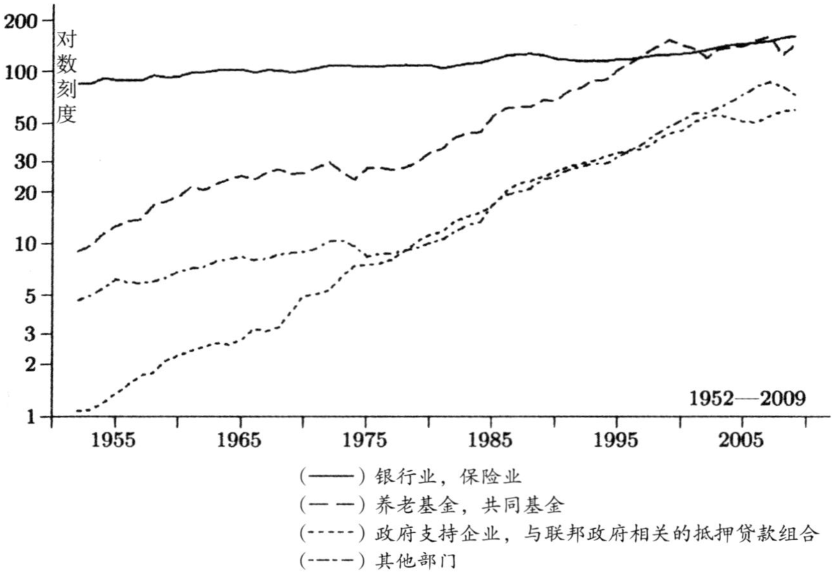

图 7.1　总金融资产：美国金融机构（在国内生产总值中所占百分比，年度值）。这一数据囊括了除美联储以外的所有美国金融机构。

都放在了不断飙升的家庭负债上面，这并无错误，但金融部门不断增长的债务也是新自由主义的数十年的一个主要特征。

表格 7.2 记录了美国所有部门的负债在国内生产总值中所占百分比的增幅。第二次世界大战以后，这一增幅一直较为温和，从 1952 年的 126% 至 1980 年的 155%，但在新自由主义的数十年里，增幅猛升至 2008 年的 353%。

1952 年，金融部门的负债达到国内生产总值的 3%，1980 年的这一数值也只有 20%，而 2008 年飙升到了 119%。表格 7.2 也显示，2008 年，金融部门的负债大于家庭负债，而家庭负债则大于非金融商业部门的负债。可见，金融部门的负债是新自由主义数十年一个典型的新的壮观现象。这种急剧飙升的负债额主要是由图 7.1 中的后两个部门发行证券数量的增长所导致的结果，特别是资产支持证券的私人发行机构和政府支持企业，发行这类证券是为了在证券化的过程中为家庭贷款提供资金，在这一过程中贷款或证券通过发行新证券提供资金。与上述组成相对，大部分家庭负债和政府负债的共同特点在于，直接为商品和服务消费以及投资（家庭的住宅投资 105
与政府的设备和基础设施投资）的持续需求提供资金。

表格 7.2　美国各部门的债务总额（年末，在国内生产总值中所占百分比）

	1952	1980	2008
非金融部门	124	136	234
家庭	25	48	96
企业	30	51	78
政府	68	37	60
金融部门	3	20	119
总计	126	155	353

债务：信贷市场工具。

任何参与者都可以借进和借出（使用信贷市场工具）。因此，这里涉及了负债总额和负债净额（债务减去资产，两者皆使用信贷市场工具）。如同可以预料的那样，表格 7.3 显示，金融部门是一个净借出人。[5] 2008 年，这一部门的贷款额相当于国内生产总值的 271%，而其借款额则为 119%（见表格 7.2）。因而，如同表格 7.3 最后一栏所示，金融部门作为一个净借出人的贷款负债额是国内生产总值的 152%。与此相反，非金融部门则是主要的借款人，2008 年的借进总额达到国内生产总值的234%，借出的金额为42%，因此其借款净额达到了国内生产总值的192%。

金融部门借款的增长是不同于银行的那些机构的典型特征，这些机构既包括诸如私人发行人证券化的特殊目的工具等真正自主的实体，当该实体建立的时候，资产就已经汇集起来了，也包括政府支持企业和联邦机构。（在表框7.1中定义了诸如证券化和工具等概念。）大量资产、贷款或证券都被转移至这些实体，并通过发行新证券获得融资。众所周知，私人发行人的证券化在危机发生过程中是一个至关重要的因素。（关于私人公司发行人将在第六部分进行分析。）

抛开确切的过程不谈，这里的重要发现是在新自由主义时期作为主要借入方的金融部门的出现。2008年和20世纪50年代的数值之间的差异引人注目。2008年，金融部门的借款总额相当于家庭和政府合计借款总额的76%，并超过了它们单个的借款额！

表格7.3 美国各部门的净负债（年末，在国内生产总值中所占百分比）

	1952	1980	2008
非金融部门	79	102	192
家庭	–3	30	68
企业	19	40	67
政府	60	25	48
金融部门	–82	–103	152
世界其他地区	3	1	–40
总计	0	0	0

净负债：信贷市场工具。

表框 7.1　证券化与资产支持证券的发行 106

最初，“证券化”这一术语被创造出来是指（金融企业资产中的）贷款向证券的转变，这是一个允许贷款发放者将这些贷款出售给投资者的过程。因此而发行的证券就被称为资产支持证券（ABSs）。

大量贷款汇集于一个特殊实体中，即一个“工具”（一个新实体，通常是另一家公司），而证券（债券）也相应地发行并售卖给投资者。贷款是债券的“抵押物”。从债券销售产生的资金流到了贷款的原始持有人手中。

一旦实体建立起来，贷款的分期偿还和随之而来的利息支付就以有利于发行证券持有者的方式被转移了。这就是所谓的“过手”。证券化的一个具体特征，亦即“资产支持”这一命名的依据，是服务新证券的责任既不在于证券的发行方也不在于发行证券的工具。资产支持证券的持有者被视为贷款的“所有者”。如果由于债务违约导致出现亏损，则由新证券的所有者承担，而不是由其发行人或者作为短暂中间人的发行人承担。

这个机制存在两个方面：融资和风险转移。一方面，证券化是一个使得诸如银行等机构进行再融资的强有力的机制。原始发行人的资产负债表的结构得到改变，改善了基础财务比率。另一方面，这个过程是一个强有力的杠杆，从而将与持有特定类别资产相关的风险转移。

这个工具显得如此有效，以至于资产支持证券以相同的方式在现存证券的基础上得以发行（使“证券化”这一术语成为某种程度上的一个不当用词）。资产支持证券以同样的方式汇集于新实体中，而新证券也以相同的程序进行发行。因此，资产支持证券有可能基于证券而不只是贷款进行发行，其中包括已然存在的资产支持证券！

证券化由政府支持企业和联邦机构吉利美实施，或者由私人资产支持证券发行人执行。

渠道、结构性投资工具与资产支持商业票据

商业票据渠道和结构性投资工具（SIVs）是（或者“曾经是”，因为它们由于危机而受到了极大的影响）表外实体（OBSEs）的两个主要例证（见表框 9.3）。这二者的共同方面是由较短期证券对长期资产提供资金。它们在自身通常发行的诸如商业票据和中期票据（MTNs）等短期证券，与购买的通常为证券化产品较长期资产之间所产生的收益率差额中赚取利润。这是一种可能非常有利可图的行为，但同时也是高度杠杆化和高风险的，这也解释了银行为何将其作为表外工具进行发展的原因。这是金融部门巨额借款的根源。

107 商业票据渠道是大型金融工具，其基本特征正如其名称所示，是提供百分之百融资的商业票据的发行的，而大多数结构性投资工具的资金则来自于中期票据，并以商业票据作为补充。结构性投资工具投资较长期公司债券和较低利率的结构性信贷产品，例如传统的长期资产、资产支持证券和债务担保证券（CDOs）。[6] 2007 年，美国渠道的总资产负债表达到 1.4 万亿美元，而全球的结构性投资工具的资产负债表则约为 4,000 亿美元。[7]

资产支持商业票据（ABCP）的发行作为渠道融资的主要来源，提供了有关金融迅猛增长的令人惊叹的例证，尤其是 2000 年之后，

特别是从2005年以来的情况。这在图7.2中得到了体现，其中第一个变量（——）是资产支持商业票据的存量。2004年末，资产支持商业票据流通在外未兑余额达到6,890亿美元。在2007年8月的第二周，这一数值达到12,260亿美元的最高值而后在2008年末下降至7,340亿美元，之后在2009年8月又降至4,160亿美元。第二个变量（-----）则表明了大企业为保证其自身流动性所使用的除资产支持商业票据之外的商业票据的存量。这部分商业票据亦是金融繁荣的一部分，尽管程度低于资产支持商业票据。2008年3月，这一 108
变量达到峰值（并在危机的后来阶段下降，这更多的是一种结果而不是原因）。

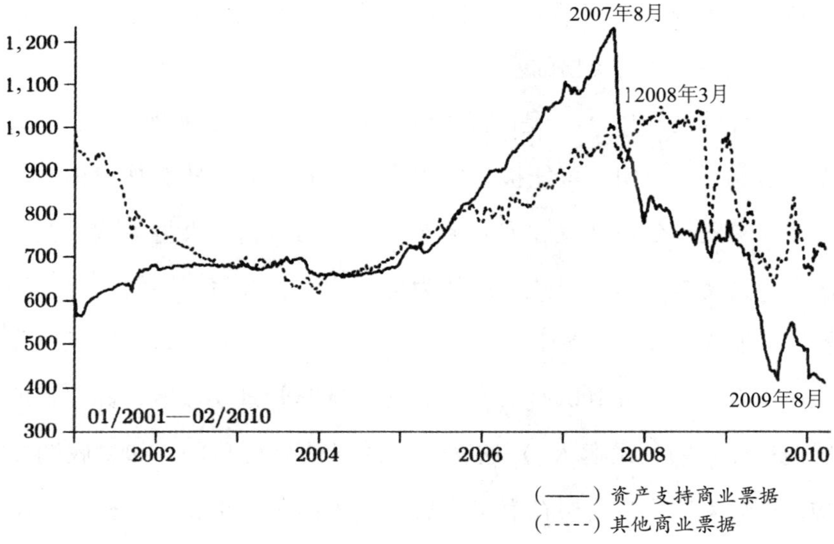

图7.2　美国商业票据流通在外未兑余额（单位：10亿美元，每周值）。

杠杆作用与杠杆收购

在危机爆发前，金融企业如何可以要求15%或以上的收益率呢？在取得如此业绩的过程中，使用通过存款和借款融资的资金而不是公司自有资金，这一点发挥了至关重要的作用。虽然存在例外情况，例如衍生品市场运作或股票价格的飙升，但没有金融业务的原始收益能达到如此水平。然而，当其他满足于较低收益的投资活动（主要是债券）为这种活动提供资金时，自有资金的利润率就有可能达到高得多的水平。杠杆作用必须理解为一种“盈利能力乘数”，即资本主义发挥功能作用的一个传统工具。（企业总是以低于利润率的利率成本借入资金。）但是在金融部门或非金融部门的金融业务中，杠杆作用也许会达到突出的水平。

109 杠杆收购（LBOs）是已经得到许多关注的金融活动之一。一家企业被购买、重组、可能被分拆为多个不同部分，然后被售出。通常，私募股权公司（发起人）购买一家公司，利用大量借款为交易融资，并将被收购公司的资产作为抵押物。一般而言，债务在总融资额中所占百分比在50%至80%的范围内，但是在某些情况下，这一比例有可能接近100%。（一个特殊情况是管理层收购，其中管理层是杠杆收购的发起人。）这种尝试的目的是明显的。如果收购成功，即如果所购买公司在重组之后以一个高价售出，那么极高的收益就获得了。但是重大失败在杠杆收购历史上也屡见不鲜。

2000年以后，杠杆收购是失去控制的金融化的另一个典型构成。这在图7.3中得到了清晰说明，显示美国和欧洲的杠杆收购呈上升趋势。2003年以前，美国杠杆收购量（——）围绕着120亿美元上下波动（1993年至2003年的年平均值）。2007年，最大数额达到接

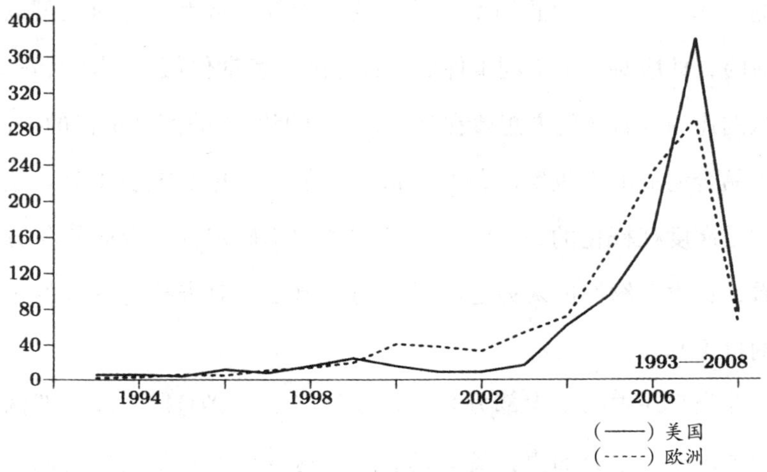

图 7.3　美国与欧洲的杠杆收购量（单位：10 亿美元，年度值）。

近 3, 800 亿美元，增长超过 30 倍。本图还表明，欧洲的杠杆收购这一变量（-----）也呈现出类似的趋势，于 2007 年达到 2, 900 亿美元的峰值。

衍生品合约 110

最后，但肯定不是程度最小的另一个重要发展是衍生品市场的兴起，这个市场是一个丰厚的利润来源，但同时也是金融活动中风险最大的领域之一。衍生品市场被视为金融业务中最急剧扩张的组成部分（见表框 7. 2），如同危机期间某些衍生品市场的最终崩塌所证明的那样。

衍生品是金融合约，在合约中，根据某一预定事件，在未来的某个特定日期，支付会以有利于合约一方的方式发生。预先确定的事件通常包括：股票市场某一股票价格、某一商品的价格、某一货币的汇率、某一贷款的利率或其违约行为等。衍生品合约还可以用作保险，即应对一个不利事件的一种保障（套期保值），譬如，一项贷款的违约或者合约方想要在某个特定日期购买的商品价格的上涨。衍生品合约能够提供实际的金融服务，但同时也是投机工具。这些合约是高度杠杆化的，同时具有高程度的不确定性，因此从各方面来看，这类合约都被认为是高风险的（譬如，对未持有的证券进行违约投保）。

此类交易中的绝大部分都通过场外交易（OTC）完成，即两方参与者未通过中介而直接签订的合约。这种交易是不受监管的。这类交易的剩余部分则在（美国，尤其是芝加哥商品交易所，以及欧洲、韩国等）交易所内进行，并因此受制于保证金要求，这就意味着需要投入保证金才能证明其中一方的承诺，同时限制另一方的风险。

衍生品合约名义本金（或票面）流通在外余额是用于计算支付款的名义价值（例如，贷款价值）。[8] 在大多数情况下，合约人所面临的风险已大幅降低，但却依然保持很高的水平。总市值提供了一个更好的（并且在数量上小得多的）风险发生估算。对于市值的计算，假设在某一特定日期所有合约都是按照现行市场价格和风险来结算的。如果当前风险评估水平得以给定，那么由此确定的数目就是预计的平均支付价值。

一般来说，衍生品并不是新生事物，[9] 但其涉及总量巨大，而在新自由主义的数十年里其名义价值也急剧增长。2005 年以后，场外交易衍生品的全球名义价值达到了惊人的水平。全球总额则从 1998

表框 7.2　定时炸弹 111

2002 年，著名的亿万富翁沃伦·巴菲特就衍生品做了如下叙述：

（查理和我）将衍生品视为定时炸弹，对于参与交易的各方和经济系统来说都是如此……在合约平仓之前，交易各方会记录损益情况——数值往往很大——但在他们当前的损益表中却没有一分钱的现金收入。那些从事衍生品交易的人通常全部或者部分按照公允价值计价方法所计算出的“收益”来获得报酬。①

衍生品的另一个问题是，它们会使一个由于完全不相干的原因而陷入麻烦的公司所面临的问题进一步恶化。这种堆积效应的发生是因为许多衍生品合约要求遭受信用评级下调的公司要立即向交易对方提供抵押。那么，想象一下，某一公司由于整体逆境受到信用评级下调，而其衍生品的条件即刻便开始生效，此时就对公司的现金抵押物强加了意料之外的巨大需求。满足这种需求的意愿便将公司推入了一个流动性危机之中，在一些情况下，这种危机可能导致其信用评级进一步下调。这完全变成了可能导致公司崩溃的一种螺旋式上升。②

---

①. “公允价值计价”指的是资产价值按照其在市场上的现值进行估计。

②. Bershire Hathaway Report（Omaha, Neb.: Berkshire Hathaway, Inc., 2002）, 13 and 14, www. berkshirehathaway. com/2002ar/2002ar. pdf.

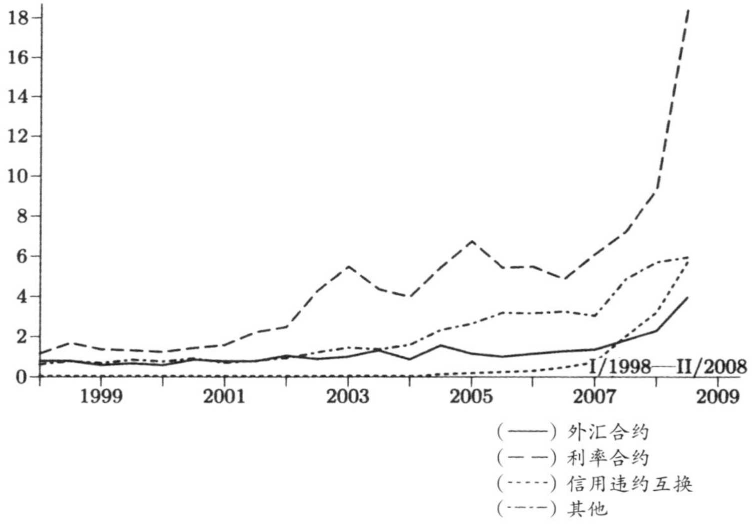

图 7.4　全球场外交易衍生品合约的市场总额（单位：万亿美元，半年度值）。

年 6 月的 72 万亿美元飙升至 2008 年 6 月的 684 万亿美元。作为衍生品合约的主要组成部分的利率合约，在 2008 年 6 月达到 458 万亿美元。与当前危机分析尤为相关的是信用违约互换。20 世纪 90 年代中期，信用违约互换产品问世，并且发展到 58 万亿美元。其规模只有利率合约的 1/8。

2000 年以后，不仅场外交易衍生品增加，而且在有组织的交易所内进行交易的衍生品也有所增加。1990 年，这类衍生品的名义价值约为 2 万亿美元，2000 年升至 14 万亿美元，并在 2007 年达到峰值——略低于 100 万亿美元。

就总市值而言，2008 年 6 月，全球总合约值达到 20 万亿美元

112 （2008 年 12 月为 32 万亿美元），只有名义价值的约 1/35，但是“20

万亿美元”意味着多于美国的国内生产总值。其主要组成部分仍然是利率合约，这一数值在 2008 年 6 月升至略低于总额的一半。图 7.4 清晰地说明了 2002 年衍生品合约初次开始加速，此后便急剧上涨。在这一时期结束时，再次呈现上升趋势。信用违约互换的激增引人注目。在“其他”类别下，增长集中在商品合约，而不是权益相关的合约。

这里所运用的诊断方式与之前的工具相同：（1）新自由主义数十年里的增长，（2）2000 年以后的激增，以及（3）在十年结束时的最后一次猛增。

113 # 第八章　自由贸易与2000年以后的全球金融繁荣

本章将回顾并用文献证明新自由主义全球化的主要方面，也就是彼此紧密联系的不同趋势的组合。自由贸易、资本在国际间的自由流动、金融机构和机制的全球化以及外汇交易，是这一组合中的四个主要部分。我们所侧重的是20世纪90年代中期以来，特别是2000年之后实体和金融方面全球化的急剧加速，这一点正是导致当前危机的基本决定因素之一。在前一章中也观察到了同样的加速现象。

在可能的范围内，这里所采用的视角是全球经济的视角。由于重点是关于美国，关于其在全球化过程中的具体情况，同时由于缺乏前后一致的全球数据，美国经济因此将作为一个特殊例证。

对外贸易与境外直接投资

新自由主义全球化的首要特征是对外贸易的扩张。对外贸易的扩张的逐步实现是由双边协议、第二次世界大战后的关税与贸易总协定内的谈判[1]、1995年以来世界贸易组织内的谈判，以及譬如欧洲等地自由贸易区域的设立等等。

第二次世界大战之后最初数十年与新自由主义时期的区别是引人注目的。图8.1中的变量是商品出口在全球生产总值中所占份额（也包括商品进口，因为贸易在全球范围内是平衡的）。在第一次石油危机之前，对外贸易达到了略高于全球生产总值的10%。此时，

变量的轮廓受到了相对价格突然波动的影响（特别是石油价格的上 114
涨）。在这次中断之后，对外贸易的上升趋势逐渐占据上风，并且在之后一直保持适度增长，直至20世纪90年代中期。于是，我们可以看出两个阶段的显著加速，第一个阶段是直至2000年后的前几年，第二个阶段则是在这几年以后。2008年，增速达到26.5%。

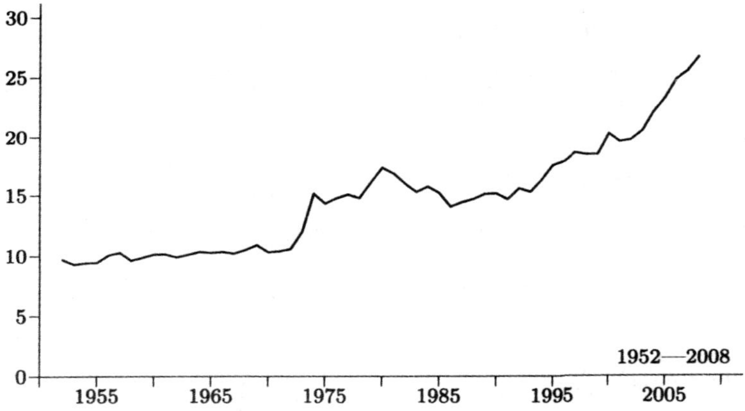

图8.1　全球对外贸易（出口）（在全球生产总值中所占百分比，年度值）。

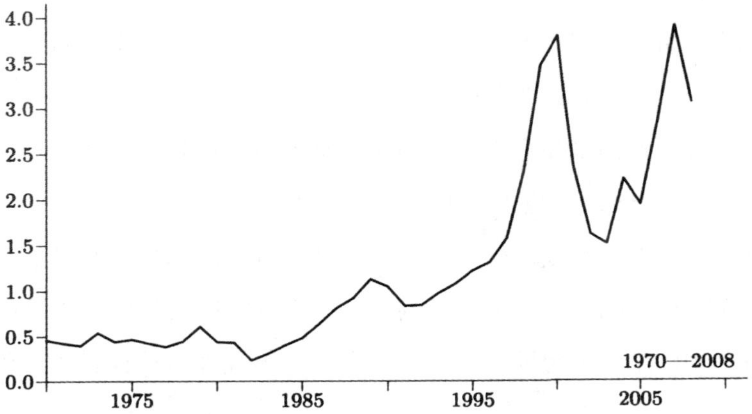

图8.2　全球境外直接投资流量（在全球生产总值中所占百分比，年度值）。

虽然与国际贸易相比，境外直接投资流量在全球生产总值中所占百分比要小得多，但类似的简况在图 8. 2 中仍可以获得，特别是在后来数年中的显著加速。截至 1980 年，世界范围内的境外直接
115 投资流量在全球生产总值中所占百分比围绕 0. 5% 上下浮动。之后，新自由主义的急剧上升趋势被确定下来，并在 2007 年升至全球生产总值的 3. 9% 。我们在此处的研究视角是关于历史的发展趋势，但却不可能从 20 世纪 90 年代下半叶境外直接投资的巨大增幅中转移开来，这种巨大增幅是必须与信息技术的繁荣联系起来考虑的一个动态。

进口与出口的重要差别在于境外直接投资流量的积聚。这种堆积效应是壮观的。2007 年，世界范围的境外直接投资的未付存量达到了全球生产总值的约 29% ，以及全球股票市场资本化的 25% 。[2]

全球化中的美国经济

美国是全球资本主义中的一个主要参与者。我们在这一节中，从这个国家的视角出发，强调全球化的两个重要方面：（1）资本收益的国际流量，（2）融资渠道的全球化，如同在购买新发行的美国证券的过程中所看到的那样。

全球范围内境外直接投资和非直接投资的增长显现在了源于这
116 类投资的全球收入流量的同时增长中（来自世界其他地区的企业利润——包括两个组成部分，跨国公司分支机构的海外留存利润，以及分公司向美国母公司支付的利息和股息——以及其他资本收益）。图 8. 3 中的第一个变量（——）衡量了美国境外直接投资所产生的企业利润流量占美国国内生产总值的百分比。可以看出，与 20 世纪 80 年代相比，在新自由主义之前，这一变量实际上增长得更快。然

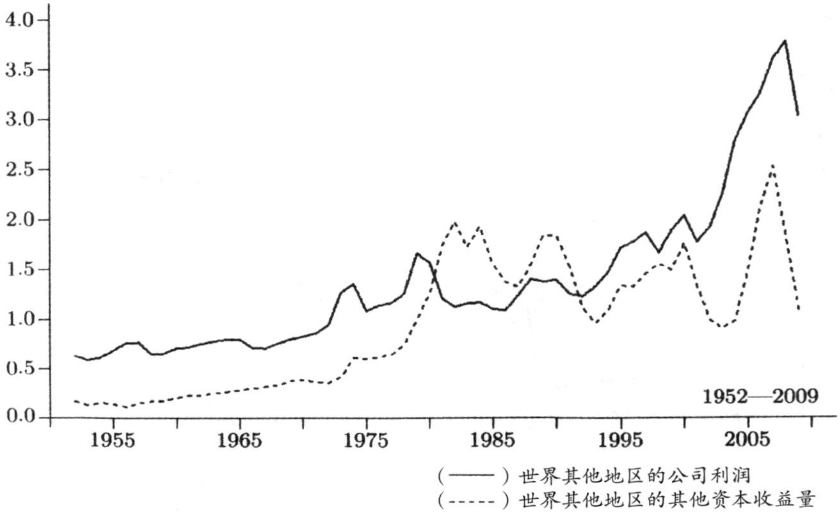

图 8.3 世界其他地区的利润和资本收益：美国（在美国国内生产总值中所占百分比，年度值）。

而，自20世纪90年代开始，新的发展趋势却很明显。在这个十年中，这一变量从国内生产总值的1.4%升至2.0%。最后一个阶段中，也就是即2000年以后，上升趋势显得尤为急剧（2008年为3.8%）。第二个变量（-----）代表的是来自境外投资的其他资本收益（存款、贷款以及证券投资组合）。此处，与新自由主义的建立的分裂是令人惊叹的，这种分裂是利率急剧升高的结果。我们可以看到，这一时期结束时2001年经济衰退所产生的令人沮丧的影响，以及随之而来的急剧上升，这是那些年金融机制加速发展的一种表现。（由于逐渐依赖于境外 117
融资，美国同时也向世界其他地区支付金融收益。）

显然，美国经济并不是占用世界其他地区利润流量和金融收益的唯一参与者。在这一方面，英国远甚于美国（见表框8.1）。

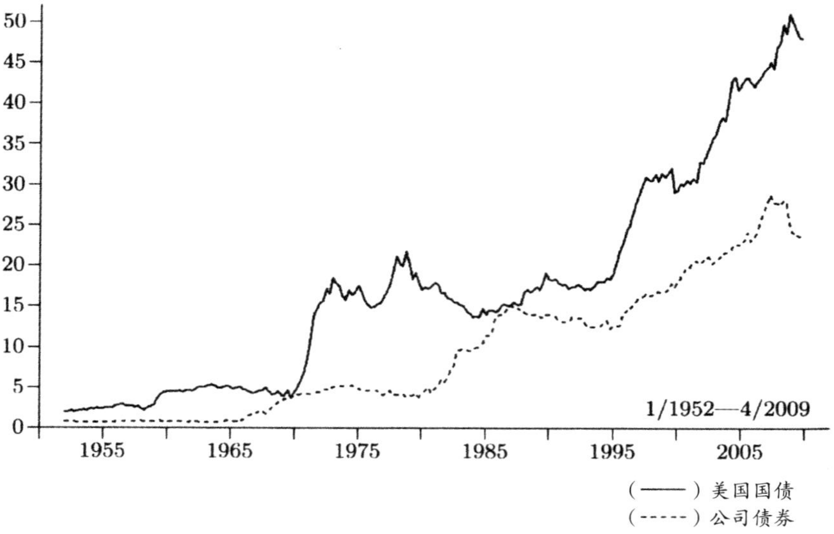

图 8.4　世界其他地区所持有的美国国债或公司未偿付债券（在美国国债总额和公司未偿付债券总额中所占百分比，季度值）。后来数十年中的急剧上升趋势意味着世界其他地区不断增长的购买流量。譬如，1952 年初，世界其他地区所持有的美国国债在美国国债总额中所占百分比为 2%；1980 年末，该比例为 17%；至 2009 年末，则为 48%。这三个时期中的企业债券在企业未偿付债券总额中所占百分比分别为 0.8%、4.2% 和 23.7%。

表框 8.1　金融全球化过程中的主要资本主义国家

图 8.5 显示，对于四个国家而言，源于世界其他地区的金融收益流量在该国国内生产总值中所占百分比。通过英国收获的金融收益数量，该国在全球金融机制中的地位得到了令人印

象深刻的表现。1991年至2000年间，美国这一变量的年平均值是3.5%，德国为5.3%，法国为5.1%，而英国则达到了13.0%。

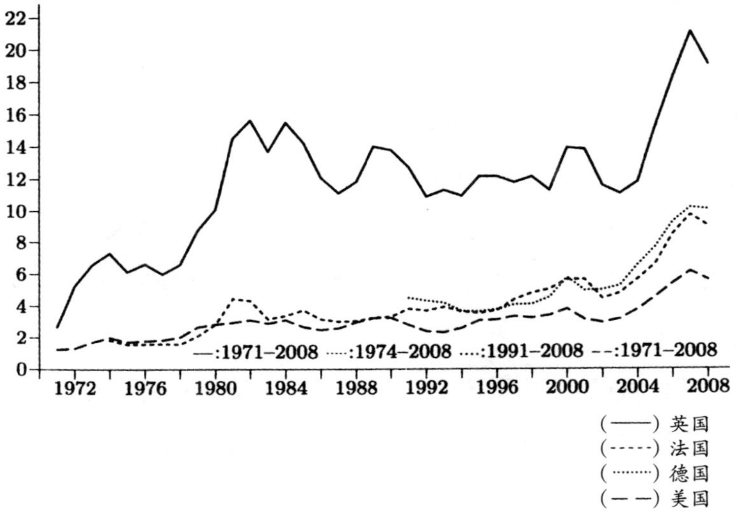

图8.5　源于世界其他地区的金融收益流量：四个国家（在该国国内生产总值中所占百分比，年度值）。代表美国的变量是图8.3中两个变量的总和。

就融资渠道而言，考虑到美国的对外赤字，选择该国经济作为例证尤其发人深省。新发行证券在售出后最终由国外投资者持有。图8.4表明了世界其他地区所持有的美国国债和公司未偿付债券在国债和公司债券总值中所占百分比。20世纪70年代初期美国国债的增加反映了以美元计价的各国央行的外汇储备余额变成了美国国债。该图清晰地表明了20世纪90年代下半叶开始出现的急 118

剧上升的趋势。关于第二个变量即来自于私人部门的证券存量的增长（-----），我们可以看到，这类证券的24%是由世界其他地区持有的，自1995年以来，这一数值再次出现了一个急剧上升的趋势。

世界银行业

如果银行业活动和金融机制全球化没有并行发展，那么全球贸易和投资的扩张是不可能的。因此，金融全球化的另一重要指标就是世界上由银行所持有的境外资产数量。[3] 1977年末，这些资产只占全球生产总值的9%，而在2008年年初则达到了59%。在过去的几年出现了急剧加速，这种发展显然一定与危机爆发前的金融化的最后阶段有关。

我们可以看出不同国家的所有行为主体（包括政府和私人企业）所欠的设立于其他国家的银行的贷款和证券总额。我们观察到了以下两点：

1. 国际银行业主要是最为发达国家之间的一个互惠关系的体系。就2000年至2008年间的年平均值而言，在申报银行的全部对外资产中，79%由发达国家所持有。其次是离岸金融中心，持有12%。只有7%是由发展中国家所持有的。

2. 一个真正引人注目的变化是自2004年以来的急剧上升趋势，这正是2000年以后全球金融机制扩张的一种表现。图8.6显示了巴西、俄罗斯、印度和中国这所谓的“金砖四国”以及韩国，应向外国银行支付的贷款和证券总额。

我们可以顺带指出，该图表明了自20世纪80年代开始贷款和
119 证券的增长，其中在20世纪90年代下半叶，韩国、巴西和中国的贷款和证券的增长出现了急剧加速，而俄罗斯的增长加速幅度则较

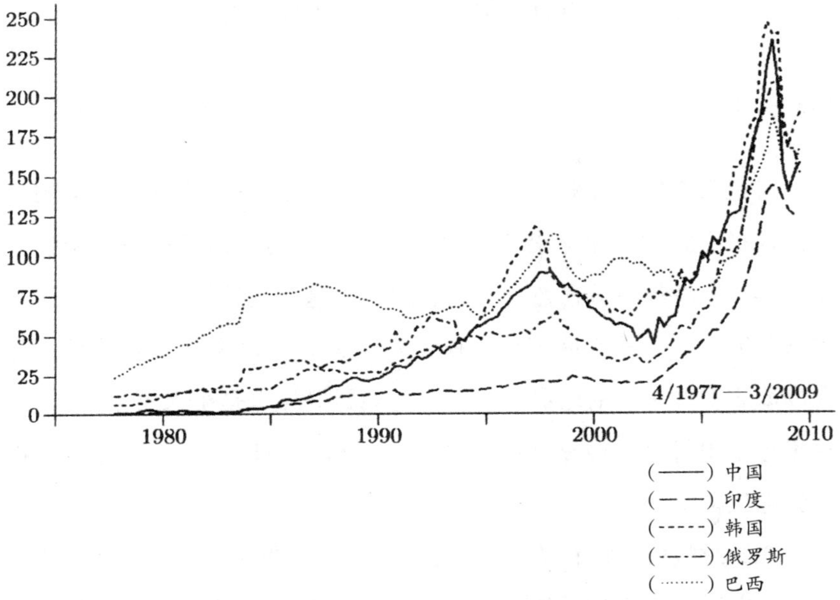

图 8.6　所欠外国银行的债务：五个外围国家（单位：10 亿美元，季度值）。这一变量指的是银行所持有的贷款和证券［根据其向国际清算银行（BIS）所申报的数据］。在这里，俄罗斯的债务指的是解体之前的苏联的债务。

小，在这五个国家中，只有印度例外。显然，这种发展一定与 20 世纪 90 年代后期这些国家中的一些所遭受的金融危机相关。在之后的数年里，这种发展趋势在韩国、中国和俄罗斯发生了逆转。

由于非银行行为主体也向外国提供资金，因此这些数据不能直接解读为国家的“外债”。不过，来自联合外债数据库[4] 的数据证明，银行资产中的贷款和证券在我们所考察的这些国家的外债中占了大头。譬如，就巴西而言，2008 年巴西经济中申报银行的对外资产达到该国对外投资总量的83%（除去公司间的境外直接投资）。因此，图8.6中的变量是该国外债的一个很好的指标。

120 避税天堂

避税天堂的增加和扩张显然可以被解读为一种新自由主义的成就。富裕家庭和企业寻求这些中心的一个目的是为了逃税。避税天堂的第二个特征是放松监管和隐私保护。这是托拉斯、合伙制公司、家族理财室、表外实体等机构所安置之处。避税天堂，尤其是开曼群岛属于对冲基金的地盘，同时这片英属群岛也是个人财富的天堂。这里也是银行设立最复杂的结构性融资机构的地方，尤其是债务担保证券机构。

在缺乏投资于避税天堂的实际资产数据的情况下，一个有趣的指标是在避税天堂的外国银行的活动。图8.7显示了位于这些避税天堂的银行的对外资产的增长情况（亦即其在全球生产总值中所占的百分比的情况）。可惜的是，在国际清算银行（BIS）所提供的数据中，关于1984年以前的情形没有得到充分描述。为此，图8.7中的变量就从1984年第一季度开始。

121 属于避税巨头的是知名岛屿（——），譬如开曼群岛、巴哈马群岛，还包括香港和新加坡。在20世纪80年代下半叶和20世纪90年代初，它们急剧发展。接下来位列第二组的是三个欧洲国家（— —），瑞士、卢森堡和爱尔兰，它们在2000年以后的对外资产与第一组群岛的对外资产规模几乎相等。有趣的是，上述两组地区自2004年前后开始的急剧增长，显然与危机爆发前金融扩张的热潮相关。日本离岸金融市场（JOMs）（----）出现在1987年，之后大幅增长，随后逐渐丧失了相对重要性。1981年末，经美联储理事会

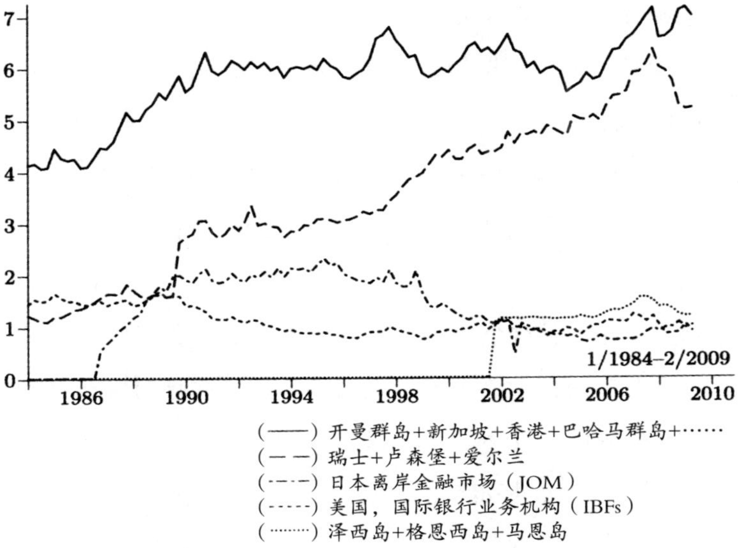

图 8.7　避税天堂中的对外资产：全球银行（在全球生产总值中所占百分比，季度值）。银行的分类根据它们建立所在的避税天堂而不是它们的国籍。

决定，美国国际银行业务机构（IBFs）（-----）得以建立。它们的相对重要性也削弱了。英属群岛泽西岛、格恩西岛和马恩岛（········）则都是在 2000 年之后才涌现出来的。

资产管理

表格 8.1 显示，全球由资产管理人管理的未偿付资产在 2007 年超过了 74 万亿美元，是美国国内生产总值的五倍，是全球金融资产的 37% 左右，是其 1998 年价值的两倍多。

新自由主义的社会逻辑的各个方面在此显而易见。首先，对这些资产的管理代表了一种丰厚的利润来源。管理费最低达到养老基金资产的0.5%。共同基金管理费平均在1.3%至1.5%之间。对冲基金和私募股权公司管理费是资产的2%，并留存资本利得的20%。2006年，全球资产管理费最低达到4,000亿美元（而与此相比，美国金融部门企业的国内税前利润总额只有4,620亿美元）。其次，这些资产也是金融部门手中掌握的强有力工具，利用这种工具，无论何时当投资缩减的潜在威胁导致收益达不到现行标准时，新的规则就会强加于非金融企业的员工和经理人。

表格8.2显示了对全球对冲基金总资产的一种衡量。尽管在当前危机中，对冲基金发挥了相当重要的作用，并且与资产管理人管理的资产相比规模比较小，但在12年的时间里，对冲基金总额却增长了近20倍，并且在特定交易类别中占据了最大份额。特别值得注
122 意的是，2006年，对冲基金管理了1.75万亿美元资产，与此相比，
全球传统基金（养老金、共同基金和保险基金）管理了65万亿美元资产，世界最大的1,000家银行管理了74万亿美元资产。对冲基金管理着25%的高收益债券、60%的信用衍生工具、45%的“不良债务”和新兴市场债券，以及32%的杠杆贷款。[5]

套利交易

难以确切评估全球资本流动的范围和影响。20世纪90年代和2000年以后在外围国家发生的危机，引起人们关注这种资本流动动摇特定的相对较小的经济体的宏观经济的能力。危机爆发前的金融繁荣以及危机本身都揭示出这种资本流动对于股票市场指数和货币汇率的冲击，即使对于较大的国家而言亦是如此。它们证实了这种
123 资本流动的重要性，而这种资本流动则是新自由主义全球化及其在
2000年以后达至巅峰的另一种表现形式。

表格 8.1　传统资产的全球基金管理（管理资产，万亿美元）

年份	资产	年份	资产
1998	33.4	2003	45.1
1999	40.1	2004	49.0
2000	37.7	2005	53.8
2001	38.2	2006	65.2
2002	36.0	2007	74.3

表格 8.2　全球对冲基金资产（万亿美元）

年份	资产	年份	资产
1996	0.13	2002	0.59
1997	0.21	2003	0.79
1998	0.22	2004	1.00
1999	0.32	2005	1.40
2000	0.41	2006	1.75
2001	0.56	2007	2.25

一个至关重要的机制是货币套利交易，或者简称为“套利交易”。这一短语用来指称一种特殊的金融操作类别，在这类操作中，资金在一个（被称为“融资货币”的）国家被借入，那里的利率比较低，从而用于在另一个（资金被称为“目标货币”的）国家为投资提供资金，高额回报在此被期待着。显然，在交易中所涉及的这两种货币之间的汇率及其变动都发挥了重要作用。投资者寻求目标货币有望相对融资货币出现升值的国家。在套利交易的直接形式中，资金在某个国家被借入，随后又在另一个国家被借出，利得便从利

表格 8.3　外汇市场：全球日成交量（单位：10 亿美元）

	1989	1992	1995	1998	2001	2004	2007
即期交易	350	394	494	568	386	621	1, 005
直接远期	240	58	97	128	130	208	362
外汇互换	–	324	546	734	656	944	1, 714
申报中预计缺口	0	43	53	61	28	107	129
总成交量	590	820	1, 190	1, 490	1, 200	1, 880	3, 210

1989 年，远期和互换是无法分离的。

差中获得（或是证券被购入，则资本利得便被期待）。[6] 但任何一种投资都是有可能被涉及的。

2000 年以后，瑞士法郎，甚至日元皆被视为融资货币。澳元、新西兰元、英镑、巴西雷亚尔以及南非兰特都被视为典型的目标货币。其实，美元也属于目标货币。

尽管没有可以获得的有关套利交易的统计数据，但估计每年高达几万亿美元却是经常被提及的。在危机爆发前的金融繁荣期以及危机发生期间（见第九章），套利交易的影响显而易见。当投资者尤其是对冲基金放松了套利交易，转向融资货币的时候（见第二十章），危机在 2008 年的后几个月进入到新阶段，与此同时发生的是汇率的剧烈波动，尤其是看多日元。

货币兑换

与难以衡量的套利交易相反，惊人的货币兑换数量却经常被提及，并且国际清算银行的统计数据也做了详细记录。2007 年，即期外汇的日成交量超过1万亿美元。（回顾一下，在表格7.1中，2006年的全球金融资产量估计为167万亿美元。）

由于表格8.3中的数据仅始于1989年，因此不可能评估新自由主义自其开始施行时起对兑换量的影响。尽管如此，但1989年至2007年间，外汇流量却增长了约5.4倍，同时远期和互换增长了约 124
9倍，因此，外汇流量无疑是朝向金融机制全球化的竞赛中的领导者。货币兑换的发展概况反映了危机爆发前的十年里国际金融机制的激增。

125 # 第九章　一个脆弱而臃肿的结构

前两章的分析指出了金融和全球机制的急剧扩张，而且有时候是在一个极短的时间里，同时也指出了新自由主义和新自由主义全球化发展至最高级结构时的严重后果。所有的壁垒——国家间的监管和界限——都被解除。一个自由贸易的世界以及资本的自由国际流动的野蛮力量打乱了基本的经济机制。宏观政策失去了其稳定经济的可能性。2000 年后的最近一轮扩张标志着建立一种极为脆弱而臃肿的结构过程中的最后阶段。

对于高收入不受控制的追求

新自由主义的数十年里，金融机制的扩张和全球化的根源在于对高额利润以及更普遍意义上的高收入的追求。（这是图解 2.1 中箭头 A 所表达的。）尤其值得注意的是，危机爆发前的十年里的金融扩张是由上层阶级的顶层部分和金融机构的前沿部分所引领的。资本家、高层经理人和金融管理人联合参与到金融企业、非金融企业和私募股权公司中。这种对于高额利润和高收入的追求被推到了极致。

根据其自身目标来判断，截至危机爆发，这种尝试是非常成功的。在此，没有必要重复在第二部分和第三部分中所做的论证。在新自由主义的数十年里，高收入阶层的收入急剧增长。金融企业利润和股票价值的增长产生了暴涨的收益。没有办法去评估在对冲基金和私募股权公司的受限世界中收益曾经达到的程度，除了听对冲 126
基金经理人就自身高额回报进行的自我吹嘘的讲话。

表框 9.1　过度储蓄与金融化

左翼经济学家中的一种解读认为过度储蓄是金融化的“原因”，这种储蓄可以是家庭储蓄，也可以是非金融企业的储蓄。

关于家庭储蓄，所提及的是收入集中于高收入阶层，据称，这些社会群体的巨额储蓄满足了金融体系的需要并刺激了其发展。这种假设指出了正在寻求投资机遇的储蓄，而这种投资机遇是非金融部门无法提供的。[①]

这一解读的问题在于，在新自由主义时期，这些社会群体的储蓄率实际上降低了。[②]因此，实际上，根本不存在用于寻求非金融企业将不再提供的投资机会的收入，而是富裕家庭借入以用于更多花费的收入。就非金融企业而言，金融化被解读为它们的利润恢复与它们停滞的投资率之间的差异所导致的“后果”。金融化也再次被视为过度储蓄的表现。这种解读的问题如上所述。就全球经济而言，由于整个国家的储蓄率是负的，公司以利息和股息形式而支付的利润为消费和住宅投资提供资金。

2000 年之后，金融机制急剧扩张热潮的诸多新特征——衍生品、渠道和结构性投资工具、套利交易和杠杆收购——没有一个表明在迫切寻求投资机会的过程中额外储蓄是可以获得的。与此相反，这些特征是对高收入追逐的体现。它们经常是高度杠杆化的，表明融资的急剧扩张超出了储蓄流量所释放的潜能。

①. 这是法国改变全球化协会——“征收金融交易税以协助公民协会”（Attac）所出版的刊物中给出的解读：“不断增长的未用于投资的利润额大多作为金融收益被分配了，而这正是金融化进程的源头的所在之处。利润率和投资率之间的差距是金融化所达到的程度的一个很好的指标。”选自 J. M. 阿利贝（J. M. Harribey）和普利翁（D. Plihon）：《走出全球危机》（*Sortir de la crise globale*）（巴黎：发现出版社，2009 年）。这种解读与伊曼纽尔·沃勒斯坦和乔万尼·阿里吉所做解读之间存在某种关系，尽管这两种解读对于利润率的趋势的假设存在分歧，在后一种解读中，相对强大的积累阶段（长波的 A 阶段）导致过度积累的情况，其结果是不断下降的利润率。于是，资产阶级试图通过投资于金融机制来弥补这些不利趋势，这正是金融化的根源。还可以参考乔万尼·阿里吉在上一本书《亚当·斯密在北京：21 世纪的后裔》（*Adam Smith in Beijing: Lineages of the Twenty-first Century*, London: Verso, 2009）第三章中所给出的概述。

②. D. Maki and M. Palumbo，“解开财富效应：关于 20 世纪 90 年代家庭储蓄的群组分析”（“Disentangling the Wealth Effect: A Cohort Analysis of Household Savings in the 1990s”, Working paper, Washington, D. C.: Federal Reserve, 2001）。

然而，对结果的观察与将金融化和全球化归咎于对高收入的追求的这种解读之间存在一定差距。在此，对于新自由主义的整体阶级解读的核心是，认为新自由主义所做的有利于少数群体的事情正是这个少数群体——在其企业、政府、国际机构等中——所努力要获得的。如果监管，特别是金融监管以及针对国际贸易和资本流动的限制没有受到压制的话，此种行为原本是绝不可能的。对于危机的回顾性分析表明，逻辑已经超出了理性的范围，这是大多数分析者现在都同意的事实，只有自由市场意识形态的铁杆崇拜者除外。

总之，新自由主义的目的是追求高收入；行为主体是金融管理 127
人；包括金融创新和全球化在内的金融化是主要工具；结果则是脆弱的金融结构。显然，还存在其他的解读。譬如，对于金融化的一种解读指出了过度储蓄（见表框 9.1）。

虚拟收益与实际收入流量

新自由主义发展至顶峰的历史是到达界限与超越界限之间的一种细微转变，这种转变可以被称为“表现与虚拟之间的对立”。金融部门的利润是实际利润吗？高薪阶层的巨额收益究竟建立在什么基

表框 9.2　瑞银集团 128

瑞士的银行——瑞银集团①是一家全球领先的投资银行和证券公司，2007 年，该银行的总资产为 1.9 万亿美元，它也是世界上最大的财富管理公司，管理着 1.2 万亿美元的资产。

截至 2006 年末，形势发展良好，再健康不过。根据《巴塞尔协议》，一级资本必须在银行的风险加权资产中达到 4%（见表框 9.4）。在瑞银集团，这一比率约为 12%。2005 年，净资产收益率达到了 25%，2006 年仍然保持在 23.9%。股价在不断上涨（见图 17.2）。

非常奇怪的是，2007 年情况突然出现逆转。净资产收益率降至 -11.7%。2008 年进一步降至 -54.4%。这就意味着瑞银集团的自有资金在两年内损失了三分之二！在最高值与 2008 年末

之间，股价下降了78%。为了避免全面崩溃，2008年10月，瑞士国家银行（SNB）同意接受600亿美元的“非流动”证券（之后，这一数值降至390亿美元）转入自身的一只基金，这一基金正是为了达到这个目的而建立的。在此总额中，160亿美元被明确指定源自美国，尽管有一个巨大的“其他”类别涵盖了欧洲和美国的资产。

瑞银集团的损益表揭示了“剩余劳动报酬”的数量和发展简况（见表框6.1）。表格9.1显示了2006年至2008年间的劳动报酬（包括对薪资和奖金之间区分的粗略估计）和利润（针对利润的税收、股息和留存利润）：

表格9.1　瑞银集团（UBS）：收入（单位：10亿美元）

	2006	2007	2008
薪水	9.5	10.7	10.7
奖金[a]	10.0	10.0	1.5
净利润	12.0	-4.7	-19.1

a. 自主变动的报酬支付。

我们可以大体上将2006年的所有奖金和薪资的未确定部分归咎于看起来大于（税前）利润的剩余劳动报酬。我们还可以注意到，当利润在2007年降为负值时，奖金仍然毫发未损。它们只在2008年当巨额亏损显现出来时才减少（尽管减少，但仍然是正值）。

①.“瑞银集团”指的是瑞士联合银行与瑞士银行集团于1998年联合形成的公司。

础之上呢？界线很难划分。然而，对于美国金融部门的分析却指出，至少从20世纪90年代下半叶开始，随着2000年以后的急剧扩张，形成了对于虚拟的一种强烈偏好。

第四章中对金融部门里利润率的衡量（图4.6和4.7）展现了危机爆发前金融部门内普遍存在的引人注目的愉悦景象。图4.7中的第一个变量（——）是直接以被保险银行的会计账户为依据的。在这里可以重复说一下，截至2007年，金融部门的净资产收益接近12%，危机前的十年的标准值约为15%，危机发生后这一数值急剧下降。2006年，瑞士银行业巨鳄瑞银集团丝毫不例外地声称净资产收益率为23.9%，却突然出现巨额亏损（表框9.2）。

这怎么可能发生？一个关键的方面是主要金融机构越来越依赖于外化过程——表外处理，经常是离岸表外处理（见表框9.3）——旨在掩饰亏损或收益，以及企图财务造假。资产负债表的虚拟特征的另一个广为人知的因素是市值计价会计方法。在公司的 129
会计账目中，证券是以现行市场价格记录下来的，即模拟它们被售出了。如果不存在这样的市场，例如在债务担保证券的情况下，按模型计价或其他指标就作为替代品。（在传统的会计程序中，证券被谨慎地按照购买时的价格来进行估价，在必要时计提跌价准备，但不会期望获得收益。）危机表明潜在的亏损被极大地低估了。企业会计账目中按市值计价，不断上涨的股票价格使得金融机构利润增加，又反过来刺激了股市指数的高估。由于市值计价会计程序，市场入侵到企业中，助长了利润的高估并且使其净值膨胀。这里所涉及的是类似于自我实现预言的动力，直至泡沫破裂，系统崩溃。事实证明，评级机构对其有偿服务所许诺的义务是无法履行的。公司表面的良好状态肯定了它们的乐观预测。

130 **表框 9.3　“外部化”**

在新自由主义的数十年里，极其庞大的资产被转移到特殊的证券化工具中，在这些工具中发行人的责任被切断，同时风险被售出了，对象主要是外国人。在渠道和结构性投资工具中，与母公司（“发行人”）的联系无论如何都在相当模糊的条件下维持着。资产可以显示或者不显示在发起人的报告中。发行人与实体之间的关系是复杂的，而运作也是棘手的。尽管国际财务报告准则规定，公司必须披露它们与表外实体之间的关系，即使它们只拥有不到一半的资产，但这一信息却可以只在公司报告的附注中提供。[①]这种资产向表外的转移，使得公司可以将杠杆率增至远超于可接受的比率。[②]

第七章中介绍的流程包括发起（即发行）贷款，以及通过证券化工具系统地出售这些贷款，这一流程的扩张如此迅速以至于被称为发行—分销模式。[③]发行人趋于维持贷款数量而不太关心贷款质量，将这些贷款判断为具有相对风险性的贷款进行出售。

①. International Monetary Fund, *Global Financial Stability Report: Market Developments and Issues* (Washington, D. C.: IMF, April 2008), 69, note 12.

②. R. Wayman, “Off-Balance-Sheet Entities: The Good, the Bad, and the Ugly” (Edmonton, Alberta: Investopedia, 2009), www. investopedia. com/articles/analyst/022002. asp.

③. 美联储 F. S. 米什金（F. S. Mishkin）在美国货币政策论坛上的讲话（纽约，2008 年 2 月 29 日）。

除此之外，我们还可以加上一点，像 20 世纪 90 年代下半叶那样的收购高潮，导致记入公司财务报表中的企业收购价高出其会计价值，这一差额被称为“商誉”，同时也具有极大的贬值的可能性。

另一方面，这种虚拟收益增加了金融企业为高层管理人员的薪资或股息所支付的收入流量，是公司自有资金的实际消耗。此处可 131
以回顾一下表框 6.1 中关于剩余劳动报酬的估算。金融部门的一个具体特点是超高薪资的集中。若只考虑这一部门而不是整个私人经济，结果就与表框 6.1 中所显示的大相径庭，甚至更加令人惊叹。若将这种方法应用于该部门中，我们可以得出，2003 年至 2007 年的五年中金融部门中剩余劳动报酬与股息的总和为 2.606 万亿美元，而留存利润只有 6,680 亿美元。（表框 9.2 是对瑞银集团的估算。）在金融企业的利润中，尽管不是所有都是虚拟的，但这些数字实际上却是与国际机构所估算的亏损数值，或者美联储算出的金融机构可用利润总和相类似的（见第十五章和第十八章）。

这些做法的结果要以涉及其中的巨额价值来衡量。表格 7.1 指出世界金融资产为 167 万亿美元，或者世界 1,000 家最大型银行的总资产为 74 万亿美元。资产高估 10% 就意味着虚拟收益分别高达 17 万亿美元和 7 万亿美元！尽管这些数据可能被认为是夸大了的，但其数量级却与纽约证券交易所的亏损相类似。（总股本的巅峰值达到 22 万亿美元，于 2009 年 3 月降至 8.5 万亿美元。）

显然，在利润高估与支付的高收入流量之间存在一种相互联系。首先，对收益的高估促进了分配。其次，股票期权的分配直接促使首席执行官和高级经理人虚报盈利，推迟确认亏损。此外，信息误导和欺诈造成了更加严重的损害。安然公司的案例就很能说明问题。这一案例可以理解为市价计价会计方法，与掩饰潜在亏损和实际负债水平等因素共同作用的后果。在此还可以提及围绕伯纳德·麦道夫（Bernard Madoff）的丑闻。尽管如此，由于金融部门是一个整体，问题并不是法律意义上的诈骗，而是指一种集体的盲目和兴奋，从而导致利润和收益的大幅高估，使公司因此支付了巨大的高收入流量，实际上是对公司自有资金的一种消耗。

132 放松监管

上述做法在一个受到监管的金融经济中应该不可能出现。然而，尽管这种高风险的程序在不断发展，总的趋势却趋于放松监管。愿望和目标显然是一致的。它们共同发挥了作用。

20 世纪 70 年代，新自由主义思想就已经得到了相当的发展。从 1944 年的布雷顿森林协定到 20 世纪 60 年代欧洲共同市场的建立，从 20 世纪 70 年代初的美元危机（导致美元不能兑换黄金和汇率的波动）到 1979 年美联储突然提高利率，国际货币和金融机制的历史从来都不是一帆风顺的。在 20 世纪 70 年代初的巨大混乱过后，放松监管开始取得实质性的进展。美国、英国和日本分别在 1974 年、1979 年和 20 世纪 80 年代取消了资本控制。[1] 1992 年，通过《马斯特里赫特条约》在欧盟内部和相对应的世界其他地区建立了资本的自由流动。[2] 20 世纪 90 年代，资本流动恢复了一定程度的自由，类似于 20 世纪 20 年代的情况。

20 世纪 80 年代初，两个重要立法，即 1980 年的《存款机构解除管制与货币控制法案》和 1982 年的《加恩—圣杰曼法案》，标志着正式进入新自由主义。这两部法案旨在扩大存款机构之间的竞争，尤其是储蓄与贷款机构。然而，前者的特殊目标——与放松监管相当不同——是加强美联储对存款机构的控制以应对通货膨胀。会员银行与非会员银行的区别被消除，美联储扩大控制范围并对所有存款机构提供支持。

20 世纪 80 年代晚期和 20 世纪 90 年代早期，放松监管的第一波是导致银行业和储蓄机构危机的一个重要因素，此时距离当前这场危机还很早。《存款机构解除管制与货币控制法案》消除了储蓄账户（可用支票的账户）的利率上限，允许建立新的账户类型，诸如可转让支付命令的活期存款账户（NOW）等。信用社与储蓄和贷款机构获准可以提供支票存款。（存款的联邦保险额从 4 万美元升至 10 万美元。）一些机构发放抵押或消费贷款的能力得到提升。由于高利贷控制被消除，使得发行人可以向具有更高信用风险的借入者收取更 133
高的利率，次级抵押贷款因此变得更加容易。1982 年的《加恩—圣杰曼法案》进一步扩大了对储蓄与贷款机构的监管放松。贷款与估值比率的限制被取消，储蓄与贷款机构获准按照消费和商业贷款的方向区分各自的贷款。

在 20 世纪 80 年代末和 20 世纪 90 年代初的严重金融危机中，这些措施导致大量金融机构破产。1990 年前后，随着房地产市场的崩塌，超过半数的储蓄机构不复存在。银行业危机十分严重。1985 年至 1992 年期间，1, 373 家银行消失了。

大约十年以后，在 1999 年，《格拉斯—斯蒂格尔法案》被废除。早在 1987 年美联储就已经讨论过放松该法案的监管框架的问题，但当时遭到了前美联储主席保罗・沃尔克的反对。1987 年，艾伦・格林斯潘成为美国联邦储备委员会主席，1989 年至 1998 年间，一系列的决议为废除《格拉斯—斯蒂格尔法案》铺平了道路，在这些决议中，包括 1996 年通过的允许银行控股公司拥有投资银行的决议。1998 年 4 月，保险公司旅行者集团与花旗公司合并形成花旗集团，从而导致《格拉姆—利奇—布利利金融服务现代化法案》的通过，该法案允许联合开展投资银行、商业银行与保险服务业务。

衍生品市场方面的情况颇为类似，最初依据1936年通过的《商品期货交易委员会法案》对这一市场实行监管。20世纪70年代和20世纪80年代早期，又对该市场给予了进一步的限制。1974年的《商品期货交易委员会法案》大幅拓宽了“商品”的定义，从而在实际上将几乎任何资产，包括金融工具都囊括在内，但可以被解读为禁止在交易所外进行期货交易。1982年的《沙德—约翰逊管辖协议》禁止个股期货。尽管如此，1992年的《期货贸易实践法案》和2000年的《商品期货现代化法案》至少部分地解除了上述这些限制。（在安然公司和雷曼兄弟控股公司的破产案中，《沙德—约翰逊协议》的禁令被视为一个重要因素。）在这种有利于放松监管的新背景下，对信用违约互换的放松监管也出现了。

显然，并不存在代替国内监管的国际监管。无论国际货币基金组织还是世界银行都不能履行此类职责。在放松监管的整体背景
134 下，国际清算银行庇护下的1988年和2004年的《巴塞尔协议》所定义的自我约束规则无法抵消放松监管趋势所产生的效应（表框9.4）。

表框9.4　《巴塞尔协议》

所谓的《巴塞尔协议》指的是1988年和2004年签订于瑞士巴塞尔的两项协议（分别是《巴塞尔协议Ⅰ》和《巴塞尔协议Ⅱ》）。[1]协议定义了银行自有资金相对于资产的最小比率，作为自我约束的一种形式。《巴塞尔协议Ⅱ》旨在对《巴塞尔协

议Ⅰ》的缺陷予以修正。协议的成员国包括十国集团成员国（法国、德国、意大利、日本、卢森堡、荷兰、瑞典、瑞士、英国、美国）和西班牙。成员国的中央银行负责本协议在本国的实施。

银行资本被分为两部分：一级资本和二级资本。一级资本由公开储备金和股本构成。损失准备金和特定类别债务构成二级资本。一级资本和二级资本的总和最小必须要占加权贷款总额的8%（一级资本不低于4%）。权重按照风险界定。

《巴塞尔协议Ⅰ》中存在四类资产，权重分别为0%、20%、50%和100%。譬如，本币主权债务属于第一类（0%），住房抵押贷款则属于第三类（50%）。针对这些程序，我们可以提出一些重要评论。由于规定中并没有区分某一给定资产类别的不同风险情况（譬如，所有抵押贷款都放在一起考虑），所以证券化导致银行出售风险较低的贷款，而持有风险最高的贷款（譬如在产生高回报的两份低级债务担保证券中）。对于某类借贷人来说，短期债务处于20%的权重类别，而长期债务则属于100%的权重类别。因此刺激银行偏爱短期贷款。为了修正这些缺陷，《巴塞尔协议Ⅱ》根据评级衡量贷款，譬如，0%为AAA级贷款，而150%则是B-级贷款。这些评级可以由评级机构界定，或由银行（使用自己的模型）内部界定，或者两种模式相结合。

根据基本比率可以判断，危机爆发前银行的状况是合理的。1989年至2007年间，由联邦存款保险公司提供保险的银行的自有资金相对于总的（未加权）资产的比率从8.4%升到了10.2%。[②]

---

①. 在 B. 巴林（B. Balin）的文章中可以找到一个有帮助的概述，“Basel Ⅰ, Basel Ⅱ, and Emerging Markets: A Nontechnical Analysis”（Washington, D. C.: The John Hopkins University, School of Advanced International Studies, 2008）。

②. Federal Deposit Insurance Corporation, Quarterly Banking Profile（Washington, D. C.: FDIC, 2008）.

全球化过程中的政策：源于布雷顿森林体系的教训

除了上述因素——对于高收入不受限制的追逐、基于虚拟盈余的实际收入流量、偏好管理的趋势以及放松监管——之外，新自由主义全球化的内在发展趋势对宏观经济的稳定性具有强大的破坏性影响。

中央银行的货币政策，在需要的时候可能辅之以财政政策，是对宏观经济进行控制的重要组成部分。在新自由主义之前和其盛行的数十年里皆如此。货币政策的作用是按照宏观经济状况，向上或向下调整信用级别。在缺乏此类政策的情况下，宏观经济（产出和价格）将会误入歧途。（在表框 14.1 中，一系列基本原则得以回顾。）

135 在对这类机制进行讨论的过程中，回顾一下第二次世界大战末布雷顿森林协定制定的背景是很有益的。新自由主义全球化取消了这些协定对于资本的国际流动的限制，而资本流动已经被视为实施宏观政策的基本要求。

在大萧条的巨大冲击下，布雷顿森林协定得以实施，其明显的目的是要建立一个稳定的国际经济基础。战争结束时的核心关切是避免再次出现像 20 世纪 30 年代那样的产出与国际贸易之间的矛盾。除了国际层面上各国之间更为紧密的合作之外，协议还考虑更加方便地以强势货币为经常账户面临失衡的国家提供贷款。但融资途径被认为是不足的。同时，每个国家实行宏观刺激政策的能力必须得到保证，而这也是此处的相关问题。以下三方面必须加以区分：

1. 众所周知，由于存在利差或其他诱因（包括对于汇率起落的预 136
期），资本趋于从一个地方流向另一个地方，而这种资本流动会阻碍独立的国家宏观政策的实施。正因如此，在布雷顿森林体系中，对于资本流动性实施严格限制被视为必要的组成部分，至少在凯恩斯的心目中是如此。资本的国际自由流动的固有风险在凯恩斯于 1944 年 5 月提交给英国国会上议院的干预举措中得到了清晰陈述，他在其中论述了布雷顿森林协定。凯恩斯将“控制国内利率以获得廉价资金的权力”与资本控制联系起来：“计划不仅仅作为一种过渡的特征，而是作为一种永久性的安排，给予每个成员国政府控制所有资本流动的明确权力。过去一直被视为异端邪说的东西，现在被认可为正统。”[3]

经过大量修订之后，布雷顿森林协定确认了有关控制的基本原则，但后来却从未得到美国的完全接受。实际上，协定中对于控制的认识以及那个时代控制的必要性导致了一个复杂的措施结构，这些措施或属永久性的或属暂时性的，或属法令性的或属财政性的，如前所述，直到 20 世纪 70 年代和 20 世纪 80 年代朝自由化方向的发展。[4]

2. 除了国际资本流动可能导致动荡之外，自由贸易也增加了宏观发展政策实施过程中遭遇的困难。在一个开放的经济体中，信贷对于国内需求的刺激部分地输出至世界其他地区，因为一部分的需求源于进口。对于这种机制而言，有两种修正的方式。其一是针对自由贸易制定例外，其二是对汇率进行操纵。正因为如此，凯恩斯亦主张对自由贸易进行严格限制。“我认为，由于对国际贸易均衡理论的完全误解，为自由贸易理论辩护是纯粹知识错误的结果。”

3. 虽然在布雷顿森林体系中汇率固定不变，不同货币之间却经常被调整（尤其是针对美元贬值），这是自主宏观政策实施的前提条件。

显然，控制当代全球经济的机制与凯恩斯的提议和布雷顿森林体系的最初目标是相矛盾的。尤其是，全球金融机制占据了突出的比重，
137 并对全球资本的巨额流量负有责任，这种巨额流量导致了汇率和利率的剧烈变动。这一特点具有限制有效货币政策潜能的重要后果。

在一个更具结构性的分析层面上，汇率是一个重要变量，易于影响对外贸易不平衡，也可以作为积极发展政策中的一个重要工具，就像大萧条之后拉丁美洲推行的进口替代工业化，以及改革以来中国的情形那样。虽然中国能够将人民币汇率保持在较低水平，钉住美元，但许多外围国家却丧失了影响自身汇率的能力，并且有时候就像在美元化的过程中那样完全失去了控制。

在 20 世纪 90 年代和 2000 年以后，很多外围国家的宏观经济受到了危险的资本流动的深刻影响。图 8.6 显示了一系列外围国家银行的境外资产。尽管 20 世纪 80 年代和 20 世纪 90 年代大量资本流动造成的影响也是众所周知的，但在危机爆发前的十年里这些资本流动却由于贷款和证券数量的大幅增长而显得相形见绌。

全球金融风暴中的基本因素

要说明金融全球化的破坏性潜力是容易的。本章逐一讨论了利率、汇率和股票市场指数。主要论点是，2000 年以后资本流动的剧增彻底扰乱了基本的机制，破坏了基本经济变量的发展过程。让凯恩斯见鬼去了。

1. **长期利率**。金融全球化的最初影响是全球范围的长期利率的趋同，剥夺了调整国内环境的任何可能。（各国央行通过影响短期利率，期望对本国正在实行的长期利率产生影响。）

图 9. 1 显示了法国、意大利、英国、美国和日本等国国债的长期利率，并根据每个国家的通胀率而进行了修正。图中，在 2000 年可以看到一条清晰的界线，就像出现了一个更大的地心引力一样。（在法国和意大利这两个欧元区国家，共同货币自然发挥着重要作用。）显然，在各个国家，与宏观经济状况（经济增长、通货膨胀 138
等）相适应的长期利率在国内并无更大发展空间。当考察名义利率的时候，类似的过程也是清晰可见的，日本是一个特立独行的例外，其利率持续低于其他国家。（各国央行的短期利率见图 20. 6。）

可以顺便注意一下，危机爆发前的十年也是美国长期实际利率（见图 4. 2）呈现新的下降趋势的时期（见表框 14. 2）。

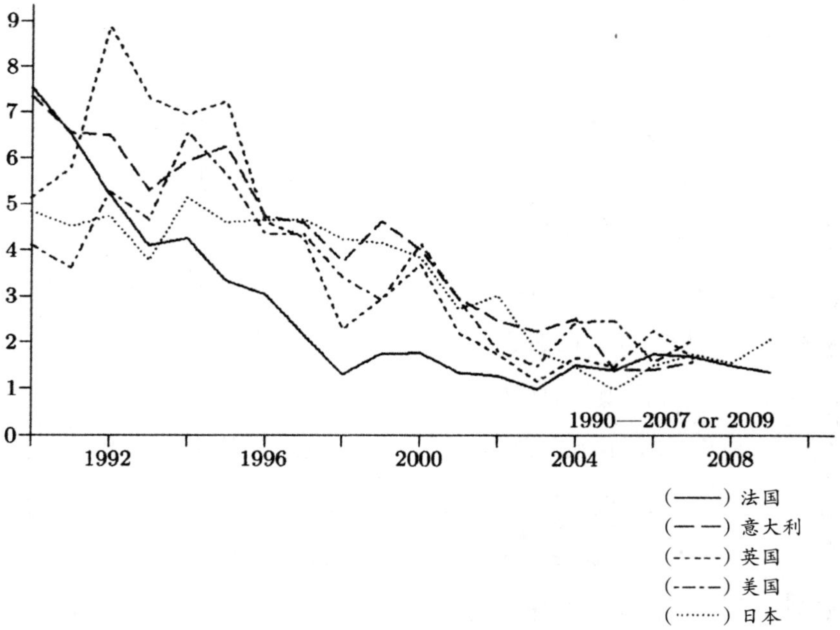

图 9. 1　长期国债的实际利率（百分比，年度值）：五个国家。

2. **汇率与股票市场指数**。2000 年以后，巨大的金融流量和危机引起了对新发展趋势的关注。第一个方面是许多国家的汇率与股票市场指数之间的密切关系。除此之外，还必须观察到不同国家这两个变量同时涨落的巧合情况。这是国际资本流量占据大量比重的另
139 一个表现——除上述利率趋同之外——也同时预示着即将来临的全球金融风暴。

图 9.2 说明了欧洲的情况。图中两个变量是欧元对日元的汇率和泛欧交易所 100 股指。（泛欧交易所由巴黎、阿姆斯特丹、布鲁塞尔和里斯本股票交易所组成。）图中考察了 2007 年 1 月至 9 月这九个月的变化情况。在上升期和收缩期，这两个变量都紧密相随。尽管这种关系并不总是如此强烈，但对于相当一部分不同国家来说，并且在同一时期，这种非常高的相关性是显而易见的。（第二十章提供了 2008 年的类似观察。）

一个很有可能的解释是，当对泛欧交易所的预期向好的时候，大量资本就会跨越外汇界线而流入欧洲，同时刺激股指，推动欧元升值，如果预期不好的话，情况就会相反。

巴西的情况类似于欧洲，在同一时期，相对于日元的实际汇率与伊博维斯帕指数（巴西交易所的主要指数）存在大幅波动和高度的相关性。（如同预料的那样，对流向巴西的国外证券投资组合的分析，揭示了 2007 年当这种相关性占据上风时的特大流量和剧烈波
140 动。）从 3 月的最低点至 7 月初的最高点期间，汇率收益在欧洲达到 11%，在巴西达到 21%，股价收益在欧洲达到 14%，在巴西达到 37%。尽管存在这些差异，但这两个变量在巴西和欧洲中的相关性非常强。在美国也看到了相同的关系（在美元对日元汇率与道琼斯工业指数之间）。

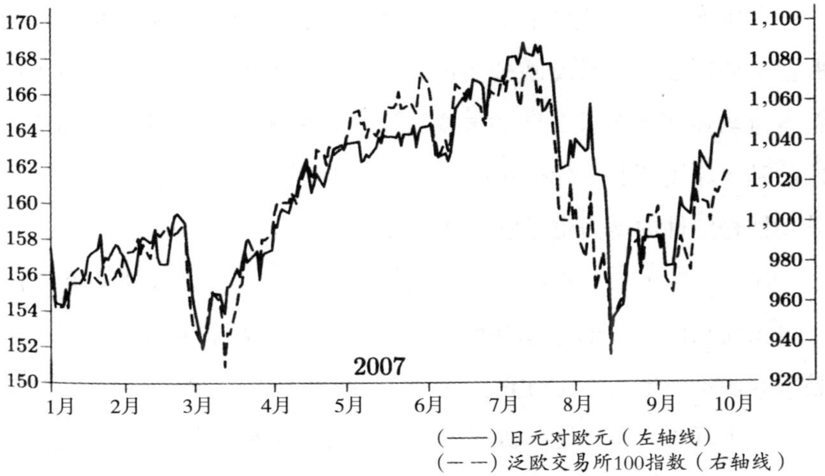

图 9.2　汇率和股票市场指数：日元对欧元，以及泛欧交易所 100 指数（2007 年 1 月至 10 月的日均值）。

与其他货币的比较显示，日元无疑发挥着至关重要的作用。这一现象表明，除了日本在世界其他地区广泛投资这一事实之外，套利交易也是这些变化的源头（见第八章）。任何国籍（包括日本）的投资者利用低利率从日本银行借入资金，然后投资到其他国家。在给定时期的很多国家，这种做法对汇率和股票市场指数产生了重大影响。

这种做法是对基本经济机制的一种极端破坏形式。回顾一下，2000 年以后汇率的剧烈波动突出了它的影响。一个例子就是那些年里澳元的变动。2001 年末至 2008 年中期，该货币对美元的汇率增长了一倍。2008 年 7 月至 10 月，这一数值又缩小了 1.6 倍。分析者都认为，这些变化是大量套利交易的结果。因此，美元汇率波动的部分原因在于套利交易。[6]

各国通胀率和贸易平衡的差异被认为会反映在汇率变化中；而股票指数则被认为会反映公司的业绩。在汇率和股指受制于由国际资本流动强烈影响或决定的大幅波动的世界中，人们可能想知道国内的基本原则还剩下什么作用。即使这些国际资本流动不是永恒的，其动摇稳定性的潜力也显然非常强大。

总之，本节的分析指出了长期利率的一致化，以及资本在国际上自由流动所导致的汇率和股指的动荡。考虑到单个国家实行稳定性宏观政策的能力，上述两点都具有同样的破坏性潜力。第十四章和第二十章将表明，这些机制在当前危机中发挥了重要作用。

第五部分
新自由主义趋势：
美国的宏观发展轨迹

141

就像前一部分所分析的那样，新自由主义危机的全球金融根源的重要性是难以夸大的。尽管一场巨大的混乱已成定局，但显然难以说出何时以及通过何种机制发生。如图解 2.1 所示，第二组决定因素，即美国经济发展轨迹的固有威胁，与上述全球金融根源共同发挥了作用。

这一部分将正式重复第四部分的论述思路。一方面，新自由主义与全球化、金融化和对高收入的追求之间的联系得以建立（箭头 A），另一方面，本部分将侧重于美国霸权下的新自由主义与美国经济宏观发展轨迹之间的关系（箭头 C）。美国经济宏观发展轨迹所遭遇的问题是从美国霸权下的新自由主义的基本特征中得出的。这些问题是结果而不是偶然出现的困难。国内负债的上升以及从世界其他地区融资的浪潮皆涉及其中。它们是新自由主义全球化的整体背景下，积累不断下降的趋势与家庭消费不断增长的另一面。

最有趣的问题是在 2000 年至 2009 年间，金融和宏观经济这两类决定因素如何趋于一致。一旦这两组因素得以分别介绍，它们之间的关系便可以加以分析（箭头 E）。这种趋同决定了崩溃的时间和方式。

第十章　不断下降的积累和不断加剧的失衡 143

美国经济宏观发展轨迹的不可持续性表现在以下五个方面：（1）不断增加的贸易逆差或经常账户赤字；[1]（2）世界其他地区为美国经济提供的相应资金；（3）家庭需求的上升；（4）家庭负债的增长；（5）国内投资不断下降的趋势。（政府需求和负债具有与家庭需求和负债相同的效果，但在2000年以后这二者却不是主要方面。）在数十年里，美国的全球霸权是前两种发展趋势，即外部失衡，得以维系的关键因素。

在美国经济发展轨迹的可能影响中，必须将长期与短期的可能影响区分开来。长期而言，这种发展轨迹意味着商品生产的去区域化，对美国的技术以及更广义上的科学的领导地位产生了副作用。它还意味着外国资本逐渐在本国资本领域的渗透，也意味着对美国霸权的一种威胁。尽管如此，本部分仍将侧重于短期影响，因为在宏观失衡不断加剧的过程中，这种失衡导致了危机，并且实际上与其他因素共同发挥了作用。

在2000年以后的数年里，美国宏观发展轨迹可能已经被断定是不可持续的。最具威胁的发展是不断上升的家庭负债，以及对对外融资的依赖。在这个时期的后五年里，与家庭负债相关的金融工具的崩溃所导致的剧烈影响使脆弱的金融结构产生动摇。此外，对对外融资依赖的潜在破坏性始终是一个重大威胁，是对美元汇率以及 144

因此对美国和全球经济的一个即将发生的破坏。[2]

对世界其他地区不断增强的依赖

最初对美国经济宏观发展轨迹的持续发展提出质疑的情况是该国不断增加的贸易或经常账户赤字，以及相应的对向世界其他地区进行融资的不断依赖，这两方面正是上述前两个失衡。

如图 10.1 所示，20 世纪 70 年代中叶至 2005 年末，美国的贸易逆差从 0 左右增至国内生产总值 6% 的最高值。这一逆差的形成是渐进的，1990 年前后出现了短暂的缓解，这是同时发生的（在美元汇率下跌的背景下）出口复苏与 1991 年经济衰退期间进口停滞的结果。图中尤其强调了 1992 年以来赤字的大幅上升。

美国机构在其他国家进行金融投资（境外直接投资、贷款、投资组合和存款），而相应地，外国人也在美国资产中进行类似投资。

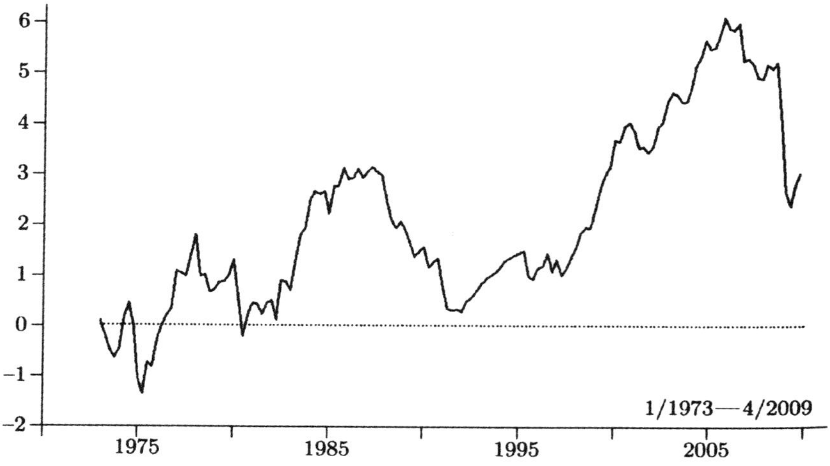

图 10.1　贸易逆差：美国经济（在国内生产总值中所占百分比，季度值）。图中变量是商品和服务的进口量减去出口量（商品与服务）的数值。

图 10. 2 显示了美国持有的国外资产存量与外国人持有的美国资产之间令人惊讶的差异（美国的国外净资产头寸由这两条线之间的差额 145
来衡量）。这两个变量的同时增长是那些年里盛行的金融全球化的潜在趋势所导致的结果，但在美国，由于外国人所持有的美国资产逐渐超过了美国机构持有的国外资产，这种资本流动似乎大大偏向于有利于世界其他地区。差异开始出现在 20 世纪 80 年代中期，在接下来的数十年里差距继续扩大。图中最后一项表明，2009 年第四季度外国人所持有的美国资产达到 15. 4 万亿美元，两倍于美国个人或机构所持有的国外资产，分别为美国国内生产总值的 107% 和 52% 。

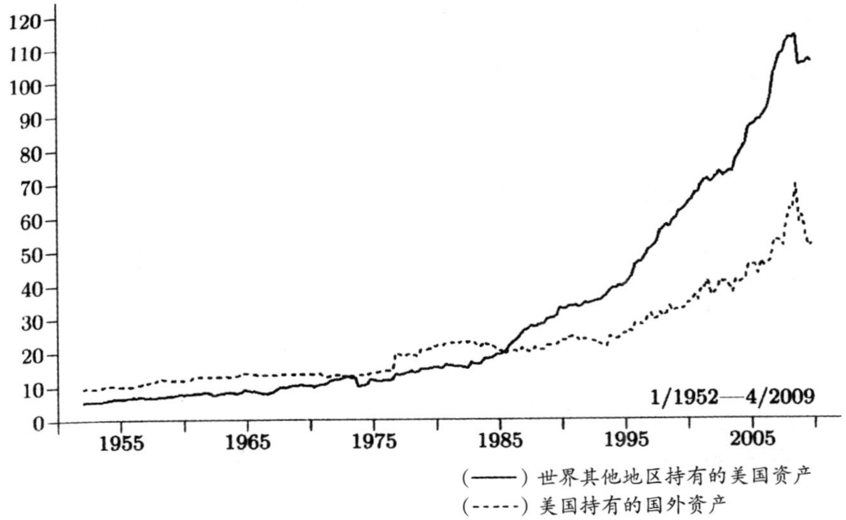

图 10. 2　美国持有的境外资产和世界其他地区持有的美国资产（在美国国内生产总值中所占百分比，季度值）。“资产”指的是全部金融资产，也就是在其他国家的储蓄、贸易信贷和贷款、投资组合和境外直接投资。

与通常认为的情况相反，美国来自世界其他地区的投资的四分之三（2007年的情况）流向了私人部门（见表格10.1）。在剩余的四分之一中，有一大部分流向了联邦机构和政府支持企业（其地位是模糊的，在受政府救助之前很大程度上是私人企业）证券，只有
146 略多于15%的部分流向了政府部门，包括市政证券。总的来说，来自世界其他地区的投资的目的地大多数是美国的私人经济，尽管危机正在极大地改变这些投资比例。[3]

表格10.1 美国对世界其他地区债务的组成（2007年末，占总债务的百分比）

国债（和市政证券）	15.5
政府机构和政府支持企业证券	9.8
私人经济	75.1
境外直接投资	15.1
公司股权	17.5
美国公司业务的公司债券和贷款	18.6
其他（回购证券、存款等）	23.8
美国总债务	100.0
美国总债务（单位：万亿美元）	16.1

不断增长的消费

如图10.3所示，第三种趋势是家庭消费的增长（——）。薪资在总收入中的恒定份额（图3.3）并没有导致消费份额保持不变，而是呈现一种上升的比例。在新自由主义之前，消费这一变量在国内生产总值中所占百分比大约维持不变，保持在62%的稳定水平（1952年至1980年的年平均值）。之后，该变量稳定增长，自2001

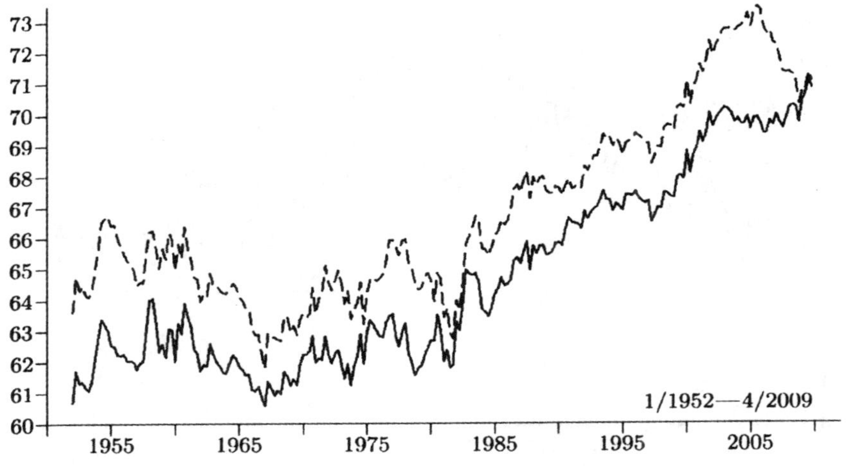

图 10.3　需求：美国家庭（在国内生产总值中所占百分比，季度值）。

年以来，升至 70% 的稳定水平。在大约 20 年的时间里这八个百分点的变化代表了宏观变量发展过程中的重大历史转变，这一数值是史无前例的。消费的繁荣必须解读为资产阶级与工薪阶级上层群体之间新自由主义妥协的一种经济基础，因此参与到了少数群体的新社会秩序的利益之中。

图 10.3 的第二个变量（— —）显示了广义上的美国家庭消费，其中包括住宅投资。[4] 如果研究视角为总需求，就必须考察这一变量。这个变量的趋势是相同的，尽管总需求的波动大于严格意义上的消费，由于住宅投资大范围的连续上下波动。数据清楚地表明，从 2006 年开始，住宅投资呈逐渐下降趋势（由两条线间的距离来衡量）。 147

在本章和下一章中，如果没有特别指出，“消费”这一术语经常

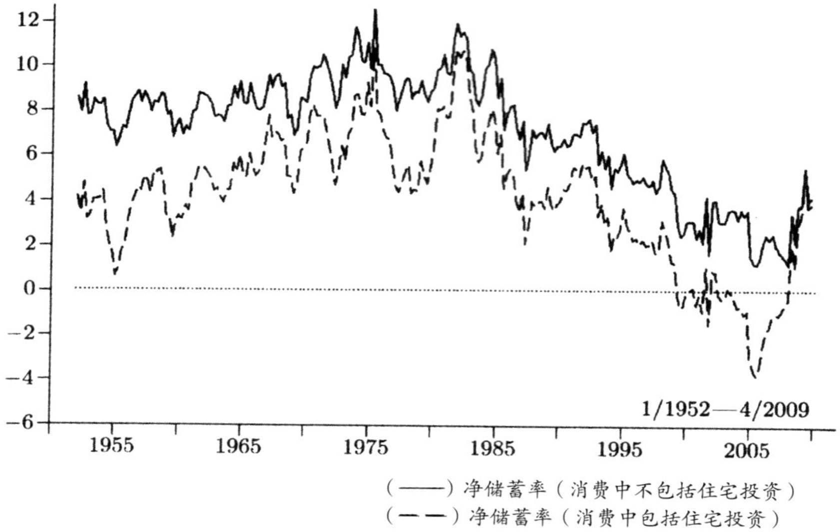

图 10. 4　储蓄率：美国家庭（在国内生产总值中所占百分比，季度值）。家庭储蓄等于家庭总的可支配收入减去消费，或者等于家庭总可支配收入减去消费和住宅投资。

用于广义上的家庭对商品和服务的购买以及它们对住宅的投资。（根据这种定义，这一术语也与包括诸如利息支付等其他部分在内的家庭总费用区分开来。）

这些发展趋势的另一种表现是，自 1980 年以来直至当前危机爆发，不断下降的家庭储蓄率。图 10. 4 显示了两个储蓄率（与图 10. 3 中的两个变量相一致）：（1）传统定义，即可支配收入减去严格意义上的消费（——）；以及（2）可支配收入减去总消费（— —）（如同金融储蓄中的定义一样）。在新自由主义之前，若根据第一种方式来衡量，美国家庭通常会将其可支配收入的 9. 3% 以上用于储蓄

(1965年至1980年的平均值)。当住宅投资纳入消费的时候，在新自由主义之前这一变量呈现一种上升趋势，在1975年升至8%以上。之后，这两个数值呈相当稳步下降的趋势，降至低于1.2%和-3.7%(2005年第三季度)。就全国而言，也就是将企业和政府与家庭加在一起，储蓄率骤降至负值，为国内生产总值的-3.0%（2004年至2007年的平均值)。[5] 储蓄率的趋势和波动显示出消费的趋势和波动。148
特别是，从2006年开始，储蓄率的最终上升趋势（— —）反映出住宅投资的崩溃。

家庭消费在国内生产总值中所占百分比的增加与政府在购买商品和服务方面的较强稳定性形成鲜明对比，[6] 后者几乎呈水平趋势。自当前危机开始以来，随着政府需求开始代替家庭需求，这一数值的上升趋势明显呈现出来。

家庭消费的不断增长是美国宏观经济的一个重要发展，而不是一种短暂的波动。正如本章中讨论的其他发展趋势一样，家庭消费是新自由主义的一种结构性特征。

家庭和政府债务

由于金融部门的债务与金融机制的扩张相联系，美国的家庭债务和政府债务被认为共同刺激了需求流量，而它们的增长是与新自 149
由主义的宏观经济发展趋势相关的。

图10.5显示了美国家庭和美国政府的净负债总值（债务总额减去资产）在市场工具中[7] 所持有的净债务总额，以及这二者在国内生产总值中分别所占百分比。总额的发展概况（——）与此处关于需求构成的分析更加相关，而这两个部分之间的区分（家庭和政府）十分重要，影响了这些趋势的可持续性。从企业的角度来看，需求

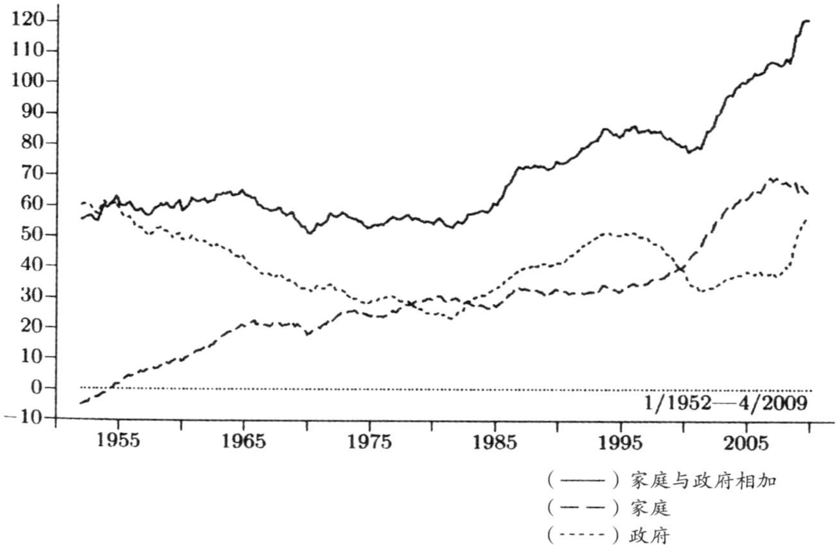

图 10.5　净债务：美国家庭和政府（在国内生产总值中所占百分比，季度值）。

可能来自家庭或政府，但是这两大行为主体不断增加的负债涉及的风险却不相同。债务总额的发展概况充分说明了新自由主义中这些趋势的历史拐点。从第二次世界大战直到 1980 年，百分比围绕着水平线波动，达到国内生产总值的 58% 左右（1952 年至 1980 年的平均值）。随后，在新自由主义的数十年里，一个上升趋势得以确立，达到国内生产总值的 121%（2009 年第四季度）。

因此，有趣的是，我们可以发现，第二次世界大战以后，政府
150 债务（-----）的下降恰好由家庭负债（——）的增长所弥补。20 世纪 80 年代初，政府负债随着利率的增长开始攀上新高，在 20 世纪 90 年代后半期的较长期繁荣中，政府负债增长由于预算盈余而得到修正。这也是家庭净债务开始急剧上升的时期，将两个主体的总债

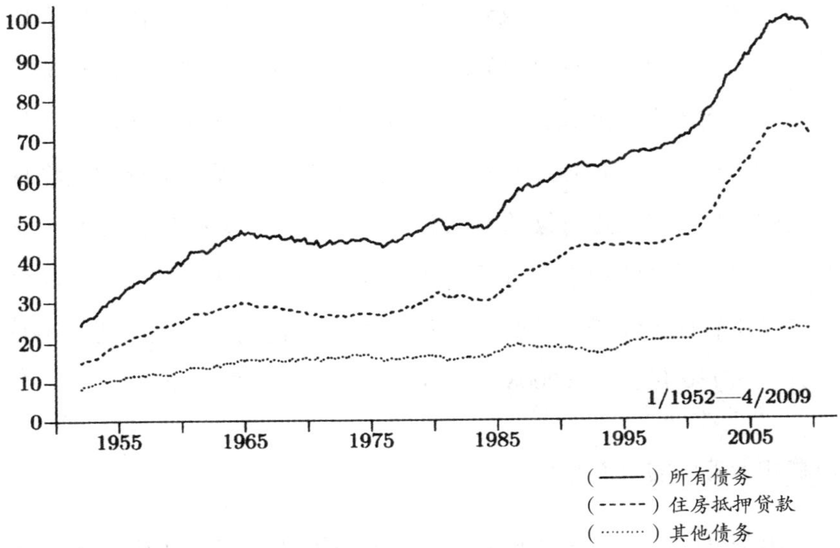

图 10.6 债务总额：美国家庭（在国内生产总值中所占百分比，季度值）。在图 10.5 和图 10.6 中的资产和债务都属于信贷市场工具。

务推至最大值。最终，应对危机的举措导致政府债务增长。

最常被讨论的与金融危机相关的变量是家庭负债总额。在图 10.6 中，美国家庭总负债的上升趋势清晰可见，2000 年以后出现了众所周知的加速上升。（由于家庭持有相对于其总负债来说较少的信贷市场工具，而且由于这些信贷市场工具在国内生产总值中的百分比基本保持不变，因此两幅图中家庭负债总额和净负债的发展概况是相似的。）本图还表明，家庭负债增长的主要部分是抵押贷款债务。这一观察表明住宅投资的增长超过了严格意义上的消费增长，但是正如已经论述的那样，这个情形并没有发生。

关于这种差异的解读要从美国信用机制的独特性中去寻找。众 151

所周知，住房抵押贷款中的一部分用于为消费支出提供资金，特别是大学学费、家庭装修，或者医疗保健。这一部分可以由房屋净值贷款（HELs）和房屋净值信用贷款（HELOCs）实现，这两种贷款分别是一次还本付息或循环信贷额度，在这两种贷款中房屋价值作为抵押担保。另一种程序是再融资套现，在这个程序中贷款人将现有的住房抵押贷款进行续约，以获得一个更大数额的贷款（有可能是利用房屋更高的价格），这样就拥有自由现金用于其他支出。如果只考虑所有优先级贷款的套现数额，2000 年达到 260 亿美元，2006 年升至 3, 180 亿美元（2008 年第四季度降至 170 亿美元）。[8]

消费和债务中的收入等级

由于分配严重偏向高收入群体，这类人群的家庭往往被认为储蓄更多，因此，消费在国内生产总值中所占比重的上升与美国经济中储蓄率的下降，是可以被认定为自相矛盾的重要现象。

多项研究表明，实际上最富裕人口增加了他们的花费。[9] 就国内生产总值而言，高收入群体的支出增加了总体支出缘于两个原因。首先，即使假定储蓄率不变，在新自由主义的数十年里，随着总收入向有利于这部分人群的方向集中，他们的消费随之增加。其次，这部分人群的储蓄率大幅降低。（剩余人口的储蓄率大致维持不变。）这些消费模式通常归因于反映股票市场指数增长的一种财富效应。

积累呈下降趋势

图 10.7 显示了国内对于固定资本投资不断下降的趋势。这里考察的变量是积累率（——），即非金融企业固定资本净存量的增长率。横线代表新自由主义之前的平均积累率。

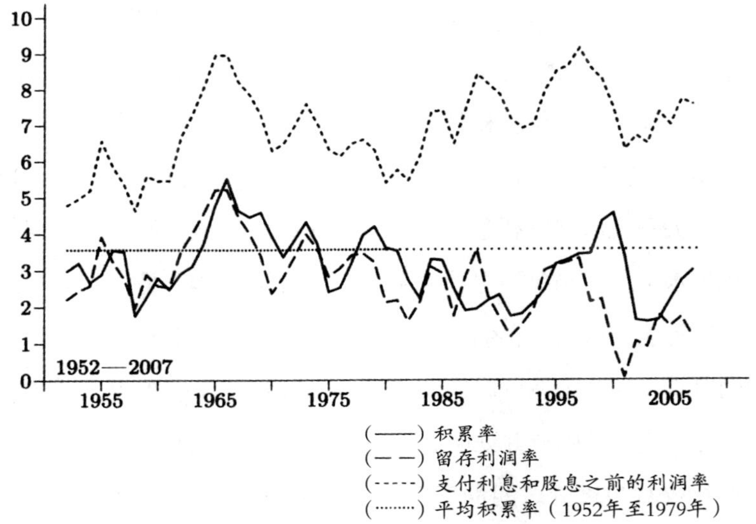

图 10.7　积累率和两种利润率：美国非金融企业（百分数，年度值）。积累率是净投资与资本净存量的比率，即固定资本净存量的增长率。

尽管 20 世纪 90 年代下半叶出现了短暂的复苏，但新自由主义的数十年里积累率的普遍情形却一直低于之前的水平，呈下降趋势。25 年以后，如果之前的平均积累率得以维持的话，固定资本的存量 152
就比原本应有的存量少了 32%。由于非金融企业部门的资本生产率的不断增长以及经济的其他部门（金融企业和非法人企业）特有的发展变化，美国经济的增长率才在某种程度上得以维持。尽管如此，对于任何给定的资本生产率的发展概况而言，固定资本 32% 的损失仍然意味着非金融企业生产能力的相应下降。

公司治理与投资率

图 10.7 中的两种利润率衡量的是税后利润，分母是公司的自有

资金（或净值）。这二个变量的差额是支付的资本收益：（1）支付利息和股息之前的利润率（-----）；以及（2）留存利润率（— —），即在支付利息和股息之后的利润（图 4.1 中由-----表示）。

153 图 10.7 清晰地表明了积累率（——）与留存利润率（— —）之间的紧密关系，而支付利息和股息之前的利润率仍然保持相当高的水平，呈现水平发展趋势。这种关系表明，公司基本上是内部融资进行投资。这种能力取决于它们的留存利润率，也就是不支付的利息或不分配的股息。这种关系可以回顾起第二部分我们在进行收入分配分析时对留存利润率的强调并证明其合理性。留存利润决定积累。

留存收益与投资之间的紧密关系令人感到疑惑不解。这种关系表明，如果从全球范围对行业进行考察，非金融企业并没有从新的借款中为投资提供资金。隐藏在这些机制背后的是资产负债比率的维系，其中的有形资产大致等于公司净值。即使在新自由主义之前，自 20 世纪 50 年代以来，[10]这些比例就大致保持着。[11]非金融企业借入资金，但这些借款却用作他途，如图 4.4 所示，用作回购其自身的股票。人们也许感到奇怪，为什么在实际投资行为中，非金融企业不利用借款内在的杠杆作用（使用低于利润率的利率）。这一发现更加惊人，因为这种杠杆是金融机构在金融运作中的一个关键因素，也有可能由非金融企业使用以达到同一目的。正如本书第四章所主张的，一方面新自由主义引入了新的公司治理模式，另一方面，它使得非金融部门和金融机构之间建立了新型关系。本节有关非金融企业投资的论述必须要在这一整体框架内进行解读。实际利率直至 2000 年的高水平（见图 4.2）可能是一个解释因素。

积累率和留存利润率之间的轻微偏差可以归因于商业周期波动（产能利用率的变化）的上下起伏，这种起伏促使公司暂时借入或者

表框 10.1　在欧洲的国外净资产

如图 10.8 所示，美国（——）、欧元区（— —）和英国（……）都从海外融资中受益。尽管如此，就欧元区而言，自 1995 年以来这一百分比一直相当稳定，也比较低，相当于欧洲国内生产总值的 4%。美国的情况构成了鲜明对比，从世界其他地区获得的融资从 1995 年的 17% 增长至 2007 年的 56%（如同图 10.2 中的两个变量之间的差异已经显现的那样）。无论是现象的维度还是变量的发展趋势都不相同。

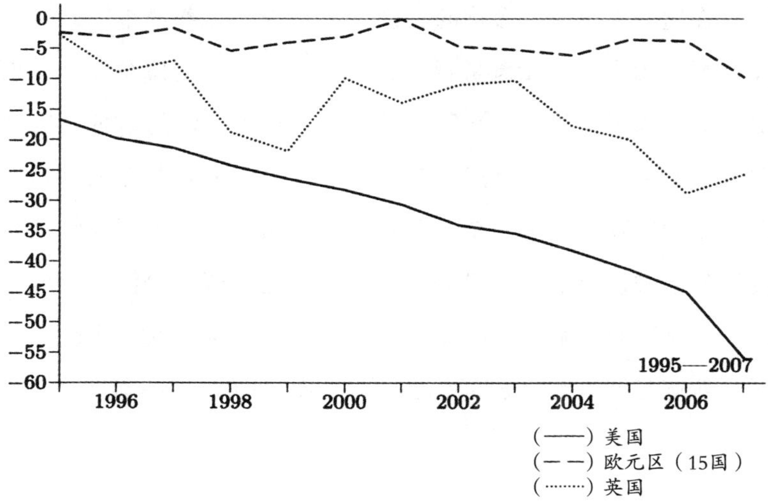

图 10.8　美国、欧元区和英国所持有的国外资产净值（在各国的国内生产总值中所占百分比，年度值）。

偿还这些贷款，以便在短期内调整它们的投资行为。20 世纪90 年代下半叶中的最高点表明了这一机制在这个长时间的繁荣期中达到的

154 异常高度，这体现了一波短暂的借贷（由世界其他地区对美国的大量直接投资予以补充，对投资具有同样的刺激效果）。

一个霸权国家的宏观发展轨迹

尽管新自由主义的整体宏观经济状况隐含在了本章对这一系列观察的解读之中，但仍然必须通过参考美国在当代资本主义中所占据的统治
155 地位而补充以下论述。新自由主义和美国霸权的特征都涉及其中。如果没有这种特权地位，这样的模式是不可能得以维持的。在欧洲这种趋势没有占据上风，除了英国之外（见表框 10.1），英国的情形犹如美国与欧元区之间的中间人（考虑到伦敦商业中心在全球金融中的突出地位）。

在这一方面产生影响的关键因素是缺乏外部约束。如果外国人不同意将相应的美元流量投入美国企业、政府支持企业和政府，那么，尽管该国经常项目赤字不断上升，美国经济的这种发展轨迹的延续将是不可能的。显然，在这个方面，将美元作为无以匹敌的全球货币的国际认知是一个至关重要的因素。由于美国经常项目赤字为国外金融投资创造了机遇，世界其他地区情愿提供资金的心理使这一赤字不断上涨，同时又不至于将美元推至谷底，所以美国经济发展轨迹与该国的全球统治地位的因果关系的方向肯定是互惠的。

第十一章　失衡的机制 156

上一章侧重讨论了自 20 世纪 80 年代以来美国经济中占据上风的五个主要发展趋势。其中包括：（1）贸易或经常账户平衡，（2）对外融资，（3）消费，（4）家庭与政府负债，以及（5）积累。如果将以上趋势结合在一起考虑的话，它们共同定义了美国经济的发展轨迹。

这些趋势同时普遍存在的现象并非偶然。本章引入了一个框架，这些趋势在其中被作为一个相互依存的变量体系的属性加以剖析，从而揭示出潜藏在它们背后的同一个机制。

按照出现赤字或盈余的不同倾向，将对各个国家进行分门别类。这些各不相同的情况对一个国家保证正常的产能利用并且维持像样的增长率具有重要影响。借助这一框架，可以从分配与全球自由贸易面临的国际竞争两方面，对美国经济的逐渐转型所产生的后果进行分析。这些趋势决定了美国在新自由主义的数十年里两大重要渐变的特征。一个重要发现是作为美国宏观稳定器的信贷效率的不断下降。

分析框架

在对美国经济发展轨迹的分析中所涉及的基本机制可以在只有四个行为主体的框架中进行考察。（附录 A 展现了一个模型。）在这个框架中，家庭和政府被结合在一起进行考察，它们两方面的需求 157

可以被视为广泛意义上的消费，尽管前者投资于住宅，而后者投资于基础设施建设、建筑和军备。因此，“投资”一词仅用于指企业购买固定资本要素以提高自身生产能力的行为。（投资是扣除折旧后的净额。）四个行为主体是：

1. **非金融企业**。它们生产投资产品、消费品和服务。它们购买它们自己生产的投资产品或进口这些产品。它们从消费和出口中获得付款流量。它们向家庭和政府等所谓的“消费者”支付收入（薪资、资本收益和税收）。这些流量取决于生产水平（产能利用率）。企业对自身的投资进行自我融资，也就说它们不为了这一投资目的借入资金。

2. **金融部门**。它向消费者提供贷款，并从世界其他地区获得贷款。从中抽取的资金（诸如利息等）构成了相应的收入流量。国内信贷流量受控于中央银行的货币政策。

3. **消费者**：家庭与政府。消费者获得非金融企业支付的收入（薪资、资本收益和税收）。尽管家庭购买力源于他们获得的收入和来自金融部门的新贷款，但他们仍可以将这种购买力的一部分存入金融部门（更普遍地说，进行金融投资）。因此，他们的需求是：

$$\text{消费}=\text{收入}+\underbrace{\text{新贷款}-\text{存款}}_{\text{净借款额}=\text{负储蓄额}}$$

对于金融运作而言，只有新贷款的净流量（新贷款减去存款）可以被视为或被称为“借款”或“储蓄”。（借款和储蓄是正负相反的相等数值。）[1] 政府获得税收，可以借入资金并进行消费。消费者购买由国内企业制造的消费品或从世界其他地区进口的产品。

4. **世界其他地区**。世界其他地区向消费者和企业出售产品或服务（该国的进口产品或服务），并从企业购买商品和服务（该国的出口产品或服务）。根据这两组流量的相对值，世界其他地区从金融部门借入资金或借给金融部门资金。无论何时只要世界其他地区售出的商品多于它购买的商品，它就自动地为该国经济提供了资金。这并不是一个简单化的假设，而是经常账户与金融账户（从资本账户抽取出来，大约为零）的收支平衡之间基本的会计恒等式。 158

总收入中分配给消费者的份额、对于进口商品的需求份额（也就是不从国内生产者那里购买），以及算作一部分生产能力的出口，皆被视为给定的（附录 A 的模型中的结构参数）。第四个外在参数是由金融部门提供的新贷款（或借款）净额的流量，金融部门的贷款数值由中央银行实施的货币政策来控制。根据这些参数的每一组数值，可以确定其他的变量。

对外贸易、汇率和赤字

在这个框架中，没有机制解释汇率对于贸易平衡的潜在影响的原因。关于美国进出口情况的实证分析揭示出美元汇率对于该国出口的些许影响，但对于进口却没有影响。值得注意的是，在 1988 年至 1997 年的大约十年间，尽管美元的贬值（见图 23. 1）对于美国经济的出口能力产生了有利影响，但进口也在稳定增长。这种动态反映在了美国对外贸易逆差的变化过程中，贸易逆差暂时下降了，但趋势并没有被抵消（见图 10. 1）。

尽管人民币在我们考察的时期内升值有限（自 2005 年 7 月至 2008 年 7 月升值约 21%），但它始终以较低币值钉住美元。这种情况当然对美国贸易逆差的上升趋势产生了影响。尽管如此，但重要的是，以 2007 年的情况为例，美国经济的商品贸易逆差的 69% 源于中国以外的其他国家。这在表格 11. 1 中得到了体现，其中总的美国商品贸易逆差被分解为相对于世界不同地区的情况。对欧洲和日本的逆差的普遍存在的情况值得注意，在这两个地区的美国逆差不能归因于系统性地偏于下行的汇率。

表格 11.1　美国商品贸易平衡（2007 年，在贸易总值中所占百分比）

所有国家总值	100
欧洲	16
加拿大	9
拉丁美洲	13
中国	31
日本	10
中东	4
非洲	8
其他地区[1]	9

1. 其他亚洲太平洋地区和西半球的其他地区。

159 在此，要概括一下美元汇率对美国出口的短暂影响，因为重点强调的是较长期的发展趋势，而不是围绕趋势的波动。图 10.1 突出显示了逆差上升趋势的稳固确立，表明了全球化经济背景下不断增长的消费。

本书研究中的其他观察也表明，汇率只是略微回应对外贸易赤字，但它却受到国际金融流量的强烈影响。一个令人讶异的以实际经验为依据的观察是套利交易，如同第八章所论述的那样，在套利交易中，汇率看起来高度依赖于从融资货币到目标货币的金融流量。这一观察更加说明，在当代资本主义中，汇率并不是对外贸易的稳定器，即便它曾经具备过这种功能。

2005年，本·伯南克（Ben Bernanke）探讨了美国贸易逆差的起因。他将责任归咎于外围国家的政策而不是美国的国内因素，这些外围国家受到了20世纪90年代危机的震动（见表框11.1）。

外部失衡与双重负债

美国经济发展轨迹的前三个趋势——贸易平衡、对外融资和消费——是紧密相关的。如同以上所回顾的那样，贸易逆差与世界其他地区提供融资的增加之间的关系是一种会计恒等式。但是，本章的框架也说明，与消费增长相关的国内债务与外部债务之间的联系 160
是一种不太明显的第二种关系。

表框11.1　伯南克的全球储蓄过剩观点："美国贸易平衡是狗尾巴。"

2005年3月，本·伯南克在一次演讲中[①]指出，美国对外贸易逆差的主要条件要从全球过剩的储蓄中寻找答案：

> 我认为，在过去的十年里，多种力量联合在一起创造了全球储蓄供应的大幅增长——一种全球储蓄过剩——有助于解释美国经常账户赤字的增加，以及当今世界长期实际利率的相对低水平。

按照伯南克的观点，这种现象的原因可以在外围国家的发展政策中找到答案。这些战略建立在出口的基础之上，而出口却没有得到更大的进口流量的补偿（发展战略的另一个可能的对称要素）。这些国家为何改变它们的政策，特别是，它们为何累积外汇储备？

> 在我看来，发展中国家当前账户状况发生改变的主要原因在于，那些国家在过去大约十年的时间里所经历的一系列金融危机。

此外还有一个问题是，为何这种发展趋势对美国的影响最大。答案在于，这些国家对于国外投资者（来自于“储蓄”国家）而言具有独特的吸引力：

> 因此，由于增长的全球储蓄和外国人对在美投资的更大兴趣，1996 年至2000 年期间美国经常账户赤字的迅速增加被刺激到了相当程度。

161 与低利率之间的联系也得到了清晰确定（见表框 14.2）：

> 从狭窄的美国视角来看，这些较低的长期利率是难以理解的；而从全球观点来看，就不那么难以理解了。

首先，我们认为伯南克并没有想到欠发达国家的这些战略似乎完全符合新自由主义全球化的目标与方式（与进口替代工业化形成鲜明对比，见表框 23.1）。新自由主义全球化意味着自由贸易和资本的自由流动，同时伴随着所谓的利益和明确的风险。这种情况要求对货币储备实行严格管理。将美国赤字归咎于新自由主义全球化自然是非常合理的，但伯南克的讲话却将责任矛头对准欠发达国家，而不是新自由主义本身。

在全球贸易逆差的中心看到的是美国和中国。20 世纪 90 年代的危机似乎与中国面临的情况并不相符。中国当局所关注的不是外汇储备的缺乏，而是这些储备可能由于美元危机而导致的贬值。中国的发展战略并不是伯南克的演讲中所描述的那种谨慎小心的行为。那么，中国应该刺激经济，鼓励来自美国的资本产品的大量进口以达到理顺美国贸易平衡的效果吗？应该朝 20% 的增长发展吗？

---

①. 美联储主席本·伯南克在美国弗吉尼亚州里士满市弗吉尼亚经济学联合会上所做演讲，2005 年 3 月 10 日，见 www.federalreserve.gov/boarddocs/speeches/2005/200503102/。

只有在封闭型经济中，国内储蓄才等于国内投资。当世界其他地区为国内经济的融资做出贡献时，这种有时被称为“国外储蓄”的对外融资就必须添加到国内储蓄中。（这些部分可以是正值也可以是负值。）国内储蓄总值（企业与消费者的储蓄）加上国外储蓄等于国内投资：

投资=（企业的储蓄）+（消费者的储蓄）+（外国储蓄）

尽管如此，但美国经济的一个特点是固定资本投资基本上是自我融资，也就是等于企业的储蓄。因此，上述关系的一个结果就是，消费者储蓄等于（正负号相反）外国储蓄；也就是，消费者的借入资金流量等于由世界其他地区提供的资金量：

（消费者储蓄）=-（外国储蓄）或（消费者借款）=（对外融资） 162

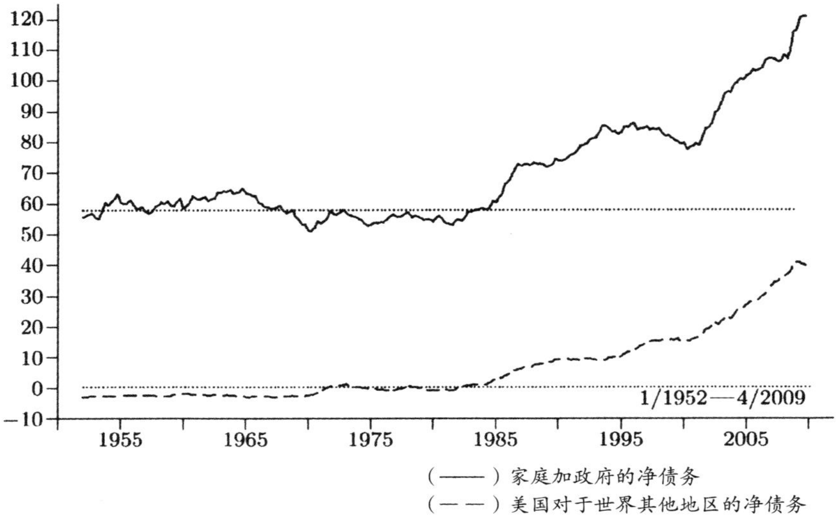

图 11.1　净债务：将美国家庭和政府结合在一起考察，以及美国对于世界其他地区的净债务（在美国国内生产总值中所占百分比，季度值）。变量是信贷市场工具中的债务。

重要的是要理解，这些等式是基本的账户关系与企业投资依赖于自我融资这一特点共同发挥作用的结果。

这种国内与国际的“双负债”是美国经济宏观发展轨迹的一个重要特征。由于在家庭和世界其他地区的金融投资中存在股权（不是贷款或债务证券），这个词语并不完全合适，但其核心概念却是明显的。（贷款和债务证券实际上是对外融资的主要组成部分，见表格 10.1。）

图 11.1 揭示了这种关系。（此处，负债仅限于信贷市场工具。）第一个变量（——）是家庭和政府的净债务，可以与图 10.5 一同考察。第二个变量（— —）是该国对于世界其他地区的净债务。可以看到，在新自由主义之前，这两个变量的走势趋于水平。而在新自

由主义的数十年里，这两条线却显示出平行的上升趋势。

这种双负债是 20 世纪 80 年代“双赤字”的一个近亲。在那些 163
年里，外部融资的增长要归因于政府赤字。图 10.5 考虑了对这种专门参考的解读。在 20 世纪 80 年代中叶与 20 世纪 90 年代中期之间，总的国内债务在国内生产总值中所占百分比的增长实际上可以归因于政府债务，因此，也可以归因于相应的对外融资增长。但是，在 20 世纪 90 年代末长时间的经济繁荣期，政府债务下降了并且在繁荣期过后稳定下来，而家庭债务却开始了与相同的对外融资有关的大幅增加。

因此，这一分析的结论是，美国经济发展轨迹的典型趋势可以减少为只有三个。第一是消费在总收入中所占比重的上升趋势。第二是“赤字和负债”。这一点同时指对外贸易逆差和双负债。第三点是积累不断下降的趋势。

产能利用率相对于赤字和负债

在本研究框架中，消费者的贷款增加对于其需求产生了积极影响，从而亦对产能利用产生正面影响。不过，实施宏观政策的难点在于，这些增加的流量也趋于增加进口，因此也增加赤字和负债（直接与国内负债相关，并且由于贸易逆差而间接地与对外融资相关）。与此相应，为了抑制赤字和负债而对贷款实施的限制对于产能利用率产生了负面影响。除非万一，不可能在达到正常的产能利用率的同时又达到贸易平衡，这种平衡左右着对外融资存量的稳定化。

因此，中央银行在实施货币政策时面临着一种权衡。正常的产能利用率（以及总体物价水平的稳定）是核心目标，而对外贸易平衡和负债稳定同样也应该是核心目标，但是贷款决定却以相反的方向影响这两个变量。因此，困难在于如何通过操纵单一杠杆去管理一组彼此背离的变量（由于汇率对对外贸易失衡的修正不起作用）。货币政策或者可以缓和或刺激经济需求，从而对产能利用率和通货
164 膨胀产生或多或少的影响；刺激政策则会使贸易逆差增加，并对负债产生相应的影响。

贸易逆差倾向

就国际贸易而言，不同国家存在重大差异。正是这些差异使产能利用与对外贸易平衡之间的权衡变得或多或少有些尖锐。

根据假定的一个正常产能利用率之下的普遍情形，各个国家可以被分门别类。在这种情形下，贸易逆差或者顺差的普遍存在是一经济体的重要结构特征，这种特征可以称之为“实施逆差的倾向”。（附录 A 对这个概念给出了一个技术性定义。）这种与正常的产能利用相关的逆差或顺差取决于结构性参数的数值。两种类型的国家可以区分开来：（1）那些倾向于实施贸易顺差的国家，以及（2）那些倾向于实施贸易逆差的国家。

对于倾向于实施贸易顺差的国家而言，产能的正常利用不存在障碍。如果出现这种情况，就是企业的留存利润量限制了发展。由于贸易顺差普遍存在，该国经济就会向世界其他地区提供资金。截至当前危机发生，德国可以被认为是这第一种结构的实际经验。在第二种情况下，当产能利用达到正常水平时，倾向于实施贸易逆差，那么，上述权衡所特有的制约因素就会占据上风。三种情况必须加以区分：

1. 经济体在平衡其贸易或稳定国内和对外负债方面皆不受限制。同时出现的贸易赤字与国内和对外借款可以确保产能的正常利用。

在新自由主义的数十年里，这正是美国经济的情形。（如上所述，这种外部约束的缺乏表明外国人愿意为美国的对外赤字提供资金，由于美元作为国际货币的地位而被用于对外交易和储备货币，同时避免了美元的大幅贬值。）

2. **经济体受制于平衡自身贸易和限制对外融资的要求**，**也就是说**，**一种外部约束占据上风**。在这种情况下，权衡的后果可以直接感受到。产能利用必须局限于一个较低值，从而对经济增长产生不 165
利影响。这就是某种程度上的法国或欧洲其他经济体的情形。在需求缺乏始终存在的情况下，这一情形就显现出来。企业放缓投资，但正常的产能利用却不能占据上风。

3. **经济体受制于对自身国内负债的约束**。如上所述，正常的产能利用无法实现。就家庭负债而言，在美国经济中，危机导致了这样一种情形。美国政府必须介入借款和消费。而它也是这样做的。

总之，回顾美国新自由主义的发展趋势，可以认为美国经济发展轨迹的具体特征源于一种试图维持该国的正常产能利用的政策，尽管美国高度倾向于进口而非出口，并且假设世界其他地区容忍这种政策。

分配和自由贸易的转变

从已知的分配和对外贸易的参数的意义上讲，前几节的分析仍然是静态的。这种视角解释了赤字与负债的程度，而不是上升的趋势。

本节将解读上述机制在新自由主义的数十年里的转变（更具体地说，包括以下三种结构性参数的变化：向消费者分配的总收入的份额、进口需求的份额以及作为部分产能的出口份额）。一方面，涉及新自由主义的公司治理的进步（这决定了顶层收入人群的高薪资、股息流量和利率等）与新自由主义的政策趋势，另一方面涉及全球化以及该国对外贸易开放的进展（这决定了该国倾向于进口还是出口）。

两个基本的渐变必须加以考虑：

1. 分配转变。第二部分的数据充分证明了更加慷慨的广义上的高薪资、股息分配，以及企业沉重的净利息负担等此处被称为“分配转变”的组成部分。（企业作为资本收益而损失的利润流量在图
166 10.7 中得以清晰地展示。）这种转变还可以从家庭的视角加以考量，这种转变表现在顶层收入阶层的资本收益和高薪资对的增长。分配转变巩固了那些获得高薪资和资本收益的家庭的购买力，也最终增强了全球范围内家庭的总购买力。

表格 11.2 对比了两个时期：（1）1970 年代，即新自由主义之前的最后十年；（2）新自由主义时期（1980 年至 2008 年）。数据表明，个人收入获得了国内生产总值 3.3.% 的占比。这一转变是由薪资份额下降（–1.4%）与资本收益所占份额的大幅增加（+4.4%）共同作用的结果，尽管上层薪资是增长的。（此外，企业主的收入下降了 0.4%。）

如表格 11.3 所示，这种转变反映在了人均可支配收入相对于其他收入类别的增长中。增益达到了国内生产总值的 2.7%。该表格也表明，政府收入（联邦政府、州政府和地方政府）增加了 1.5%，这一点将添加到上述的 2.7% 中。因此，总的增益达到了国内生产总值的 4.2%。与此同时，非金融企业的留存利润在国内生产总值中所占比例降低了 1.6%，而在新自由主义之前，它们通常留存和投资的份额是 2.7%。新自由主义对于投资的影响是引人注目的。

2. 自由贸易的转变。第八章表明了新自由主义的建立如何意味着自由贸易的普遍化和对外贸易的增长，也就是从外国购买商品和出口的上升趋势。在这里所涉及的是对外贸易的上升趋势，而不是不断增强的贸易逆差倾向。

表格 11.2　个人收入的分解：美国经济（在国内生产总值中所占百分比）

	1970 年代平均值	1980—2008 年平均值	变化
个人收入	80.6	83.9	3.3
雇员报酬	58.5	57.1	−1.4
企业主收入	7.5	7.0	−0.4
个人租金收入	1.5	1.5	−0.0
个人资产收入	9.6	14.0	4.4
个人利息收入	7.4	10.7	3.2
个人股息收入	2.2	3.4	1.2
转移收入减去社会保险	3.5	4.2	0.7

表格 11.3　收入份额：美国家庭、政府和非金融企业（占国内生产总值的百分比）

	1970 年代平均值	1980—2008 年平均值	变化
可支配个人收入	70.9	73.6	2.7
政府一般经常收入	27.9	29.3	1.5
非金融公司的未分配利润(未调整)	2.7	1.1	−1.6

转变和趋势 167

上述两种新自由主义转变以直接的方式说明了构成美国经济宏观发展轨迹的五个主要发展趋势。（在附录 A 的模型中，这两种转变在两个结构性参数 γ 和 α 的上升中表现出来，这两个参数对变量的均衡值所产生的影响也得以确定。）分配转变确定了积累率的逐渐下降（见图 10.7）。自由贸易的转变影响了国内外生产者之间的消费者需求的区分以及出口能力。后面的这种转变导致国内公司的购买份额不断下降，这并没有通过总需求中出口份额的增长得到抵消，相反，却导致贷款准备金比例的必然增加以维持美国经济现存产能的正常利用水平。这种趋势同时意味着进口份额的不断增长和贸易逆差不断增加，因为出口并没有随之增长（见图 10.1）。这种贸易逆差的不断增加导致来自世界其他地区的融资数量大幅升高（见图 10.2）。旨在维持产能利用率的政策要求家庭负债不断增长（见图 10.6），同时也要求家庭消费不断增长和储蓄率不断下降（见图 10.4）。这种转变说明了消费在国内生产总值中所占份额的增长。

这里，可以看到这两种新自由主义的转变如何增加了产能利用率与赤字和负债之间的权衡。为了获得正常的产能利用率，就要求消费者负债按比例进一步增长。

168 作为宏观稳定器的信贷效率不断下降

自由贸易说明了一个众所周知的宏观政策的局限性。在一个开放的经济中，信贷对于产出的刺激作用因为经济体对于进口或者出口的倾向而被削弱了。（新贷款也刺激着商品进口国的宏观经济。）自由贸易的转变说明，在实行宏观政策的过程中所面临的困难不断加大。因此，在刺激国内宏观经济的过程中可能要参考不断下降的信贷效率。

由于来自世界其他地区的融资是国内负债的另一面，在刺激国内宏观经济过程中信贷效率的下降说明了双负债的同步增长。维持国内工业的产能利用率以及刺激经济增长率的决定，要求实施一种激进的信贷政策，且由于自由贸易的转变而逐渐变得愈来愈苛刻，并推动国内和外部债务的增长。

两股决定因素的汇合

如图表 2. 1 所示，整个全球金融结构的脆弱性以及美国经济发展轨迹的不可持续性是导致这场危机的两股决定因素。一方面，该国在保持经常账户平衡方面缺乏约束，使得上层阶级可以通过金融化和全球化的大幅推进来持续追逐高收入。与此同时，金融机制的极度扩张导致家庭债务的增长成为可能，而这正是美国经济发展轨迹延续的基本条件，没有这一条件，这种发展轨迹就会中断（另一种情况将会是政府债务的不断上升）。

就整个结构的稳定性而言，来自世界其他地区的融资的不断增长以及国内债务，从本质上讲，代表了危险的发展趋势。在这方面最常提及的威胁就是美国赤字可能对美元汇率产生的后果。外国人还将继续向一个外债持续增长的国家提供借款吗？虽然私人部门是美国经济大量对外融资的源头，但许多评论家却指向政府债务。中国会继续购买美国国债吗？尽管如此，危机的导火索却并不是美元 169
崩盘。美国霸权下的新自由主义由于抵押贷款市场危机的地震波而被动摇，显示出作为美国经济发展轨迹的基本因素的家庭债务的弱点。正是在此处，两股决定因素之间的关系显得至关重要（图表 2. 1 中的箭头 E）。家庭债务固有的弱点可以分别归咎于其中任何一股决定因素。

1. 家庭债务的增长可以被视为向新自由主义特有的金融化和全球化发展的趋势中的一个组成部分。家庭债务的增长受到了追逐高收入的刺激，通过大胆的金融创新成为可能，并被世界其他地区的融资能力推向极致。这一切都进一步破坏了原本已经十分脆弱的整体金融结构的稳定性。

2. 家庭债务的不断增长是美国经济发展轨迹和两种新自由主义转变的直接产物。年复一年，这一发展轨迹的延续都需要更多信贷。一直达到了可持续发展的极限。这同样会导致大规模金融崩溃。

实际上，家庭债务界定了上述两股决定因素的交叉点，即其汇合点。这种会合并不是从本质上来解读危机，而是界定了这场危机席卷世界的确切模式。

第六部分 171
从房地产繁荣到金融危机：2000 年以后的美国宏观经济

当前危机是美国霸权下的新自由主义危机。因此，危机产生的根源必须在这种社会和国际秩序的内在发展动态中找寻，尤其是在对高收入的追逐中找寻（见第三部分）。第四部分和第五部分分别聚焦于来自这个相同根源的两股决定因素：（1）新自由主义的全球化和金融化；以及（2）美国经济不可持续的宏观发展轨迹。如图解 2.1 所示，这两类因素的汇合决定了危机的发生。抵押贷款市场自身已经在以一种极其危险的趋势发展，而它的崩溃导致的地震波则动摇了比抵押贷款市场更广泛的全球金融结构。

本部分将探讨 2000 年以后美国国内债务的极高水平的决定因素。对于一波信贷扩张而言总是具有两个侧面。两个问题必须提出来：（1）谁在借入资金？又为何目的？以及（2）谁在借出资金？又通过何种工具？众所周知，信贷浪潮源于一个非常特殊的行业，即房地产业，信贷也因此建立在抵押贷款的基础之上；也有发行人受惯常的追逐利润的刺激。对于这种遭遇而言，两个条件必须得到满足：（1）降低对于借款人的要求，以及（2）对出借人风险的担保（至少是所谓的抵押担保）。其间的差距由大量引入的次级抵押贷款、证券化的扩张以及违约保险进行桥接。这些机制的另一个真正令人感到迷惑的方面是，金融管理机构没有阻止借贷的增长，这是意愿或者能力的问题。

172 第十二章将表明信息技术行业的繁荣破灭之后，房地产的繁荣如何有助于宏观经济的复苏。第十三章将致力于分析抵押贷款热潮的形成。第十四章将探讨损害货币政策功效的环境。

第十二章　第二次缓刑：房地产繁荣与崩溃 173

美国经济发展轨迹的主要方面之一是非金融企业不断下降的投资率，对经济增长率产生了明显的影响。尽管如此，20 世纪 90 年代后期，这种发展趋势却暂时被信息技术领域的投资繁荣所掩盖，这一繁荣在 2001 年的经济衰退过程中突然停止。由于房地产的繁荣，从衰退中的复苏得以实现，这种繁荣本身是由家庭债务的激增造成的，特别是其中的次贷要素。房地产危机的第一个征兆早在 2006 年初就已经被察觉，住宅投资热潮在 2005 年末达到巅峰之后开始减弱。在之后不到两年的时间里，在美联储缓解贷款扩张的尝试失败之后，金融危机随之爆发。

20 世纪 90 年代以及 2000 年以后的美国宏观经济

作为对房地产繁荣分析的一个初步研究，必须讨论美国宏观经济的一些细节。图 12. 1 显示了美国国内生产总值的增长率。可以很容易认识到 20 世纪 80 年代初开始实施新自由主义时和 1991 年的经济衰退。与现在的分析相关的是 20 世纪 90 年代后期的长期繁荣、2001 年的经济衰退、随后的缓慢复苏，以及 2008 年进入大收缩。

虽然图中变量美国国内生产总值的增长率没有变为负值，[1] 但 2001 年的经济衰退却是相当严重的。经济增长率的骤降导致出现了长达六个

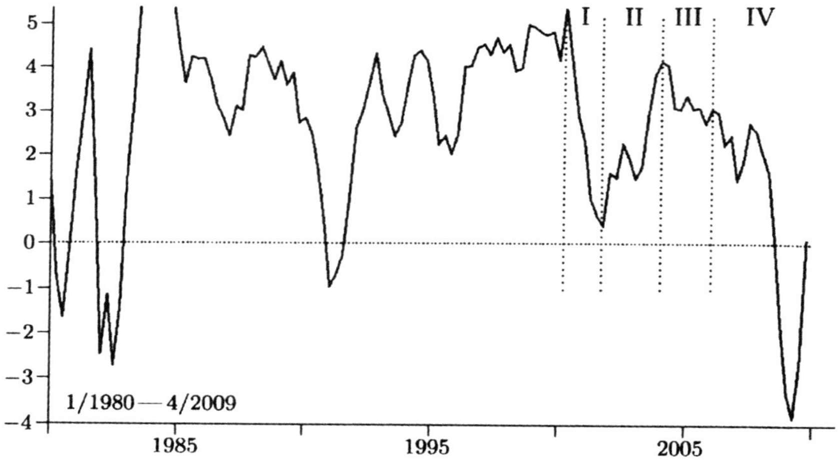

图 12.1　国内生产总值的年增长率：美国经济（百分比，季度值）。变量是某一季度相对于上年同一季度的实际国内生产总值的增长率。图中的点状竖线表示：（Ⅰ）2000 年第二季度，（Ⅱ）2001 年第四季度，（Ⅲ）2004 年第一季度，以及（Ⅳ）2006 年第二季度的情况。

季度的经济收缩（图中的第一阶段），之后又是长达九个季度的经济复苏（第二阶段）。这是自 20 世纪 90 年代初以来的第一次经济衰
174 退。在 1992 年至 2000 年的九年里，经济稳定增长，特别是 20 世纪 90 年代后期的长时间繁荣。经济复苏之后是一个短暂的平稳期，实际上，这段平稳期是向下倾斜的（第三阶段）。2006 年初房地产市场的低迷标志着进入了一个新阶段（第四阶段），经济滑向原本可以理解为新的经济衰退的地方，这种趋势实际上是经济收缩的第一步。

就企业投资而言，自 1980 年以来，美国非金融企业中固定资本积累的下降趋势，被 20 世纪 90 年代后期繁荣期投资的唯一一次大幅向上波动所中断（图 10.7 中的第一个变量［——］）。这一繁荣期——持续了

五年，到2001年陷入衰退——的投资发展概况是典型商业周期的大振幅，是下降趋势的暂时缓和。但是，这一周期的美妙之处却掩盖了隐藏在美国宏观发展轨迹下更为复杂的机制间的相互作用。

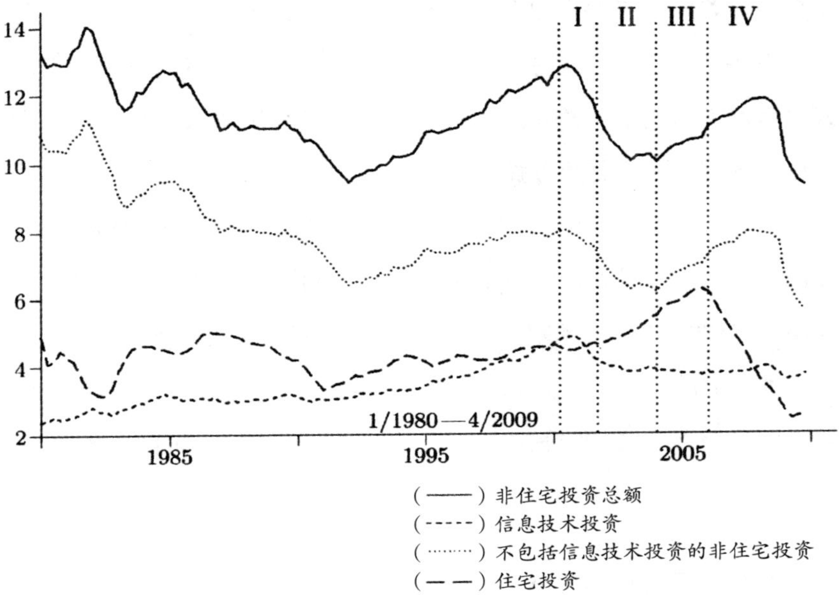

图 12.2　投资率：美国经济（在国内生产总值中所占百分比，季度值）。本图将总投资细分为非住宅投资（——）和住宅性投资（— —）。另外两个变量（-----和·········）是非住宅投资总额中另外的组成部分。

这里，与图10.7的变量相比，在衡量非住宅投资时存在三个不同点：（1）图10.7中的投资是净折旧而不是这里的总折旧。（2）分母是固定资本存量而不是国内生产总值。（3）分析单位是非金融企业而不是私人经济。

第一次缓刑：信息技术的繁荣 175

图12.2对隐藏于商业周期的波动背后的投资的发展变化进行了

更为细致的分析。

信息技术投资的上升趋势（-----）并没有受到 1991 年经济衰退的影响，20 世纪 90 年代中继续上升，并于 2000 年达到顶点。正是这种投资构成赋予了长期繁荣真正戏剧性的特征。这种上升在许多年里支撑着宏观经济，最终在 2000 年第四季度达到顶点并走向终结。设备与建筑物的发展简况（………），即非住宅投资的其余部分呈
176 现出截然不同的下降趋势。这种下降趋势却伴随着长期的繁荣，尽管以一种太引人注意的方式。

实际上，在信息技术领域，金融泡沫与投资的繁荣同时并存。在图 4.5 中，可以观察到股票市场指数与利润之间的巨大分歧。[2] 在此图中，1997 年第三季度与 2003 年第一季度之间的短暂分歧是清晰可见的。分歧幅度是巨大的。在 1997 年第三季度利润达到巅峰与三年后股票市场达到巅峰之间，股价上升了 30%，而利润却下降了 24%！

2001 年的衰退与住宅投资

最终需求的不同组成部分——住宅和非住宅投资（图 12.2）、家庭消费（图 10.3 中的第一个变量［——］），以及政府购买商品与服务——在 2001 年经济衰退前后的经济增长率的波动中发挥了不同的作用。

图 12.1 引入的四个阶段必须加以区分：

1. 第一阶段开始，非住宅投资中各部分的减少，尤其是信息技术投资的崩塌，是衰退的主要因素。住宅投资或政府购买在低迷时期没有发挥任何作用，而家庭消费却持续增长。

2. 在第二阶段中，非住宅投资显然不是经济复苏的引擎。第一

个部分，即信息技术领域的投资，继续下降，而非住宅投资的其余部分也并未复苏。家庭消费在国内生产总值中所占份额停滞不前，尽管仍保持在很高的水平。房地产繁荣和政府在商品与服务方面的支出是经济复苏的两大因素。未受到产出收缩影响的住宅投资在第二阶段开始时急剧增加，在国内生产总值中所占份额增加了1.7%。政府支出的作用更为有限。在第二阶段中，这一变量只增加了0.4%。（顺带说一下，我们可以看到，军费开支在政府支出的增长中所占比例达到60%。）

实际上，在家庭的最终需求中存在一种替代形式。自1997年初开始至第一阶段结束，严格意义上的家庭消费增长迅速，之后在国 177
内生产总值中所占比重一直停滞不前。恰恰在这一停顿发生时，住宅投资急剧上升。

3. 转向第三阶段，当时新的增长率在经济复苏之后占据上风，而且非住宅性投资也恢复了增长，主要发展趋势为住宅性投资在一个很高的水平达到顶峰，而其他变量则各行其是。2005年前后仅有一个短暂、稳定的增长平稳期，相当短暂并且在一个比较低的水平。

4. 在第四阶段初的时候，住宅性投资遭到破坏，略早于2006年违约和拖欠的增加，之后出现了2007年的金融危机，以及随后在2008年出现的产出收缩。

如同图12.2给出的引人注目的图解，住宅性投资是整个第一阶段和第二阶段需求的至关重要的部分。因此，在信息技术的繁荣崩塌之后，它成了“第二次缓刑”。当经济走出衰退的时候，不存在衰退时期那样的住宅投资下降，并且这部分的需求一直保持稳定增长。随着房地产繁荣达到顶点，正是经济复苏的这个引擎朝着一个新的脆弱的增长率稳定期发展。

抵押贷款热潮

如果说 2001 年衰退后复苏的引擎是住宅投资热潮的话，这种飙升只有通过抵押贷款热潮才能成为可能，仅在第一和第二阶段，这种抵押贷款的未偿付数额在国内生产总值中所占比重就增加了 15% 以上。反过来，低质量抵押贷款的激增也使得家庭债务增加，这是众所周知的一种危险的发展。

图 12.3 显示了抵押贷款的季度流量。除了再融资之外，新贷款被称为“新购房贷款”。可以看到这种（——）抵押贷款的发放稳定增长，在 2005 年达到顶峰。（所显示的不是季节性调整的数列而是一个趋势线。）2004 年以前，再融资的发展趋势波动更大，并在 2003 年达到顶峰（在第二阶段利率下降时期）。未偿付抵押贷款存量（图 10.6）在 2001 年经济衰退前从第一阶段开始时占国内生产总值的 47% 升至第二阶段结束时的 61%，并于 2007 年初达到 73% 的顶峰。

178 发放贷款的金融部门发放了大量抵押支持证券（MBSs）以支持自身的运作。（标准债券也是一个融资来源，但其重要性不及抵押支持证券，见表格 13.2。）图 12.4 显示了发行美国金融（——）和非金融（— —）企业的公司债券的发展简况。在第三阶段中，金融部门发行债券的热潮达到了占国内生产总值 8.0% 的最高值。这与非金融部门债券发行形成鲜明对比。这类债券在 2001 年达到了第一次最大值，在第三阶段降到了非常低的水平，最终又回到一个较高值。（后一变量的变化反映了图 4.4 所示的 2004 年以后非金融企业通过信贷市场工具和回购方式借入资金的情况。）

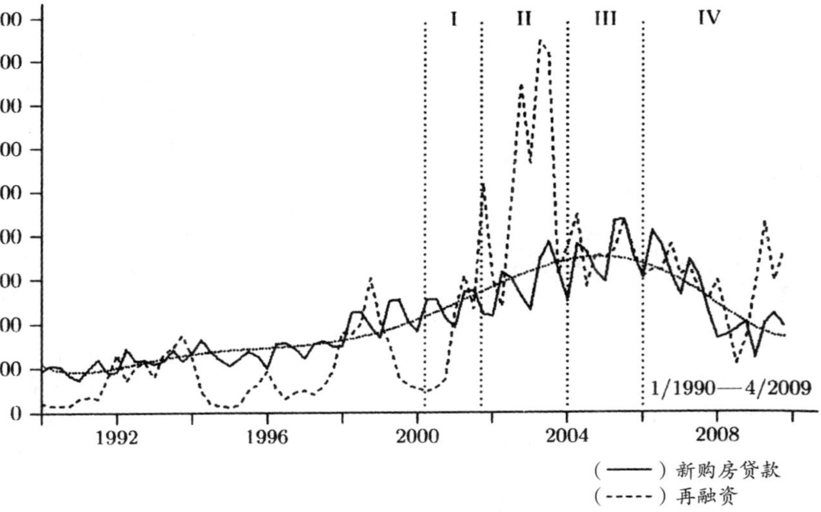

图 12.3　抵押贷款发放：美国家庭，季度发放量（单位：10 亿美元）。点状线是趋势线。

可疑借贷？

虽然次贷危机的概念指的是属于较低收入阶层的家庭债务的不断增长，但大多数高收入阶层的借贷却出现了收缩。债务不是较贫穷家庭特有的现象。

图 12.5 表明了按照收入群体五等分划分的有抵押贷款的美国家庭的比例。考察了 1984 年和 2007 年两年的情况。显然，在这两年里，持有贷款的家庭的比例与收入水平呈正相关关系，从最低收入阶层 13% 至 17% 的比例，到最高收入阶层的 72% 升至 75%。观察到的第二点是，包括 2000 年在内的新自由主义没有实质性地改变这种模式。就抵押贷款数量而言，最贫穷家庭群体的负债并没有增长。债务增长最多是中产阶级的典型特征，对于他们而言这两年的债务 179

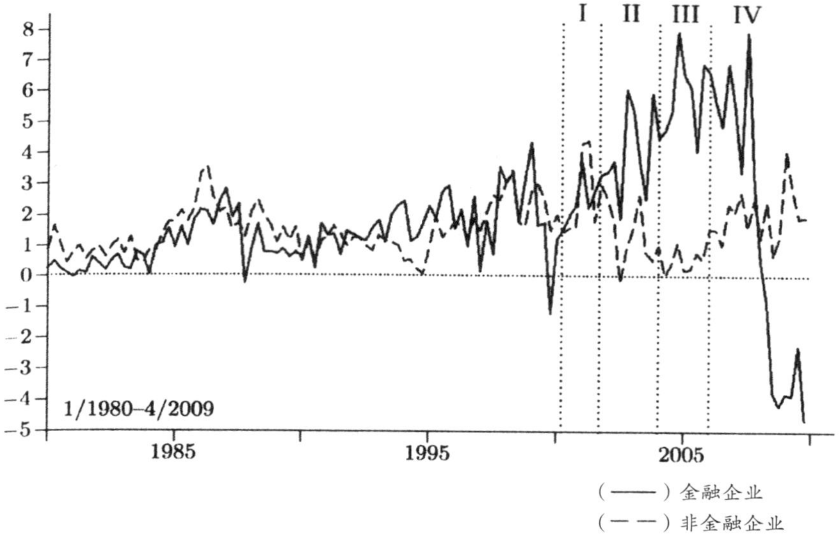

图 12.4 企业债券的发行：美国金融和非金融企业（在国内生产总值中所占百分比，季度值）。

比例的差距更大，第三与第四收入分位群体的抵押贷款比例达到了 10%。

对于用来偿还债务的费用（本金和利息）在该群体收入中所占百分比的考察证实了这一点。总体而言，较高收入阶层用来偿还债务的费用在其税后收入中所占百分比也更高（20 世纪 90 年代以及 2000 年以后年均 10% 左右[3]）。自 20 世纪 90 年代初以来，20%—40%、40%—60% 及 60%—80% 这三个分位的收入群体的债务负担增加是明显的，他们用于偿还债务的费用持续上升。

180 尽管如此，这种债务增长的主要特征仍然意味着将不符合传统要求的家庭纳入抵押贷款借贷者之列，这类家庭往往已经面临付费问题（可能是中产阶级的下层部分，诸如 20%—40% 和 40%—60%

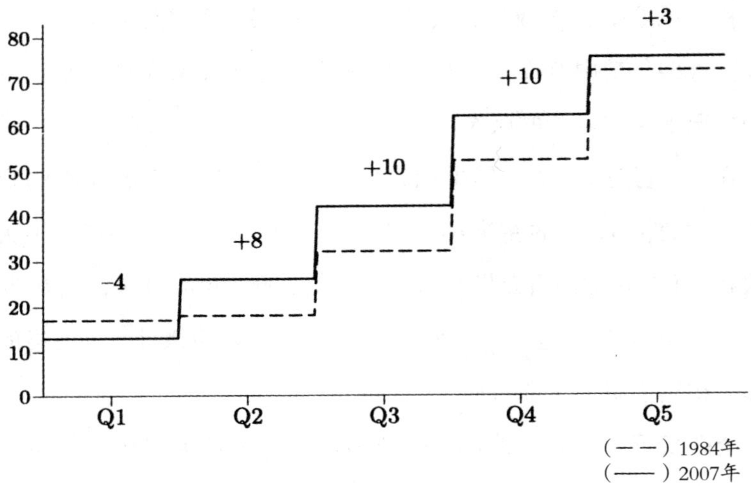

图 12.5　1984 年和 2007 年在不同收入阶层有抵押贷款的美国家庭所占百分比。横轴表示从最低到最高收入分位阶层的家庭收入。

的收入分位的群体等）。这些贷款就是所谓的“次级贷款”，现在全世界都闻名。[4]

什么是次级贷款？一般来说，贷款应是常规抵押贷款或机构抵押贷款，这类贷款由联邦住宅管理局（FHA）、房利美和房地美提供担保（见第十三章）。次级抵押贷款者是由一系列特殊事件来定义的：（1）在过去的一年或两年里出现过一个月或两个月的拖欠；（2）在前两年里（见图 16.1 的说明）出现过判决、止赎、担保品被收回或判定为坏账；（3）较低的信用评分（FICO）；[5]（4）分期偿还并且利息/收入比率大于 50%，等等。“次级”实际上是有问题贷款的层次结构中的最低类别，诸如巨额贷款、Alt-A 贷款和次级贷款。“巨额贷款”指的是数目巨大的贷款，通常是指所谓的奢侈住宅贷款，这是一个更具风险的市场；而“Alt-A”是 Alternative-A 贷款的简称，风险高于 A 级贷款（“prime”的另一个名称）但低于次级
181 贷款。这些贷款中有许多是可调利率抵押贷款（ARMs），在利率上升的情况下存在可能的风险。

在 21 世纪第一个十年中期，自 2004 年开始，充满风险的贷款激增。如表格 12.1 的左半部分（贷款发放量）所示，2001 年次级贷款和 Alt-A 贷款约占总发放量的 12%，2003 年为 11%，而在 2006 年飙升至 40%，这是一个虽然晚但却十分惊人的飙升。（表格的右半部分将用于第十三章。）

贷款发行者采取各种程序诱惑借款人陷入债务之中，甚至比可调利率抵押贷款风险更大。其中之一是“仅付利息”抵押贷款，在这种情况下，允许借款者通常在五年至十年内只支付利息。风险更大的是“负摊销贷款”或者“递延利息贷款”，在这两种情况下，付款额可以低于利息，差额同时计入债务中。

房价飙升

相对容易获得借款刺激了房价上涨。图 12.6 显示了标准普尔/凯斯—席勒房价指数，是经过国内生产总值平减指数平减之后的全美的平均值和美国三大城市的数值。在 1996 年第一季度和 2006 年第一季度之间，这一指数以高于国内生产总值平减指数 6.7% 的年均比率增长。

反过来，房价上升又由于三个原因而推动了贷款的扩张。第一，更昂贵的房屋需要更多的借款。第二，当再融资发生时，作为抵押品的新的价值更高的住宅使得新借款成为可能。这就是借款人获得额外现金的所谓的“套现”过程。第三，万一违约，出借人会在不

断增长的住宅价值中看到一种担保。至少，出借人和借款人都不希望房价下跌。

2005 年至 2006 年的房地产低迷

如图 12.7 所示，新屋开工与营建许可数量在 2005 年 9 月达到 226.3 万套的最高值，然后在 2007 年 7 月突然降至 138.1 万套，2009 年 4 月略低于 50 万套。

（表格 12.2 显示）现有住宅的销售额也呈现出类似的变化，于 2005 年达到 707.5 万套的最高值，2007 年降至 565.2 万套，2008 年少于 500 万套。新房销售额下滑更严重。同时，未售住宅存量开始大幅提高，从 2005 年末的略超 280 万套增至 2008 年 7 月的 460 万套（或者销售周期从 4.5 个月增至 10.9 个月）。[6]

表格 12.1　抵押贷款发放和资产支持证券发行：美国经济 182

（2001—2006 年，10 亿美元）

	贷款发放量					证券发行量	
	总值	次级贷	Alt-A	次级贷+Alt-A		次级贷款+Alt-A	
	美元	美元	美元	美元	百分比/总值	美元	百分比/发放额
	(a)	(b)	(c)	(d)=(b)+(c)	(e)=(d)/(a)	(f)	(g)=(f)/(d)
2001	2,113	190	60	250	12	99	39
2002	2,773	231	68	299	11	176	59
2003	3,765	335	85	420	11	269	64
2004	2,600	540	200	740	28	521	70
2005	2,755	625	380	1,005	36	797	79
2006	2,520	600	400	1,000	40	814	81

183

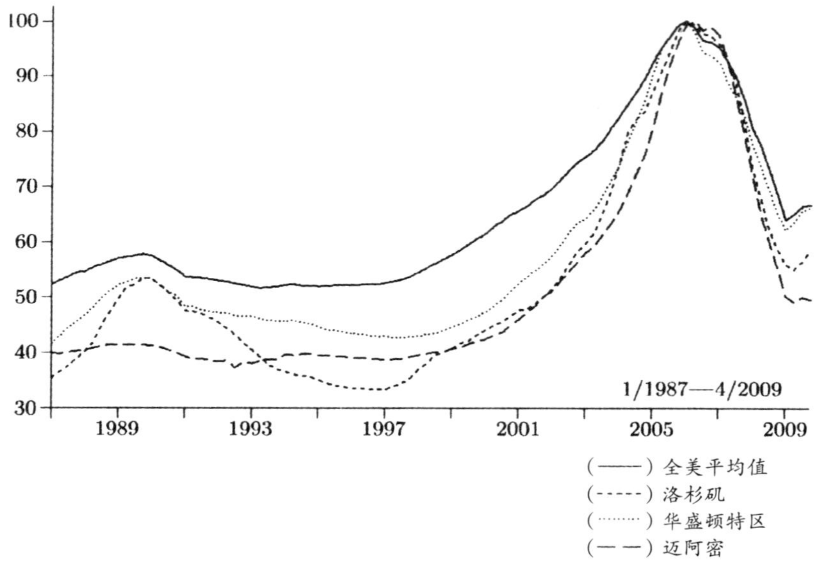

图 12.6　经国内生产总值平减指数平减的房价指数（这一系列的最大值=100，季度值）。2006 年第一季度或第二季度，四个指数分别达到最高值。

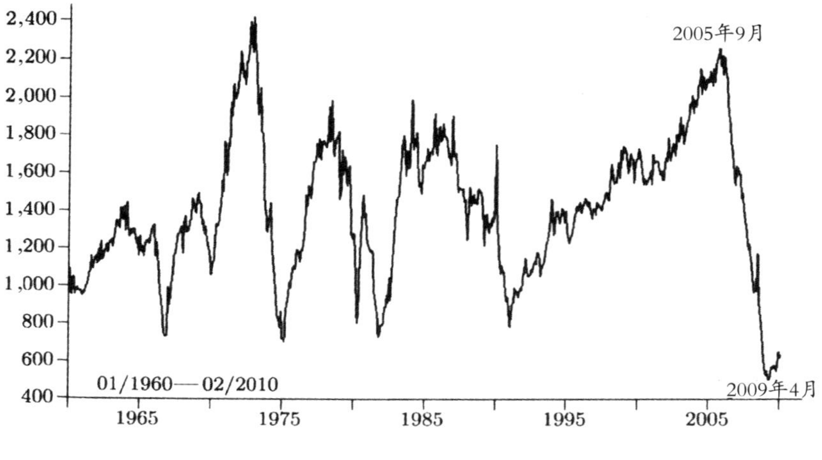

图 12.7　由建筑许可证授权的新私有房屋套数：美国（千套，按年折算的月度数据）。

表格 12.2　住房销售量：美国家庭

	单一家庭住宅的销售额（单位：千套）		自 2005 年以来的变化（百分比）	
	现有房屋	新房	现有房屋	新房
2004	6, 723	1, 200	—	—
2005	7, 075	1, 285	0. 0	0. 0
2006	6, 478	1, 051	–8. 4	–18. 2
2007	5, 652	776	–20. 1	–39. 6
2008	4, 912	482	–30. 6	–62. 5
2009	5, 150	372	–27. 2	–71. 1
2010[1]	5, 197	387	–26. 5	–69. 9

1. 2010 年 5 月的预计值。

无论如何，这都不是美国房地产市场的第一次混乱，但却是最大的一次。自 1960 年以来，稍早的一场最为严重的危机是 1973 年的危机（见图 12. 7）。2005 年以后的房地产危机的一个特殊方面是，这次危机是在 1991 年以来的长期稳定增长期之后发生的。与 1973 年的危机相反，这场危机是在国内生产总值平减指数保持稳定的背景下发生的。 184

房价的崩塌是整个房地产低迷的一部分。在 2006 年初达到最高值之后，出现了住宅价格的大幅下降（见图 12. 6）。

185 第十三章　满足抵押贷款潮的需要

2000年以后的抵押贷款潮以及作为其组成部分的次级贷款使房地产的繁荣成为可能，但如果没有证券化和违约保险这两大至关重要的金融工具的支持，贷款增长本身将不会成为可能。这两类机制同时大幅扩张，并在十年里经历了巨大转变。在美国政府国民抵押贷款协会（吉利美）和政府支持企业（房利美与房地美）发行抵押支持证券的传统活动之外，又由新一代私人公司发行人作为补充。针对信用违约的保险业务带动了新一轮信用违约互换衍生品市场的业务。

这些发展趋势对于抵押贷款潮的扩张来说至关重要，同时也是第九章所说的“脆弱且臃肿结构”的基本组成部分。显然，这种工具的发展并不只是由于它们是美国发展轨迹持续所必需的。贷款发放、资产证券化和保险都是有利可图的生意。

美国机构证券化：一个历史的视角

证券化的当前发展过程只是一段长期历史的稍晚阶段，这段历史可以追溯至罗斯福新政和二战期间美国应对大萧条的举措。这些最初处于严苛的政府监管下的机制的彻底转变导致的私人公司发行者的急速扩张，是当前危机中的重要因素。

1934年，美国国会通过《美国国家住房法案》，旨在恢复房地
186 产市场中现行的种种条件，防止未来出现崩溃。依照该法案创立了

联邦住宅管理局，负责为贷款人提供保护以避免损失。应罗斯福总统的要求，联邦国民抵押贷款协会（房利美）于1938年成立。这是一个购买银行抵押贷款的政府机构，它因此向银行提供新的资金，使它们的潜在能动性成倍增强。最初，房利美通过发行出售给投资者的无担保债券而获得资金，这类债券由联邦政府提供担保。房地美只购买由联邦住宅管理局提供担保的贷款。

20世纪60年代，美国开启了改革进程，旨在减少联邦政府参与对银行抵押贷款行为的支持，并将房利美的行为从联邦预算中剔除。1968年，房利美的股本向投资者开放，成为一个政府支持企业，一家股东所有的公司。同时，美国政府还建立了一个新的机构——美国政府国民抵押贷款协会（吉利美），延长了美国政府在房利美的相关特殊项目中承诺的投入（例如老兵住房项目）。

1970年发生了两个重要的变革。第一，房利美开发了一个新流程，即证券化，发行抵押支持证券。第二，增加了一个重要部分，即成立联邦住宅贷款抵押公司（房地美）的成立。该公司的地位与房利美公司类似，其具体目的是使抵押贷款证券化（除了那些由吉利美处理的贷款之外），从而参与到这项房利美所从事的业务中。

关于这些机构的合法地位及其业务，存在一些模糊性。吉利美完全由政府控制并提供担保，是众所周知的一个联邦机构。截至2008年9月，房利美和房地美都属于私人所有的企业，在股票市场发行股票，但受到特殊监管。这两家公司都被划入政府支持企业。它们的情况又一次在2008年发生了改变。

从2008年9月以来普遍存在的危机状况来看，最大的机构房利美和房地美同时发行标准证券（或无担保债券，即不是证券化的产物），同时也是发行抵押支持证券的抵押贷款组合的源头所在。其他诸如联邦住房贷款银行（FHLBs）以及联邦农业抵押贷款公司等一些政府支持企业，同样积极参与抵押贷款发放的再融资，尽管它们的重要性小得多。

图 13.1 说明了 20 世纪 50 年代以来这些机构（以及一些小得多的其他机构）的整个业务情况。第一个变量（——）是发行的标准
187 证券总存量在国内生产总值中所占百分比。可以注意到这个总存量自 1993 年至 2003 年的加速增长，截至 2003 年时这些机构成了严重攻击的目标。百分比最高达到了国内生产总值的 23%。第二个变量（— —）显示了吉利美和政府支持企业所发行的未偿付的抵押支持证券。1983 年，这一存量超过了标准证券的数量，并大幅增长。2003 年，这一数值的最高值达到了占国内生产总值的 30%。同年，这些机构的总负债（标准证券和抵押支持证券）达到了国内生产总值的 53%（比较而言，为美国银行和保险公司总资产的 136%，或者相当于共同基金和养老金金融资产的 132%，见图 7.1）。

新的立法（尤其是 1977 年的《社区再投资法案》）促使房利美和房地美改变了支持抵押贷款发放的条件，旨在使更多人都能够负担得起借款。目标是结束对中低收入人群聚居区，尤其是黑人社区
188 的歧视。其他一些立法，例如 1992 年通过的《联邦住宅企业金融安全和健全法案》，要求房利美和房地美将它们借款的一个百分比用于支持这类贷款。这些方案逐渐发展到了 21 世纪，有可能要对危机爆发后随之而来的损失负责。2008 年 7 月，房利美和房地美被置于美国联邦住房金融署（FHFA）的监管之下，同时它们的作用增大了（见图 13.1：[— —]），并且这种作用在未来的几年中有可能继续增大。

资产支持证券的私人公司发行者

20 世纪 80 年代中期开始，除房利美、房地美和吉利美以外的美

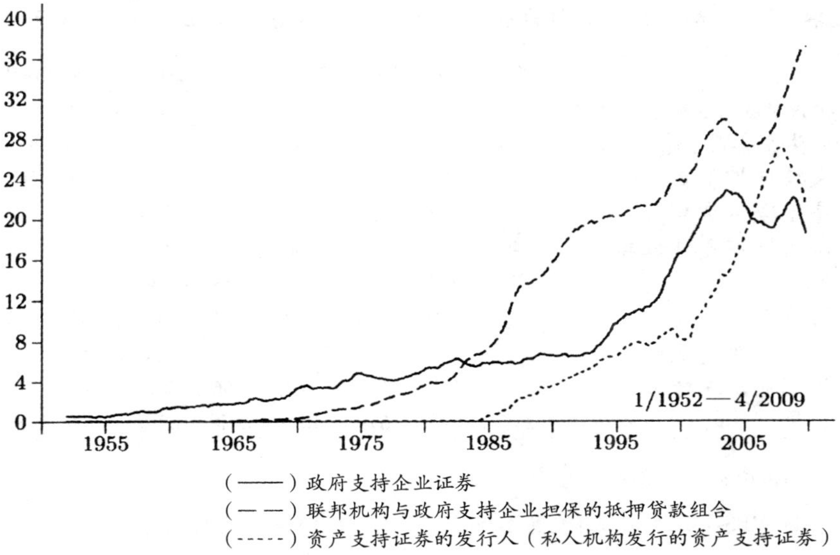

图 13.1　尚未偿付的证券：由政府支持企业发行的除抵押支持证券的其他证券，由房利美和政府支持企业发行的抵押支持证券，由私人公司发行人发行的资产支持证券（在国内生产总值中所占百分比，季度值）。

国金融企业的证券化也得到了发展。“私人公司类资产支持证券”和“非机构类资产支持证券”这两个短语可替换使用，用来称在这种情况下发行的资产支持证券。

私人公司类资产支持证券发行人的证券化的激增在图 13.1 中得到说明，图中的第三个变量（-----）代表了这类资产支持证券的发行总量。2000 年以后，这类证券持续地加速增加，直至 2007 年末，也就是危机即将爆发之际。此时，这类证券总量达到了国内生产总值的 27%，也是吉利美和政府支持企业所发行的住房抵押支持证券存量的 87%（是这两大机构发行的抵押支持证券和无担保证券总值的 53%）。

表格 13.1　私人公司的证券化：美国年度发行量（单位：10 亿美元）

	2000	2001	2002	2003	2004	2005	2006	2007
抵押贷款与房屋净值贷款		315	438	627	860	1, 243	1, 321	908
公共住房抵押贷款证券	66	143	214	297	329	540	566	436
次级抵押贷款		61	78	104	171	175	161	205
房屋净值贷款		37	95	139	261	354	380	32
商业抵押支持证券	49	74	52	86	99	174	214	236
其他		234	241	262	258	346	366	357
信用卡		70	73	67	51	67	75	93
汽车贷款（优级）		48	56	52	41	56	52	38
其他资产支持证券		117	111	142	166	224	240	226
总量	390	549	679	888	1, 118	1, 589	1, 687	1, 266

HELs：房屋净值贷款。

Public MBSs：在美国证券交易委员会（SEC）注册的抵押支持证券。

抵押贷款的证券化是私人公司发行人发行的资产支持证券总量中的主要组成部分。这在表格 13. 1 得到了说明（表格 13. 1 列出了年流量，而不是图 13. 1 中的未偿付总量）。2006 年，在美国私人公司类资产支持证券的总发行量 1. 69 万亿美元中，抵押贷款和房屋净值贷款达到了 1. 32 万亿美元（包括 0. 16 万亿美元的次级抵押贷款）。自 2000 年起，所有这些部分（公共住房抵押支持证券、次级抵押贷款、房屋净值贷款、商业抵押支持证券）都稳定增长。可以看到，房屋净值贷款的极高价值和大幅增长。2006 年，这些贷款达到了 0. 38 万亿美元，是 2001 年的十倍以上。

年复一年，次级抵押贷款和次优级贷款的很大部分都被证券化了。表格 12. 1 中，右侧两栏（资产支持证券的发行量）显示了这两种贷款证券化的总量。2001 年，已经有 39% 的次级抵押贷款和次优级贷款被证券化了，但在 2006 年，这一百分比竟达到了 81%！

表格 13. 2　未偿付债券总额：美国经济（2007 年末，万亿美元）

部门	无担保债券	资产支持证券	总值
非金融部门			
政府	国债/市政证券 7. 29		7. 29
非金融企业	企业债券 3. 56		3. 56
金融部门			
吉利美、政府支持企业	债务证券 2. 91	机构与政府支持企业担保的贷款组合 4. 46	7. 37
其他	企业债券 2. 39	资产支持证券发行者 3. 89	6. 28
总值	16. 14	8. 35	24. 50

资产支持证券的发行是一个重要的利润来源。如果只考虑由美 189
国联邦存款保险公司担保的银行的话，2006 年净证券化收入在非利息收入中约占 12%。[1] 这些银行也是旨在保护发行人免于违约风险的高效机制。

在危机发生前，资产支持证券是未偿付债券总额的主要组成部分。这显示在了表格 13. 2 中，该表格给出了 2007 年末美国经济未偿付债券总额的一个综合视图。对于四个部门而言，该表格区分了无担保债券和资产支持证券的存量。在 24. 50 万亿美元的总值中，资产支持证券达到了 8. 35 万亿美元，约占三分之一。

抵押债务凭证的最近一次激增

与一般的资产支持证券相似，由一类特殊工具发行的抵押债务凭证在金融危机中发挥了至关重要的作用，现在这一作用已经众所周知，尽管抵押债务凭证的技术细节在某种程度上是复杂的（见表框 13.1）。

190 为什么是如此复杂的工具呢？由于各种基本监管的原因，资产支持证券发行人发行的证券主要出售给银行、保险公司以及共同基金和养老金，这些部门都不会投资评级过低的产品，尤其是当相应证券包括一大部分次级抵押贷款的时候。这成了抵押债务凭证登台亮相的地方。在危机爆发前，次级抵押贷款在不断积累，由于持有高级证券的投资者被认为在操作实践中没有违约风险，所以抵押债务凭证便发挥了将可疑资产变为高级别投资组合的转变器的作用。为此，大量评级过低的非优质贷款或垃圾债券被转变成准 AAA 级投资产品。与此同时，风险集中在了低级别产品中，这些投资品由受到更高回报吸引的投资者购买，特别是对冲基金。正是由于这种魔力，大批可疑贷款被销往全球。

191 **表框 13.1　证券化：各种工具**

本框为表框 7.1 中有关证券化的最初定义提供了补充。按照（1）发行证券（债券）实体（工具）的特点，以及（2）用作抵押担保的资产的性质，存在各种资产支持证券。一个重要类别是抵押支持证券，既有商业抵押支持证券，也包括住房抵押支持证券。

发行的债券可以按等级划分为多个子类别，即所谓的“部分（tranches）”（法语中的“份额［slices］”）。当现金流量（利息和贷款或证券的分期偿还）抵达工具时，首先要支付的是“高级”部分，以此类推，逐渐抵达较低级别，即“低级”部分。显然，为高级部分支付的利息要低于低级部分。

提供有关这些工具的数据的各种来源中所使用的术语是不一致的，了解这一点很有帮助。当一个新类别被引入时，之前的通用术语往往指称为“其他”类别。因此，资产支持证券有可能是指所有种类的资产支持证券，也可能指特定的子集。无论何时只要意义明显，此时使用的就是相同的惯例。

这类证券的一个重要类别是债务担保证券（CDOs）。发行的债券可以分为不同部分。抵押担保资产可以是债券，也可以是证券，有可能已经是资产支持证券（ABSs）。[①] 在第一种情况下，债券被称为抵押贷款凭证（CLOs）。

①. 抵押贷款凭证专门用于垃圾债券中；而资产支持债务担保证券的资产是资产支持证券；那些债务担保证券的平方是债务担保凭证，以此类推。

2000 年以后资产支持证券的发行激增 192

虽然美国的作用至关重要，但 2000 年以后私人公司证券化的上升成为一个全球现象。表格 13.3 中的数据是世界和美国在 2000 年至 2008 年间的资产支持证券年发行量，并区分了债务担保证券和其他资产支持证券。

第一个直接的观察是全球资产支持证券发行量的急剧增长。2006 年，危机爆发前，资产支持证券（债务担保证券、抵押支持证券和其他资产支持证券）的总发行量达到 2.65 万亿美元，相对而言，2000 年的这一数值仅为 0.56 万亿美元，六年时间里这一数值增长了大约 5 倍。在过去几年里，可以看到，美国资产支持证券发行 193

表格 13.3　私人公司的证券化：全球发行量（10 亿美元）

	2000	2001	2002	2003	2004	2005	2006	2007	2008
ABSs：世界范围	488	687	825	1,108	1,358	1,938	2,200	1,845	1,192
ABSs：美国	390	549	679	888	1,118	1,589	1,687	1,273	188
ABSs：美国以外	98	138	146	220	240	349	512	571	1,004
CDOs：世界范围	79	80	88	83	128	241	445	421	156
总量	566	767	913	1,190	1,486	2,179	2,645	2,266	1,348

“ABSs”指的是资产支持证券而不是债务担保证券。

量的增长率从 2006 年开始下降（此时增长率为 6%，而 2004 年至 2005 年间的增长率为 42%），而发行量却在世界其他地区迅速扩张，尽管从一个较低水平开始。图 13.2 的变量（——）显示了美国非机构类抵押支持证券（月发行量）的变化趋势，显著揭示出 2000 年以后这些机制的激增，这也与第七章介绍的发展趋势相呼应。

全球债务担保证券发行量的变化趋势非常特殊和显著。图 13.2 中的变量（— —）显示了从 2005 年初直到危机爆发时债务担保证券的最近一次大幅上涨。就美国和全球的发行量而言，图 13.2 证明，债务担保证券促进了证券化在后几年里的持久扩张，就在危机爆发前，住房投资已然开始衰退，并且次级抵押贷款也在不断累积。

194 信用违约互换

私人企业提供的信用违约保险已经发展成一个重要的金融业务，与此相应的是高风险贷款和证券化的增长。信用违约保险的主要工

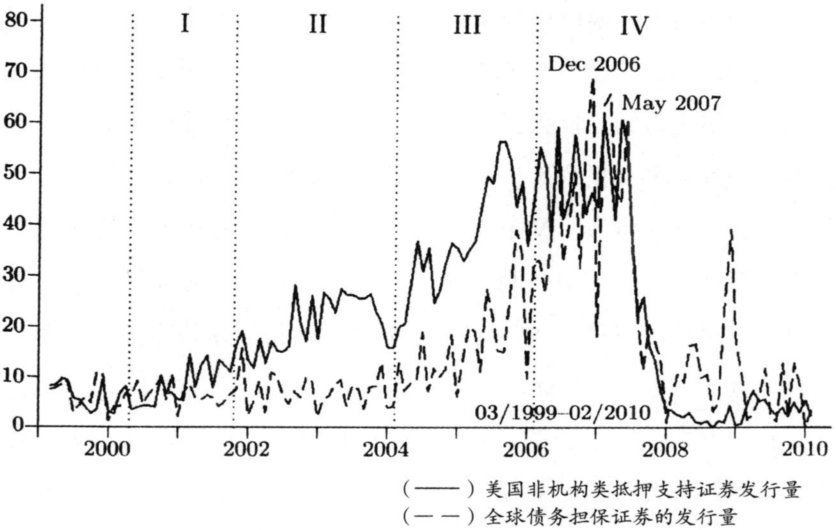

图 13.2　美国私人公司（非机构类）抵押支持凭证的发行量和全球债务担保证券总额（10 亿美元，月均值）。与表格 12.3 相同，所用的是月度数据而不是年度数据。

具是信贷违约互换。虽然信用违约互换市场绝不是衍生品市场的最大组成部分，但其数额和增长速度都是惊人的。2004 年末，债务保险总额（信用违约互换的名义价值）达到 6,400 亿美元，2007 年末，这一总数值达到 58 万亿美元（几乎增长了 100 倍以上），是那些年金融机制激增的又一显著例证。[2]（图 7.4 显示了场外交易信用违约互换总市值的未偿付总额。）

在危机爆发前，债务保险是或者曾经是由（诸如美国市政公债保险集团［Ambac］和市政公债投资者担保公司［MBIA］等）专门机构来做的，这种机构被称为“单一险种保险人”，其主要业务是信用违约互换、保险公司（例如美国国际集团［AIG］）、银行和对冲基金。信用违约互换最初是保险人与（贷款人或证券等）债券持有人之间的合约，但是它们都成了场外交易衍生品市场的重要工具，在这里，信用违约互换得以交易，即出售、购买和转售。信用违约互换是一种著名的投机性工具。它们通常是为了未持有的债务而签订合约，市场主体预期投保证券的价值将会降低（在出现违约的情况下，允许以更低的价格购买此证券，从而通过之前签订合约的有利价格的保护而获利）。结果就是，未偿付的信用违约互换的总名义价值远远大于被担保的标的债务。

在这方面，将上述 2007 年信贷用约互换的总名义价值 58 万亿美元，与所有美国非金融部门，即家庭、政府和非金融企业的未偿付债务总额进行比较是很有趣的。2007 年，后者达到了 31.7 万亿美元。两个数值清晰地表明了自由（金融）市场的发展变化有可能导致过剩。

第十四章　金融风暴时代正在失去对轮舵的控制 195

金融部门并不是消极被动地关注房地产繁荣、抵押贷款潮以及金融机制的迅猛扩张。但是，由于放松监管的倾向，在最近旨在抑制家庭债务和金融疯热的努力中，货币政策成为独一无二的工具（见表框14.1）。这种政策在2001年的衰退刚一出现复苏后所实施的联邦基金利率的逐渐提升中显而易见。但这种努力失败了。

除此此外，重要的是要理解，在可能影响旨在解决阶段性问题的长期利率的货币政策中没有万能药。如果美联储更为及时地阻止了抵押贷款的增长的话，危机应该更早就已经袭来，尽管其程度可能会被减弱。并不存在简单的解决方式。但美联储却在金融风暴时代失去了对轮舵的控制，这是一种很不幸的发展趋势，也是美联储时任主席阿伦·格林斯潘抱怨的对象。

货币政策的失败

有三类问题共同作用从而削弱了货币政策的效力。其中涉及危机时期的宏观动态的一个核心方面，即第十一章所介绍的作为宏观稳定器的信贷的效率被削弱的后果。家庭债务的不断增长成为支撑美国宏观经济活动的必要支持。第十一章将这一现象归因于美国经济发展轨迹的特征（分配转变和自由贸易转变）。政府债务原本应该

196 成为家庭债务的一个替代，但却并不在议事日程中。第二个问题是放松监管的大环境和私人公司发行人的增多。如果证券化像二战后的最初十年那样，仍然是联邦机构或政府支持企业的垄断权力的话，那么只要愿意，监管这些机制就会容易得多。由于第三种困难而使这些问题的后果成倍扩大，这第三种困难是在金融创新和全球化占据上风的背景下，美联储影响长期利率的能力遭到了破坏。美联储非常不合时宜但并非偶然地丧失了其影响长期利率的相当一部分权力，并且趋于更加严格的货币政策的举措失败了。

下面几节将考察这些机制的一些细节。

表框 14.1　货币政策

货币政策指的是中央银行在各种目标的促动下所采取的一系列机制，旨在调节向经济主体发放贷款的条件，并因此影响经济中的需求（消费与投资）和生产水平。（“货币政策”在某种程度上是一个不当用词，应为“信贷政策”。）货币政策的目标是宏观经济的稳定（抑制经济过热和衰退，应对失业），以及对通货膨胀的控制。在新自由主义下，优先考虑的是价格稳定。[①]

基础工具是中央银行向金融机构发放贷款时所收取的利率。在美国，美联储调节“目标利率”，交易最终以众所周知的联邦基金利率完成。对这种利率的操纵改变了银行向处于生产和需求源头的行为主体借出贷款的能力。

短期利率与长期利率之间的差别很重要。在美国，美联储关于银行向借款人收取的短期利率的政策影响是即时的，[②]这从本质上影响着经济主体（通常是寻求流动性的企业）所做的决定。尽管如此，但货币政策的一个关键杠杆却是间接影响长期利率的能力，特别是那些针对抵押贷款收取的利率，这是货币政策影响最终需求的主要渠道（对住宅投资和严格意义上的消费皆有影响）。

有两个基本的影响货币政策效力的条件。首先，在经济中必须存在贷款需求。在通常情况下，这种需求是可以满足的。如果对借贷的渴望暂时太弱或太慢，政府就必须作为“最后借款人”介入，譬如实施财政政策。第二个要求就是一个相当“健康”的信贷体系。由于中央银行为金融机构，尤其是银行提供资金，而金融机构则反过来借款给位于需求流量源头的经济主体，所以在货币政策的实施过程中，信贷体系发挥着“传送带”的作用。因此，银行业危机可能导致货币政策失效，就像20世纪30年代初或当前危机中的情形那样。当传送带断裂或松动时，信贷就以所谓“信贷紧缩”的方式收缩。

---

①. 中央银行的另一个职能（有可能由其他机构补充）是控制金融部门的活动。

②. 自1992年末以来，银行向企业发放贷款的短期利率（最优惠利率）等于联邦基金利率加3个百分点。

2000年以后的货币政策 197

在分析美联储的政策时，回顾第十二章中基于国内生产总值增长率的上下浮动的时期划分是很有帮助的。如图14.1所示，联邦基金利率的变动紧密跟随着四个阶段的顺序。

1. **降息（第一阶段）**。尽管名义短期和长期利率比前20年低了，但美联储显然难以阻止增长率的下降。美联储引人注目的降息行动众所周知，在图 14.1 中清晰可见。20 世纪 90 年代末的小幅增长突然出现了逆转。

2. 维持低利率（第二阶段）。联邦基金利率维持在一个低水平，并在 2003 年 6 月至 2004 年 6 月的一年期间稳定地保持在 1% 的名义利率
198 水平上。为了抑制通胀而采取修正措施之后，在近乎三年的时间里负利率占据了上风。为此，一种异常强力的刺激得以实现。在这前两个阶段里，其他短期利率（图 4.2 中的变量……）也一并降低，包括可调利率抵押贷款的利率（图 14.1 中的变量……）同样如此。

3. 加息（第三阶段）。在这一时期，增长率稳定，联邦基金利率从 1% 逐渐升至 5.25%，即在 2004 年 6 月至 2006 年 6 月期间，分 17 次，以每次 0.25 个百分点的幅度向上提升。问题是针对固定利率抵押贷款的利率提升十分有限，而抵押贷款却同时大幅增长。

4. 先维持而随后大幅降低利率（第四阶段）。2006 年第一季度开始，当即将到来的危机的最初征兆变得明显的时候，美联储继续实施其高利率政策。2007 年第三、四季度，由于银行间信贷市场的混乱，联邦基金利率最终下调，这标志了 8 月初金融危机的爆发（2007 年第三季度从 5.25% 降至 4.75%，第四季度进一步降至 4.25%）。随后，联邦基金利率降至零左右。

199 影响长期利率的能力减弱

2000 年以后，由于美联储影响长期利率的能力减弱，货币政策对于普通层面的活动的潜在影响被削弱。在第一、二阶段抑制产出收缩的尝试过程中，货币政策的不幸首先显现出来，然而，随着第三阶段经济复苏占据上风，在后来旨在抑制债务不断增长的尝试过程中，这种货币政策的不幸达到了更大的程度。

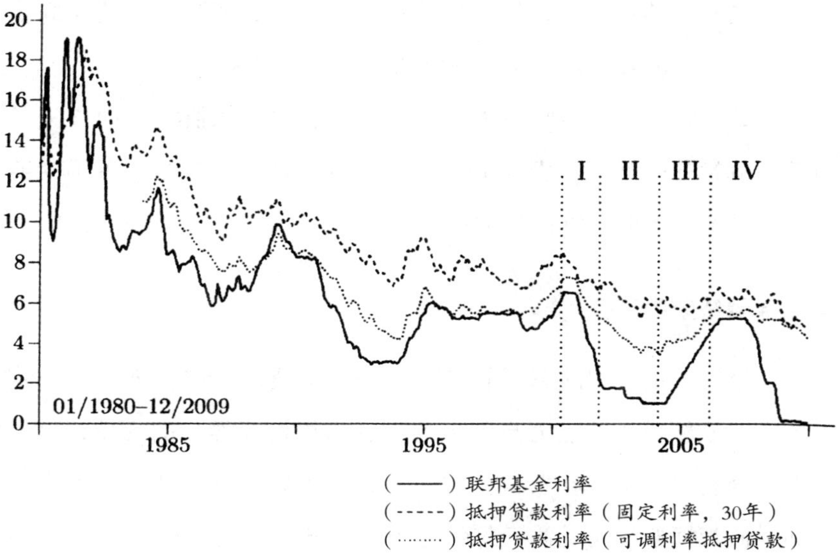

图 14.1　利率：美国经济（名义利率百分比，每月值）。

这在图 14.1 显示的固定利率抵押贷款数据中显而易见。在第一阶段之前，利率随之变动。在第一、二阶段期间，联邦基金利率大幅下调，对于固定利率抵押贷款的利率产生了极小的影响（……）。还可以注意到，第一阶段开始时这些利率的小幅下调实际上发生在联邦基金利率下调之前，而在第三、四阶段，联邦基金利率对于固定利率抵押贷款的影响并不明显。

可调利率抵押贷款的情形具有实质的不同。联邦基金利率对于这类贷款的成本产生影响。可调利率抵押贷款（……）的利率更多地顺着联邦基金利率而变化。尽管如此，但可调利率抵押贷款不断上升的成本却不足以阻止抵押贷款的整体上升趋势。自 2003 年 1 月至

2005 年 3 月，可调利率抵押贷款在抵押贷款总发行量中所占比重从 20% 升至 46% 的最大值，但是在 2007 年 9 月，它已降至 9%。[1] 在美联储上调利率的过程中，这一数值达到了峰值。实际上，朝向固定利率抵押贷款的转变削弱了美联储政策的潜在效果。

在很大程度上，美联储失去了对长期利率的控制，从而失去了对信贷流量的控制（见表框 14.2）。图 10.6 证实，家庭债务不受美联储行动的影响而继续稳步增长。

全球金融繁荣的责任

在第二次世界大战以后管理抵押贷款借贷的传统框架中，信贷
200 发行人发放新贷款的能力高度依赖于联邦机构证券化的支持，以及联邦基金利率水平。在新自由主义下，私人公司证券化——不受制于同一监管框架，而受益于与债务担保证券相关的新做法（将非优先级贷款或垃圾债券转变为 AAA 级债券并将之出售的能力）——使得信贷发行人可以在需要的情况下尽可能多地对其业务重新融资。由于更严格的货币政策，借出人因可能出现的流动性短缺而受的限制逐渐变小。除此之外，工具中的证券组合以长期利率出售，这是不受美联储政策的影响而在世界其他地区普遍实行的利率。这些机制中显然不存在任何限制。

表框 14.2　2000 年至 2009 年间利率的奇特发展变化

前面章节和本章节的一些观点，都指向危机爆发前的十年里美国和世界其他地区令人困惑的利率发展动态。图 4.2 强调了 20 世纪 70 年代末（“1979 年突变”）长期利率的突然上调，以及

2000年以后的下降。图9.1表明不同国家的实际长期利率逐渐趋于一致。本章强调了货币政策实施过程中所面临的困难——联邦储备委员会控制长期利率的能力被削弱。可以猜测，这些不同机制是相互联系的——一个阿伦·格林斯潘抱怨的对象。

格林斯潘认为2000年以后实际利率下调的原因是全球储蓄过剩，基本上与2005年本·伯南克提出的观点相同（见表框11.1）。即使中国没有被明确提及，这个国家也萦绕在每个人的心头。奇怪的是，也没有提及日本，它显然在套利交易中发挥过巨大作用，由于日本的低利率水平，日元成为一种最受喜爱的融资货币。在日本的特殊案例中，不是“过剩储蓄”造成了这种情况，而是该国在这个阶段的经济萧条以及金融机制全球化的扩张。要确定这些全球金融机制（资本流动）是否确为图9.1中所示的利率趋于一致的原因，必须做进一步的研究。如果确实如此，这一机制有可能将实际长期利率新的下降趋势解释为全球普遍趋势的结果（这些普遍趋势是储蓄行为或银行实践的结果），因此“被进口”到美国。

如图4.2中所示，美国的短期利率趋于围绕长期利率上下浮动，有时会出现相当长的偏差时期。由于中央银行直接影响短期利率，而且只间接影响长期利率，在货币政策的有效性方面，这种关系十分重要。新的全球情形如果被推向极致的话，将会导致短期利率和长期利率之间的一种反比关系，中央银行不得不根据由外部强加的长期利率变化而调节其短期利率。

出售新发行证券的困难原本可能限制金融部门相对于美联储的新的自主权，但是由于美国的对外逆差，世界其他地区却获得了大量美元并且寻求金融投资。这种大量的可用资金进一步削弱了美联储会影响长期利率和信贷流量的能力。

很难精确判定外国人所购买的资产支持证券的百分比。图 14. 2
201 显示了世界其他地区所购买的美国新发行的全部债券（资产支持证券或标准债券）不断增长的百分比（见图 12. 4）。自 20 世纪 90 年代早期以来的上升趋势很明显，而在 2002 以后出现急剧加速，就在危机爆发前的 2007 年第二季度，这一百分比达到了 84%。但是，这是所有债券的走势。世界其他地区购买的美国证券化产品的比例的大概数字约为所有产品的一半。

金融全球化对于货币政策效力的影响是很大的（与第九章的分析一致）。由于来自世界其他地区的巨大需求，通过发行资产支持证券进行再融资显得太容易了。大约从 1998 年开始，主要资本主义国家的利率趋于一致（见图 9. 1），这证明了金融机制的全球化。无论具体的金融机制是什么，这些观察都指出了各国金融机构对于各自央行政策的依赖程度在不断降低。

阿伦·格林斯潘的认识和诊断

阿伦·格林斯潘清晰地意识到长期利率新的自主行为。他尤其关注的事实是，随着 2001 年经济衰退的复苏，长期利率并未如期待的那
202 样，对联邦基金利率的上调做出回应，此时他的政策表现了抑制信贷繁荣的决心。2005 年 7 月，也就是大约在第三阶段的中期，当美联储加息后的一年里没有对长期利率产生任何重大影响时，格林斯潘在给众议院金融服务委员会的证词中提到了这一令人困惑的发展趋势："鉴于同一时期联邦基金利率的上调，长期利率的下降尤其令人感到惊讶。这样一种模式显然在我们的经验中是前所未有的。"[2]

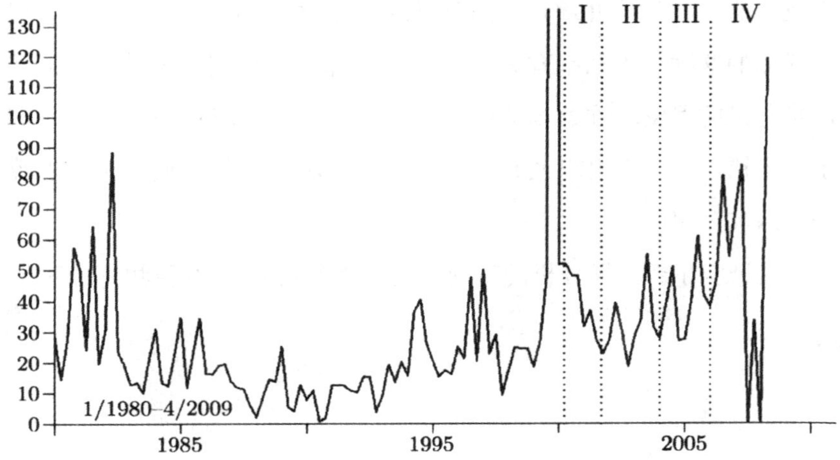

图 14.2　由世界其他地区购买的美国债券发行量份额（在总发行量中所占百分比，季度值）。在 1999 年第四季度，这一百分比高达 597%。由于总发行量为负值或极低值，这一现象以及 2008 年第三季度以来的这种现象都得以消除。

格林斯潘探讨了一系列事件的一些细节，尤其是市场最初如何在联邦基金利率上调时以标准的方式做出回应，以及在两种情况下，这一政策如何似乎产生了预期的效果但最终却失败了。他意识到了全球化的影响，但也承认自己对于全球利率的下降趋势没有行之有效的解释。首先，他的解释指向良好的长期市场预期，这是一种自我颂扬但缺乏说服力的观点。其次，他还提及了一个市场的世界储 203
蓄与投资之间的均衡，这个市场的均衡是由特定价格的灵活性、长期利率来保证的，这是纯粹新古典主义—新自由主义论调的观点。尽管格林斯潘做出了自己的努力，但所谓的外国人的储蓄还是在全球提供了大量信贷供给，降低了长期利率。这种论点直接回应了表框 11.1 所示的本·伯南克的全球储蓄过剩理论。

美联储掌握的另一个工具是再监管，但当前的发展趋势却倾向于放松监管（见第九章）。尽管格林斯顽固地奉行自由市场经济，但美联储的这种纯粹利率政策的最终结果却不是预期的软着陆，而是次贷危机的爆发。[3] 在这场危机中，格林斯潘承认实际上错了："我犯了一个错误，以为组织尤其是银行的自我利益就是他们完全能够保护股东和公司股权。"[4]

这证实了凯恩斯分析的正确，是一个令人惊讶的迟到的辩护。

第七部分 205
金融危机：风暴中心
——全球资本主义动摇

第六部分揭示了住宅投资的增长如何引导美国宏观经济走出2001年的衰退，抵押贷款如何得到债券化和违约保险的支持，以及美联储如何致力于放松监管，失去了它控制长期利率和调节贷款扩张的能力。

第七部分将更进一步。这一部分将揭示抵押贷款的下降如何动摇了脆弱的全球金融结构。但这一部分的主要目标是这场危机本身，也就是金融部门的随之崩塌以及美国乃至全球经济活动的随之紧缩。

第十五章　一个渐进的过程 207

金融危机的正式爆发要追溯至 2007 年 8 月银行间市场的混乱。这个日期在危机的整个发展变化的过程中的重要性是显而易见的，但它既不是最初所谓的“次贷危机”的开始，也不是它的结果。芝加哥联邦储蓄银行 2007 年 8 月的函件说：“我们认为，次级抵押贷款问题不可能波及抵押贷款市场的其他部分或者更广泛的经济领域。”[1] 但这些问题却波及了贷款市场的其他部分以及更广泛的经济领域。

此处论及的时期包括了这一初始事件，但要比这个时间段长得多。它从房地产繁荣期的最后阶段以及随之而来的低迷——2005 年末至 2006 年初期间——一直持续到 2009 年末。2008 年的最后几个月是更加重要的一段时间，此时金融危机的全球特征已经显而易见，并且大多数国家都开始出现产出收缩。

本章的目的是介绍性的。将总结整个事件链。在这里，“金融部门”在此指的是与美联储和美国财政部这两个中央机构相对的“私人”部门。但是，在这两个机构以外，还必须加上在所考察时期内处于政府监管之下的联邦机构和政府支持企业，尤其是房利美和房地美。（此处和下面章节所使用的“联邦机构”一词指的是房利美、房地美和吉利美。）

鉴别宽泛的阶段

这里考察的危机时间顺序，始于美国国民生产总值的增长率在

208 2001 年经济衰退后维持的一段短暂平稳期过后遭到破坏的时候，也就是进入第十二章所论述的分期中的第四阶段。这场危机是以一种渐进的方式逐渐发展的。从第四阶段开始，可以进一步区分四个宽泛的阶段：

A. 房地产市场的拐点：抵押支持证券相关市场的违约与危机（2006年1月至2007年8月）。在 2005 年和 2006 年之交，建筑许可、房屋销售和房屋价格的下降的开始标志着进入阶段 A。违约潮同时在扩大。在这种情况下，银行被迫贬值它们的一些资产，而抵押支持证券中最具风险的部分也开始贬值。在抵押贷款市场的许多机构内部可以感受到最初的影响。

B. 美国金融部门的危机（2007年8月至2008年9月）。进入阶段 B 期间，银行间市场出现流动性危机，迫使美联储进行干预。这场混乱是抵押支持证券相关市场的潜在动荡的后果。从 2007 年 8 月到 2008 年 9 月，美国金融机构处于重压之下，面临着严重的流动性问题，逐渐引发更大的亏损，破产的风险愈来愈大。世界其他地区也受到影响，但危机基本上还是一种美国现象。

在 A 阶段和 B 阶段期间，追踪房地产危机及其次级抵押贷款组成部分的影响是可能的，这是一场持久的地震波。在将近两年的时间里都可以感受到这种影响。

C. 大恐慌：全球危机与产出收缩（2008年9月至2009年2月）。从 2008 年 9 月开始，美国的金融危机变得愈来愈严重，在这一时期之初，破产案件倍增，并且蔓延至全球。产出收缩的开始是突然而猛烈的，标志着进入了 C 阶段。主要经济体的增长率开始降至大收缩的水平。在这一时期出现了美国政府赤字的增加以及美国国债的相应增长的最初迹象。

D. **低水平平稳期**（**2009年2月至今**）。2009 年 2 月初，宏观经济在低水平上趋于稳定，由于政府支出的巨额赤字，局面只出现了轻微好转。美联储对于金融部门的整体支持依然很高。2009 年末，这 209 类贷款恢复了 B 阶段结束时的典型水平，但美联储却大量参与购买机构类抵押支持证券，并且对于经济的整体支持也仍在继续。因此，在美联储对经济的总体支持方面，新的发展趋势逐渐显现出来。

深入一些细节

更细致的分析有助于辨识阶段 A 和阶段 B 中不同的子时期。

A1. **违约**。2006 年初前后，抵押贷款的违约潮变得很明显（与房地产市场的低迷同时发生）。截至 2006 年末，即将到来的金融混乱对金融机构还没有产生清晰的影响。

A2. **抵押支持证券重压之下出现问题**。2006 年 12 月，抵押支持证券贬值的最初迹象显现出来，影响了最具风险的证券。但是，只有专门从事次级抵押贷款的机构才感受到这种后果。许多发行人已经在申请破产保护，这是随后迅速蔓延的一系列破产与紧急财政援助的最早表现形式。

进入 B 阶段以后，危机具有了一种普遍特征，并导致美国金融部门严重的功能障碍。从 2007 年 8 月 9 日开始，B 阶段至 D 阶段的危机演变历史清晰地反映在了图 15.1 所示的美联储应对危机举措的变化中。该图区分了美联储向私人金融机构发放的贷款与其持有的证券（国债和联邦机构类证券），如同美联储的资产负债表中所显示的那样，这两者都被称为“信贷”。

由美联储提供的支持大幅增加。图 15.1 的第一个变量是信贷总量（——）。将 A 阶段的平均值与 2008 年 11 月、2008 年 12 月和

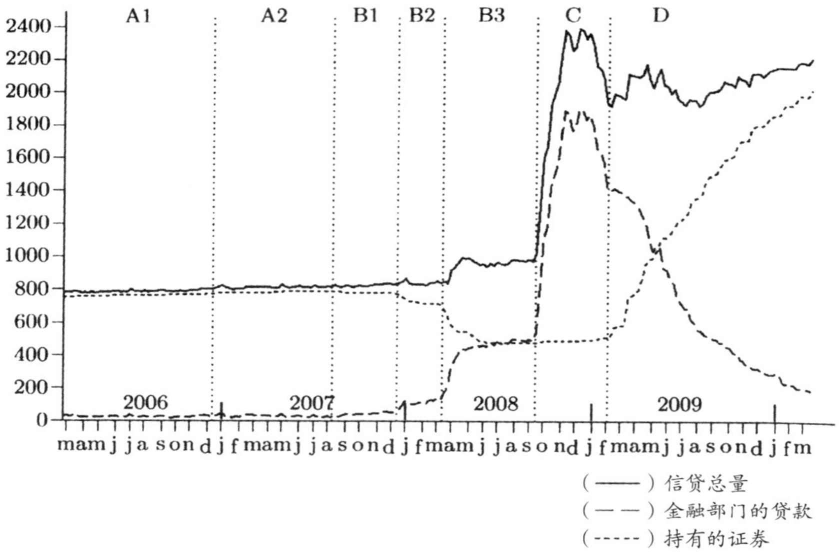

图 15.1　美联储的信贷总额（10 亿美元，周值）。信贷是贷款和证券的总和。以下是各时期向金融部门发放贷款的平均数值：

A1　2006 年 3 月—2006 年 12 月，270 亿美元。

A2　2006 年 12 月—2007 年 8 月，300 亿美元。

B1　2007 年 8 月—2007 年 12 月，450 亿美元。

B2　2007 年 12 月—2008 年 3 月，1,090 亿美元。

B3　2008 年 3 月—2008 年 9 月，4,330 亿美元。

C　2008 年 9 月—2009 年 1 月，15,400 亿美元。

D　2010 年 3 月 17 日，1,810 亿美元。

2009 年 1 月（C 阶段）达到的高平稳期进行比较，这种支持增长了 2.9 倍（如果与 D 阶段的平均值相比，这一数值则增长了 2.5 倍）。截至 2009 年末，显然还没有显著的宽松举措。

在 B 阶段有三个时期可以区分出来：

B1. **丧失信心，进入流动性危机**。在债务担保证券和抵押支持证券市场正在发生的危机之外，资产支持商业票据市场的困难也显现
出来。银行间市场的混乱导致联邦基金利率下降，这是一个长期系 210
列降息的开端。在这一时期，美联储逐渐增加贷款，以缓解流动性危机，这种危机已成为这一时期的核心特征。绝非偶然的是，正是在这一时期，股票市场开始从 2007 年 10 月的最高值回落。

B2. **来自美联储的支持不断扩大，出现了一个短暂的宽松，以及信贷紧缩的最初迹象**。随着危机的深化与扩大，美联储在 2007 年 12 月突然增加了它的支持并使之多样化。这个变化迎来了一个宽松时期。在 2008 年的最初几个月，存在一种普遍感觉，认为已经采取了
足够的措施来解决可能仍然被视为流动性危机的问题。经济复苏的 211
时机被认为已经成熟。但是，一场新的恶化的征兆却正在累积。2007 年第三季度，向非金融企业部门发放的新贷款达到峰值，之后又随着家庭住房抵押贷款的下降而大幅收缩。这种新变化标志着在抵押贷款市场崩塌之外，信贷供给危机，即信贷紧缩的开始。

B3. **紧急财政援助、破产与进一步的信贷紧缩**。宽松是短暂的。危机的真正本质逐渐显现出来。它实际上是一场由巨额亏损引发的深刻的金融危机，而不仅仅是一场美联储能够轻易治愈的流动性危机。贝尔斯登公司申请破产，这一事件标志着 B2 阶段与 B3 阶段之间的过渡。2008 年 3 月，美联储第二次更大规模地增加提供给经济的信贷供应似乎成为必然，这一时期开始时进入到一个持久的较高信贷的平稳期。这个时期结束的 2008 年夏季，房利美和房地美的困难被报道出来。商业银行进一步削减了它们给企业和家庭的贷款供应，在危机的演变过程中，这是一个重要环节，同时也是危机性质

的一个新转变，伴随着非住宅实体经济进入到危机的整体动态之中。在 2008 年第二季度达到巅峰期之后，非住宅投资开始下降。

C. 金融部门的突然崩溃和大收缩的最初阶段。2008 年 9 月和 10 月是一段恐慌时期，标志着一系列的破产。整个金融体系内部显然在突然崩溃。在全球范围内，产出与贸易开始收缩。全球经济似乎失去了控制。在这个新阶段，美联储先验地决心采取一切可以避免金融部门整体崩塌和放缓产出收缩的干预措施，但却收效甚微。

图 15. 1 表明，2008 年 9 月美联储所提供的信贷（— —）大幅增加，从 B 阶段结束时的 1 万亿美元一跃升至 2008 年 12 月的近 2. 4 万亿美元。尽管联邦基金利率接近于零，向非金融经济发放的新贷款急剧下降，银行开始积累在美联储的储备。

自 2008 年 9 月以后，宏观经济迅速崩塌。对于政策而言，一个
212 新的重点是刺激需求（购买商品与服务）。一种工具是鼓励向家庭提供贷款，但效果甚微。仍然掌握在政策制定者手中的主要工具是政府赤字。

D. 巩固脆弱的根基。尽管美联储给经济的支持总额（——）在整个 D 阶段仍然得以保持，但其构成却发生了重要变化。图 15. 1 的另外两个变量分别代表信贷总量的两个组成部分，即向金融部门发放的贷款（— —）和持有的债券（-----）。（这些债券由美国财政部或者联邦机构发行——是直接发行的债券或者是这些机构的资产池中资产证券化的产品。）在贷款减少的时期，美联储持有的机构类证券大幅增加。

2009 年 2 月以后，宏观经济的稳定趋势显而易见，尤其是在制造部门、零售业和国际贸易中的产能利用率的变化中。但是，并无任何迹象证明这种稳定化或者轻微改善会得到巩固。2009 年，政府

赤字达到国内生产总值的12%。联邦基金利率仍然相当低。一个新变化是，美联储转而支持购买机构类证券，既包括直接发行的债券，又包括这些机构的资产池中资产证券化的产品。鉴于政府赤字的规模和美联储提供的信贷额，这一情形证实了所面临的是一个仍然在相当低水平上的暂时缓解而不是复苏的局面。不断上升的政府债务向美元的稳定性提出了一个相当大的威胁。

213 # 第十六章　地震波

危机始于房地产部门，随后相继从抵押贷款扩展至整个金融部门，包括证券化和抵押支持证券的关键中间环节。正像从 2001 年之后金融机制的急剧扩张中所预测的那样，大量金融工具出现贬值，包括诸如债务担保证券等最为大胆的工具。2007 年 8 月迈出的重要一步揭示了潜在的发展趋势。其他工具，譬如结构性投资工具——重要的资产支持证券组合的持有者，同样受到伤害，有时甚至被摧毁。对于直接参与这类操作或者持有证券化产品的金融部门的剩余部分而言，主要的打击最初不是损失的规模而是金融机制的混乱，这场流动性危机正在显示信心的普遍缺乏。金融部门的所有部分都受到影响：抵押贷款公司、存款机构、投资银行、保险公司、对冲基金，等等。美联储逐渐增加其向金融机构的贷款。这正是本章所要探讨的论题，将描述危机从违约潮到美国银行间市场混乱的发展过程。

违约

危机是从违约潮开始的，那是借款人的违法行为。这种违法行为有可能导致贷款人的贷款核销和抵押品赎回权的取消，如同图 16.1 的标题中所定义的那样。该图显示，住宅抵押贷款方面的违约债务额（——）在 2010 年的最初几个月，即第四阶段之初开始增长，这标志着进入了 A 阶段。单是时间次序就暗示，违约债务的增长并不是 2001 年经济衰退的后果，而是使得经济从衰退中复苏的房地产繁荣的后果。[1] 贷款核销率（-----）大幅低于违约率（——）。在 1991 年和 2001 年经济衰退期之间，贷款冲销率几乎未受任何影响。第四阶段贷款核销的最终增长与违约的增长同时发生。这种增长幅度远大于之前的增长，是预期之外的，缺乏预期导致所有抵押支持证券的估价过高。 214

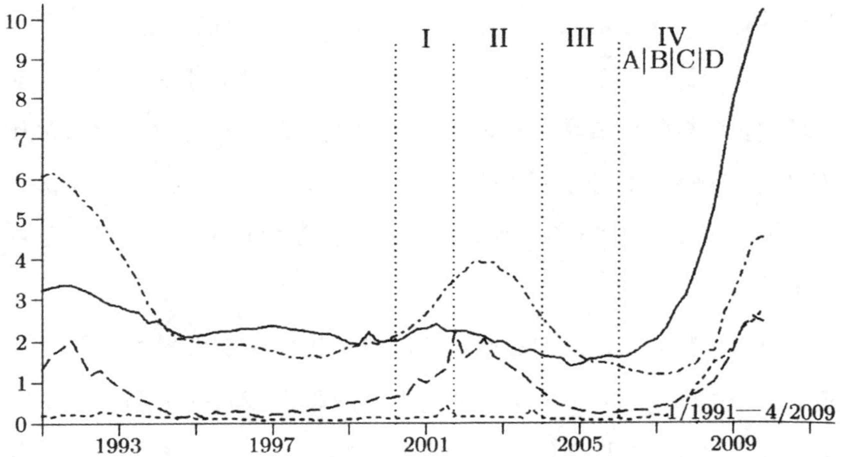

图 16.1　住房贷款和工商业贷款的违约率和贷款核销率：美国商业银行（未偿付贷款百分比，季度值）。变量是年化季度增长率。

援引美联储的话来说："违约贷款和租约是指逾期 30 天或以上的贷款和租约。""贷款核销是指从账簿中消除偿付的贷款和租约价值（扣除已清偿金额），同时冲抵贷款损失准备。"抵押品赎回权的取消是贷款人的求助程序："由债权人发起的法定程序，旨在收回违约中的贷款抵押物。"

如图所示，第四阶段被分为四个子阶段，即 A、B、C 和 D（见第十五章）。

房地产业的繁荣从规模来说真的是异乎寻常的（如图 12.2 所示），抵押贷款的扩张同样如此。因此，伴随它的异常违约和贷款核销并不令人感到惊讶。

215 图 16.1 也显示了工商业贷款的相同变量（违约率----和贷款核销率— —）。这里值得注意到是，周期要素是经济衰退期达到峰值时的这两个变量，而与之形成鲜明对比的是住宅投资的违约情况。还可以看到，这类贷款核销的最后增长如同通常在经济紧缩时所看到的一样。这一变化的效应与住宅投资的效应累积在一起。

违约与贷款核销增长的后果十分严重。自 2008 年 4 月以来，每月新的止赎权的申请量（有时某一房屋存在多个申请）维持在 25 万笔以上，2005 年以来这一变量一直处于月均 7 万笔的稳定增加期。2008 年，相对于 1.26 亿个住房单元而言，总的止赎权申请量是 300 万笔。[2]

可以预料的是，抵押品赎回权的取消比例在很大程度上取决于贷款类型：固定利率抵押贷款或可调利率抵押贷款（ARMs），以及优先级贷款或次级抵押贷款。譬如，在 2008 年第三季度，开始抵押品赎回权取消（相对于未偿付贷款的总额）的百分比是（1）优先级固定利率贷款为 0.34%，(2)优先级可调利率抵押贷款为 1.77%，（3）次级固定利率贷款为 2.23%，以及（4）次级可调利率抵押贷款为 6.47%。2008 年第四季度，48% 的次级可调利率抵押贷款至少出现过一次逾期还款。[3]

基于抵押贷款总量 80% 的资料表明，2008 年 9 月末，7,500 万笔抵押贷款，即抵押贷款的 18%，处于负资产状况（意味着由于价格下跌，住房价格低于贷款）。另有 2,100 万笔抵押贷款接近这一数值。[4] 2009 年末，由于价格继续下跌，情况更加糟糕（如图 12.6 所示)。

有些变化说明了第四阶段的抵押贷款违约潮的原因。一个基本因素是，纯粹的贷款条件的宽松刺激了贷款扩张（见第十三章）。在住房价格稳定或不断上涨时期，面临困难的借款人可以出售房屋并偿还负债。但在危机时期，他们不能出售房屋，或者出售房屋的价格无法偿付借款（负资产）。另一个因素是联邦基金利率的持续上下波动。在经济刚一从 2001 年的衰退中复苏，美联储就逐渐上调了利率（如图 14.1 所示）。如同第十四章所示，固定利率抵押贷款利率的增长幅度较小，而可调利率抵押贷款利率的增长幅度则较大。2004 年 3 月至 2006 年 7 月间，前者增加了 1.3 个百分点，后者增加了 2.4 个百分点。（在 2001 年经济活动收缩期间， 216
可调利率抵押贷款利率曾经被调低，这是刺激这类贷款增加的一个变化。）

抵押支持证券相关市场面临困境

私人公司抵押支持证券和债务担保证券这两个与抵押贷款潮直接相关的工具的增多，是与 2000 年后房地产繁荣同时出现的金融机制急剧扩张的典型情况（如图 13.2 所示）。在房地产市场出现低迷一年之后，这一局面出现逆转，标志着进入 A2 阶段。在房地产市场与这些抵押支持证券和债务担保证券市场混乱之间的传动带是违约潮。

尽管债务担保证券数量很大，其中绝大多数是通过场外交易市场直接谈判而达成的，因此没有可以轻易观察其价格的市场。价格从信用违约互换保证债券进行交易的市场中衍生而来。自 2006 年上半年开始，马基特公司[5]发布了叫作 ABX. HE 的指数。这些指数用来估算在给定的六个月里不同投资级别的价值。

图 16. 2 显示了两种马基特指数。图中显示，2006 年末，BBB 级投资级别的贬值的最初征兆清晰可见，即第一条垂直线。这一变化是贷款违约对金融工具的最初影响，标志着进入了 A2 阶段。这一下降趋势进入一段平稳期。在 2007 年 4 月，评级机构下调了大量以次级抵押贷款作为担保的资产支持证券的评级，尤其是债务担保证券。2007 年 6 月和 7 月，即 A2 阶段结束时出现了进一步贬值，降至 BBB 级投资级别原值的 50% 。（到此时为止，AAA 级投资级别尚未发生任何事情。）

2006 年末 BBB 级投资级别贬值的开始，仅仅是抵押支持证券相关市场即将爆发危机的早期征兆，这个市场的危机的实际发生是在八个月以后（公认的金融危机如此）。一系列重大事件标志着 2007 年 8 月进入 B 阶段。

1. 评级机构进一步下调评级，BBB 级投资级别再次贬值，AAA 级投资级别（— —）亦开始贬值。

2. 并非巧合的是，同样在 2007 年 7 月，债务担保证券和私人公司抵押支持证券的发行量出现大幅收缩（见图 13. 2）。2007 年 5 月，美国私人公司抵押支持证券的发行量达到了 610 亿美元的峰值，而 7 月这一数值已经降至 370 亿美元，12 月降至 70 亿美元。本图以同样
217 的方式表明，全球债务担保证券在 2006 年 12 月达到峰值 690 亿美元（2007 年 2 月、3 月和 6 月分别达到 600 亿美元以上的高值），7 月降至 350 亿美元，12 月降至 140 亿美元。AAA 级投资级别的贬值很可能预示着不久的未来其他贬值的出现，导致结构化信贷产品整体估值的不确定性不断增大。

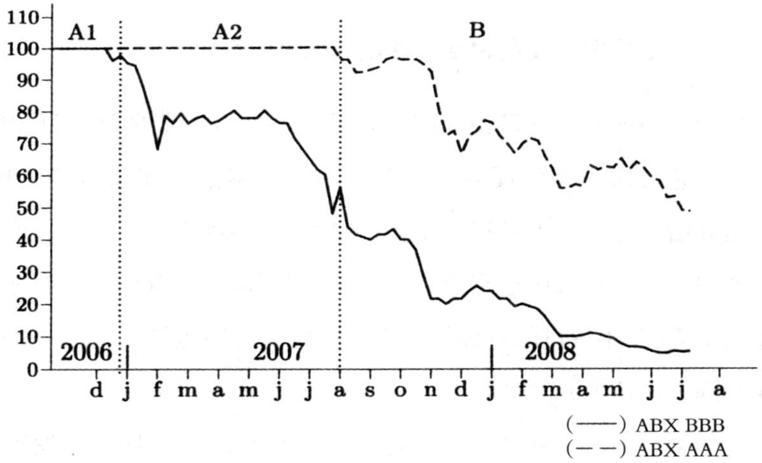

图 16.2　BBB 和 AAA 级投资级别指数（发行价在其原值中所占百分比，周值）。本图数据产生于衡量一系列具有两个共同点的证券的平均值：半年的证券发行以及投资级别评级（见表框 13.1）。譬如，就 2006 年上半年的证券发行而言（马基特公司发布的第一批指数的基准），估算是针对这一时期发行的最初评级为 AAA 级、AA 级、BBB 级等（从高级系列到低级系列）而确定的。

由于贬值潮进一步扩大，越来越多的次级抵押贷款发行人，经常是形势脆弱的抵押贷款公司或小型专门机构面临巨大压力。它们的庄家撤回资金，使它们无法在二级抵押贷款市场上进行再融资。它们不再发行和销售抵押支持证券。它们成为流动性危机，尤其是抵押贷款市场的次级抵押产品中的最初受害者。

这一趋势向金融部门其余部分的蔓延是迅速的。大型的美国及国机构的对冲基金和投资基金遭受重创。譬如，在 2007 年 8 月 9 日，法国巴黎银行宣称，由于受美国次级抵押贷款借贷市场的影响， 218

它无法对三类基金的标的资产采用公允价值法计价。

资产支持商业票据、渠道和结构性投资工具的危机

另一种与证券化直接相关的工具是资产支持商业票据。自2005年以后，它与债务担保证券一样都经历了大幅激增和随后的崩塌，对渠道和结构性投资工具产生了破坏性影响。2007年8月，资产支持商业票据未偿付数额达到最高值（图7.2所示）。资产支持商业票据遭受了2007年危机的直接伤害，在两年的时间里持续下降（2009年8月降至最低值）。

正如第七章所解释的，结构性投资工具和商业票据渠道发行诸如资产支持商业票据等短期证券，作为持有诸如抵押支持证券等风险性长期证券的对等物。由于评级机构公布其资产贬值情况，结构性投资工具和商业票据渠道不能将其短期融资进行借新还旧（延缓付款）或展期（当票据偿清时，新发行却受阻）。这是流动性危机的典型特征。很多机构由于亏损积累而迅速失去偿还能力。（譬如，可以提一下2007年10月切恩资本管理公司发起的切恩金融结构性投资工具的违约，该资产以相当于证券原始价值44%的价格售出，这一数值与图16.2中的指数相符。）

结构性投资工具和商业票据渠道实际上是由银行或其他金融机构发起的表外实体。有三种可供选择的结果。许多银行（诸如花旗银行、汇丰银行、荷兰合作银行和法国兴业银行等）来拯救其结构性投资工具，将其重新计入资产负债表以避免评级下降或违约。还有些机构（譬如渣打银行）则放弃了这类投资工具。2008年春天，澳大利亚维多利亚州塞雷斯资本合伙公司申请破产。在有些情况下，结构性投资工具及其发起人都破产。（2008年2月，英国北岩银

行——其附属的结构性投资工具“花岗岩”的发起人——由英国政府宣布国有化。）

彼此丧失信心

抵押支持证券相关市场的危机是银行间市场混乱的源头。实际上，这是关于这些市场的坏消息的累积以及它们对银行状况产生影响的结果。

第十五章介绍的一系列事件的发展顺序与银行间市场的变化惊 219
人地吻合。图 16.3 显示了伦敦银行间同业拆放利率（LIBOR），银行以此利率进行相互间的拆借（更确切地说，是三个月美元伦敦银行间同业拆放利率），以及联邦基金利率。可以看到 2007 年 8 月 9 日伦敦银行间同业拆放利率的相对上涨，显示了银行间市场开始紧

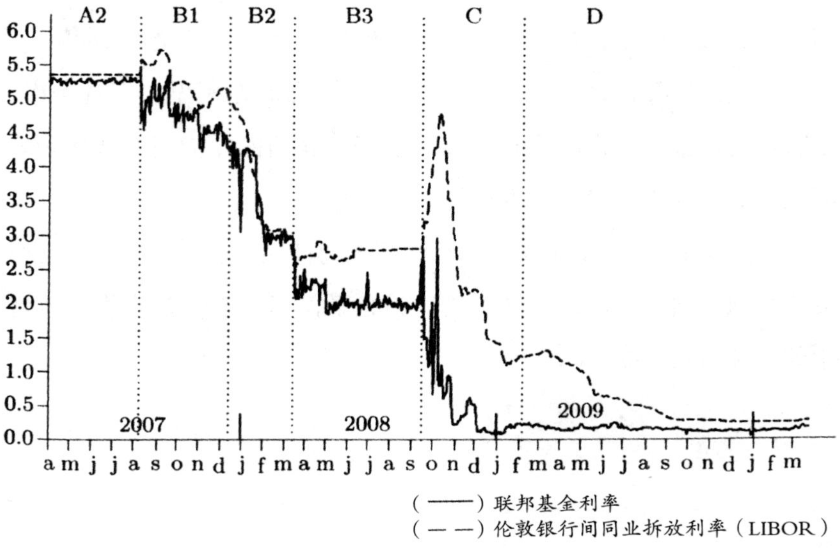

图 16.3　联邦基金利率和三个月美元伦敦银行间同业拆放利率（百分比，日值）。

张。这一利差（两个变量之间的差额）在整个 B1 阶段（以及 B2 阶段初期）一直很大，显示出这种紧张状态的持久。2008 年 1 月，由于这一利差在 B2 阶段这个唯一的宽松阶段的大多数时间降为零，似乎美联储已经挽救了危机。然而，2008 年 3 月，情形再次恶化，利差再次上升。尽管如此，但与 C 阶段的情况相比，那不算什么，在 C 阶段，利差跃升至前所未有的水平（与美联储总体支持的上升同时出现）。在这两种情况下，利差的增加与新出现的破产或破产威胁相关（例如贝尔斯登公司、雷曼兄弟和美国国际集团等公司）。

2007 年 8 月，所有银行都没有降至底部。银行间市场的紧张状态表明，金融参与者之间失去了相互信任，这是从最初阶段起危机
220 的一个重要方面。而且，除了实际产生的损失之外，借款变得困难，就连融资存量维持之前的水平都很困难。在 A2 至 B1 阶段和 B2 至 B3 阶段的过渡期间，美联储采取标准程序，还能够对这两次重大警报进行补救。但是，第三场危机却导致银行间市场的最终崩塌。在 C 阶段中，美联储完全代替私人银行提供流动性。当需要资金时，银行没有在银行间市场进行借款，由于美联储的支持而在那里积累了大量储备（将在第十八章进行详细探讨）。

一般说来，“信贷紧缩”这个词限指为商品和服务消费提供资金的贷款的收缩。上述情况可以描述为金融部门内部在信贷供应过程中的一种信贷紧缩。

第十七章　金融结构动摇 221

2007年8月至2008年9月（B阶段），金融危机范围扩大并且严重程度加深。其性质发生了深刻改变。除了危机的“流动性特征”之外，新变化是金融机构出现了严重亏损。公司净值的贬值反映在了其股票价格不断下降的过程中，有时甚至走向破产。这个阶段的另一主要特征是中央机构的大规模干预。

危机的破坏性维度在一系列事件的压力下被突然揭示出来。这发生在数年的盲目、风险低估、资产高估以及在许多情况下对亏损的刻意隐瞒之后。巨额的净资产收益率一直被宣称到最后一刻，并且大量收入被分配出去。

美国信贷相关债务的全球损失

评估金融机构招致的损失程度是困难的。但美国和世界其他地区债务的广泛多样性对美国或者全球债务的影响等却必须考虑。一个主要疑问在于，损失是否足以破坏金融机构并导致其破产。金融危机的深入充分证明，答案显然是肯定的。金融机构失去或者按计划失去了几年积累的利润，这种情况导致其净值被急剧蚕食。

国际货币基金组织2008年10月的报告以“近期关于美国信贷相关债务的全球损失”为题，提供了估计。标题的每个字都很重要。“近期”指的是对过去和即将出现的损失的考量。换句话说，国际货币基金组织 222

评估了在报告准备日期金融机构的损失，但这些损失还不一定已经成为事实。“信贷相关债务”指的是贷款和证券。“美国债务”和“全球损失”指的是只考虑了产生于美国的债务，但损失却由其他国家的情况予以证实。损失“盯市”确定，也就是基于当前的市场价格。报告的估计说明了住宅投资危机对全球投资者的污染效应。

表格 17.1 选择了来自国际货币基金组织的数据。它将贷款与证券区分开来。信贷工具划分为三个类别：（1）与家庭抵押贷款直接相关的信贷（贷款、抵押支持证券等）；（2）金融与非金融企业部门的信贷；以及（3）其他信贷（商业抵押支持证券、消费信贷、贷款担保证券等）。（企业部门包括非金融企业、传统金融企业、商业票据渠道、结构性投资工具或其他表外实体。）

据估计，总损失为 1.405 万亿美元，其中三分之一为贷款，三分之二为证券。总损失有超过一半可以直接归因于住宅债务，但是不可能确切估算作为住宅债务损失间接结果的损失价值，尽管这个金额肯定是巨大的。遭到破坏的企业，或者由于这种直接损失，或者由于相应市场崩塌（比如，资产支持商业票据市场危机的影响）而不能对延展融资期限，因而无法偿还自身债务。报告并未指出，这些企业是否属于金融部门或非金融部门，但可以猜测，大多数损失是金融机构经营失败的后果。

表格 17.1 美国信贷资产的亏损（单位：10 亿美元，国际货币基金组织的估值）

	贷款	证券	总值（2008 年 10 月）	总值（2008 年 4 月）
总值	425	980	1,405	945
住房债务	170	580	750	565
公司债务	120	210	330	90
其他	135	190	325	290

显然，尽管这些数据只是粗略的估值，但却指出了一种破坏性 223
影响。可以将这些数据与国民收入和生产账户（NIPA）中定义的美国金融部门的利润进行比较。在五年里，这一部门的亏损大于其税后利润总额。2003 年至 2007 年间，利润总额高达 1.367 万亿美元（其中 6,880 亿美元被留存下来），这是创纪录利润的一个阶段。

将 2008 年 10 月的估值与之前 2008 年 4 月的报告中的估值进行比较也很有趣。对比表明，这一数值在六个月内几乎上涨了 50%。大部分的增长来自于公司债务。10 月，公司债务损失达到 3,300 亿美元，而 4 月份这一数值仅为 900 亿美元。

虽然所使用的定义各不相同，但英国央行也提供了趋同的估值。其 2008 年 10 月报告所提供的数据，强调了世界三个地区令人震惊的亏损数额。（这些数据将在第二十章进行细致的分析，这一章将致力于解读全球危机。）报告只考察了证券（而不是贷款），并且亏损是按照购买证券的投资者的国籍进行划分的（与发行的国家没有关系）。因此，如果只考虑证券，那么仅美国的估计亏损值就高达 1.58 万亿美元，三个地区的亏损额为 2.8 万亿美元，下述评论揭示了危机的潜在可能：“三大货币区域按市场计价会计法计算的总亏损已升至 2.8 万亿美元左右。这一数值约占银行危机爆发前全球一级核心资本[1] 3.4 万亿美元的 85%。尽管这些市场价值亏损中只有一部分直接由银行负责。”[2]

实际收入与虚拟盈余

在关于亏损的估算中，其中一部分当然是指新出现的抵押贷款违约，但另一部分则可以归因于对资产按市场计价会计法计算价值（或者按模型计价会计法计算机制）的调整，危机爆发伊始，这部分资产贬值的可能性就一直在持续增加。一个明显的例证是债务担保证券，从原始资产的估值开始就存在问题，但只在最近才被评级机构下调评级。（表框 7. 2 强调了按市场计价会计程序的风险，这是资产价值被过高估计的一个源头。）

正如第九章所主张的，上述观察的含义是，在危机爆发前的数
224 年里积累的未偿付盈余在很大程度上是虚拟的。相反地，在收入金字塔的顶端的未偿付高薪以及向股东支付的股息却是相当实在的。当这些会计账目根据实际进行调整时，虚拟盈余的这些实际消耗成本就戏剧性地体现在了公司自有资金的突然崩溃中。

如果利用表框 6. 1 中将剩余劳动报酬与利润进行比较的方法，并在这里将其应用于金融部门而不是整个私人经济，就会得出更加令人惊叹的结论。2006 年，金融部门的剩余劳动报酬达到标准劳动报酬的 117%，而不是整个经济中 20% 的比例，这是高薪资集中于金融部门管理层的结果。它是作为股息支出的利润的 2. 5 倍，也是留存利润的 2. 5 倍（总利润的 1. 3 倍）。所有这些数据都远高于非金融经济部门。若将对比扩大至 2003 年至 2007 年的五年间，仍然考察金融部门，就可以获得第九章所提出的估值。[3] 该估值显示剩余劳动报酬和股息的总值为 2. 606 万亿美元，与此相对，国际货币基金组织估算的亏损为 1. 405 万亿美元，而英格兰银行的估值为 1. 577 万亿美元。[4]

破产

金融机构的破产和紧急财政援助的浪潮突出了 2008 年 9 月至 10 月前后的危机规模，此时进入了 C 阶段。从更加技术的层面上讲，这里可以提及伦敦银行间同业拆放利率与联邦基金利率之间利差的

大幅增加（见图 16.3），这证实了银行间不断上升的不信任。

许多银行的业务与抵押贷款发放、证券化或保险直接相关，譬如单一险种保险人或者对冲基金，这些银行在危机早期阶段就已经被清除出去了。若只考虑由美国联邦存款保险公司提供保险的存款机构，破产或者援助交易的数量逐渐增长。2007 年的 12 个月里，这一数量为 3 家；2008 年前 6 个月为 4 家；2008 年的后 6 个月达到了 26 家；2009 年的前 6 个月达到 53 家，2009 年的后 6 个月中升至 95 家。尽管如此，在向 C 阶段的过渡中的主要变化仍然是美国以及世界的一些规模最大、最著名的金融机构的破产或紧急财政援助。名 225
单令人印象深刻：美国国际集团、雷曼兄弟控股公司、摩根士丹利公司、房利美、房地美、美林证券、花旗集团，等等（见表框 17.1）。

表框 17.1　金融巨头的衰落：金融部门的重新排列（美国）

2008 年 6 月至 10 月间，美国主要金融机构变差或崩塌：

2008年6月：雷曼兄弟和摩根斯坦利公司公布巨额亏损。

2008年7月：因迪马克银行的控制权转交给美国联邦存款保险公司，美国前任财政部长亨利·保尔森宣布美国政府对房利美和房地美的支持。

2008年9月：

——雷曼兄弟控股公司申请破产。

——美国银行收购美林证券。

——美联储为美国国际集团再融资。

——高盛公司和摩根斯坦利公司选择变为被保险的美国特

许银行控股公司，因而受益于向此类机构提供的担保。

——日本野村控股公司收购了雷曼兄弟控股集团在亚洲和欧洲的业务。

——伯克希尔-哈撒韦公司投资高盛公司。

——华盛顿互惠银行关闭，其资产转移至摩根大通集团。

2008年10月：

——沃伦·巴菲特的富国银行收购美联银行。

——三菱日联金融集团与摩根斯坦利联合。

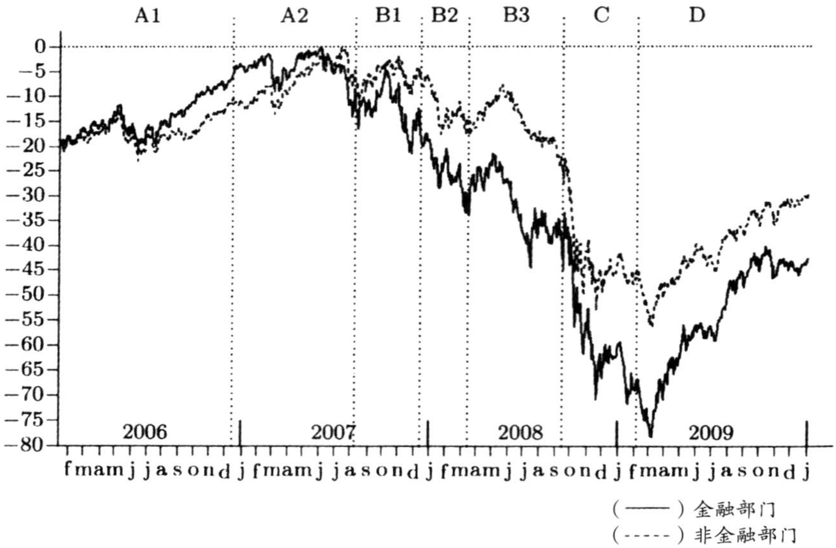

图 17.1　纽约证券交易所：市场资本化值与其最大值之间的距离（百分比，日值）。这两个数据达到的最大值分别是 2007 年 6 月 4 日（——）和 7 月 13 日（-----）的数值。非金融部门的资本化是综合指数涉及的所有部门的资本化价值减去金融部门资本化价值。

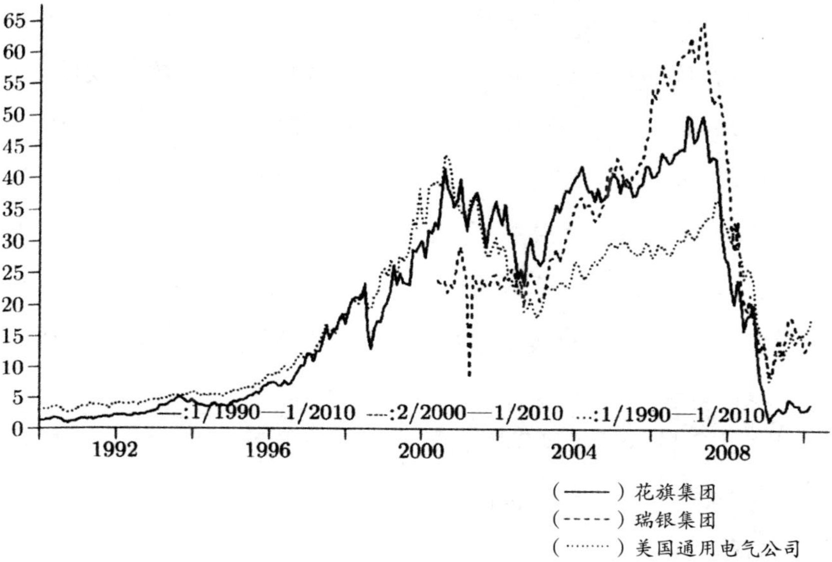

图 17.2　股价：花旗集团、瑞银集团和通用电气公司（美元，日值）。

从华尔街看损失

正如预期，股票市场指数迅速对金融危机做出反应，尤其在 B 阶段至 C 阶段的转变时期。这些动荡在所有部门，特别是金融企业在纽约证券交易所的指数的下降中显而易见。

图 17.1 表明了金融企业和非金融企业两大部门的市场资本化。226（资本化和指数的变化概况实际上是相同的，但资本化有助于分析和评估指数下降所造成的潜在亏损。）非金融部门的资本化大约是金融部门的三倍。图中变量是 2007 年 6 月 4 日（——）和 7 月 13 日（-----）的每日市场资本化价值与这些价值在资本化达到高峰值时以百分点表示的距离。譬如，金融部门的 –10% 意味着，这个部门的市

场资本化比 2007 年 6 月 4 日的数值低 10%。

尽管反复出现波动，该图仍然显示这一数值自 2007 年中期至 2009 年 3 月间的相当稳定的下降，并且金融部门的下降幅度较大。在 C 阶段开始时，这一数值急剧加速。在达到最大值和最小值的日期之间，非金融部门的资本化价值（亏损 9.3 万亿美元）下降了
227 56%，而金融部门（亏损 4.4 万亿美元）下降了 78%。这些数据使国际货币基金组织或者英格兰银行估算的亏损相形见绌。该图还表明了这一时期结束时的局部复苏，这说明投资者认为危机最糟糕的局面已经过去。

图 17.2 显示了花旗集团、瑞银集团和美国通用电气公司的股价。图中走势表明，一些最大的企业的股价（在大幅扩张过后）出现了大幅贬值。

第十八章　政府对金融部门的挽救 228

尽管对于自由市场经济以及所谓的市场纪律的信仰根深蒂固，这场危机还是促使中央机构启动了一系列的干预举措。这种背离新自由主义信条的基本宗旨的急剧逆转并不令人感到惊讶。新自由主义不是原则或者意识形态，而是瞄准上层阶级权力与收入的一种社会秩序。意识形态是一种政治工具。从这一角度来看，其目标并未发生任何改变。在新自由主义背景下，政府（这里是广义上的政府，包括中央银行）总是为上层阶级服务的。应对危机亦没有例外，只是环境以及因此采用的工具不同而已。一场深刻持久的结构性危机有可能迎来一种新的社会秩序，但体现不同的阶级等级与妥协则是另外一个问题。

本章将考察支持金融部门的各种举措。一定程度的复杂性是由各种政策工具造成的，譬如给金融部门的信贷供应、参股境况不佳的公司或者实行监管等。（财政政策将在第十九章进行探讨。）除此之外，在一系列举措中存在时间顺序的一面，与危机的主要阶段相匹配。除了 2007 年 8 月，当时美联储初次介入以缓解流动性紧张，本章还将侧重于 2008 年第四季度标志着进入 C 阶段的转折点。

多种多样的工具

至少七类机制可以区分开来，它们交替或者联合地试图（1）解

229 决流动性问题，避免破产，并且（2）直接支持向家庭提供新的贷款（以刺激其需求）或者向企业提供新贷款（鼓励其经营）。后一种干预措施处于本章和下一章所探讨的机制的边界区域。总体而言，美联储、财政部和联邦机构被迫逐渐履行金融部门不再能够完成的职责。

从第一类措施开始：

1. 买断坏账是一种直截了当的选择。

2. 旨在为金融机构提供新贷款的一系列措施。这类贷款由美联储或联邦机构发放（可能包括来自美国财政部的间接支援）。

3. 另一种支援方式是美国财政部购买金融机构新发行的股份，即所谓的“股权融资”。这个程序有时候被称为“国有化”，尤其是当财政部参股公司的份额很大的时候。财政部必须为这些购买提供资金，而这种必要性导致其自身借款增加。

4. 除上述几点之外，还可以加上影响金融部门结构的措施，诸如与收购相关的帮助、某一企业合法地位的转变以及新的监管措施等。

第二类措施包括：

5. 在金融企业为家庭或者非金融企业提供新贷款时，特定类型的借款服务向金融企业开放。此处，问题就不仅是援助境况不佳的公司，还要刺激为经济提供贷款，也就是应对信贷紧缩。与此类似，还可以提及为资产支持证券所支持的新贷款提供担保的措施。

6. 也为刺激需求做出贡献的是直接支持家庭开支的措施。这可以通过给予补贴或者减税的方式来实行。

7. 在D阶段，一个重要的工具是中央机构直接取代私人机制，就像联邦机构保证证券化的持续，以及美联储购买大量抵押支持证券那样。

2007 年 8 月之前（A 阶段）：缺乏意识 230

2007 年 8 月之前的每一小步都见证了一定程度的担忧，但也表明对于 2006 年初以来已经开始的危机发展的规模普遍缺乏真正的意识。

因此，在 2007 年 8 月 9 日以前或随后不久，只采取了少数与抵押贷款，特别是次级抵押贷款的发放有关的举措。[1] 2007 年 4 月，那是 A2 阶段开始后的几个月，当时结构性融资彻底失败的最初迹象已然显现，金融机构在联邦金融监管机构（联邦监管机构或联邦银行、储蓄和信用合作监管机构）的鼓励下，与市场上无法偿付借款的借款人合作。5 月，消费者获得了所谓“非传统抵押贷款”的 信息，改善对次级抵押贷款贷款人的监管的试点项目得以确定。6 月，“最后声明”确立。8 月 14 日，银行间市场危机爆发后的几天，这些机构发布了有关这些贷款的“说明”（对于可能的风险的解释和一章图表）。

2007 年 8 月至 2008 年 9 月（B 阶段）：主要为流动性危机

金融危机公开后第一年（整个 B 阶段），金融部门的主要支持来自于美联储，它下调利率，并为贷款确定了不太严格的流程，以缓解最初的流动性危机。图 16. 3 和图 18. 1 分别说明了这两种形式的干预。

图 16. 3 显示了联邦基金利率和伦敦银行间同业拆放利率。在 B1 阶段开始时，目标联邦基金利率的下调到来及时，但起初降幅仍然是有限的（2007 年 9 月 18 日从 5. 25% 降至 4. 75%）。这个决定是为了回应银行间市场的紧张局面，这种紧张局面在两种利率的利差中很明显，但这一举措却没有达到这种流动性危机的规模的要求。随着危机的深入，联邦基金利率一再下调，最初在 B1 阶段结束时小幅

降至4.25%，在2008年1月末更为显著地降至3%。这种降息具有一种安定的效果，两种利率之间的利差回归于零。2008年3月又发生了新的降息，这是危机深化过程中（出现了第一起重大破产，即
231 贝尔斯登公司破产）的一个重要日期。在B3阶段的六个月里（2008年3月至9月），联邦基金目标利率一直保持在2.25%左右，随后降至2%，而伦敦银行间同业拆放利率则在2.8%左右浮动。9月，巨大的利差幽灵的出现标志着，尽管联邦基金利率维持在低水平，但早先的紧张局面并没有得到缓解。这标志着进入了C阶段。

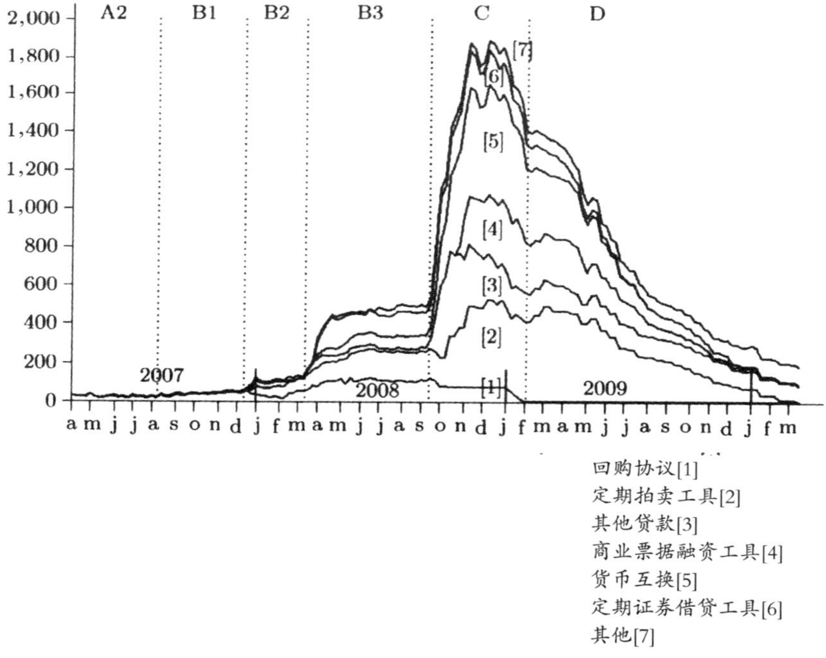

图18.1　美联储会对金融部门的支持（单位：10亿美元）。代表总额的变量与图15.1和图20.7相同，均为（— —）。

图 18.1 显示了美联储向金融部门发放的贷款总额，它被分为七个组成部分。B 阶段开始时，主要变化如下：

1. 传统工具（B1 阶段）。2007 年 8 月，美联储使用回购协议，这是货币政策的标准机制。贷款额从 190 亿美元增至 460 亿美元，增加了 270 亿美元。然而，由于可接受作为抵押担保的证券类型以及贷款条款的主要条件，一些重要的限制规定限制了美联储的操作。232 由于这一原因，第一批巨大的支持来自联邦机构，特别是罗斯福新政时期创立的联邦住房贷款银行。这些机构给银行的贷出款项（被担保的贷款）从 2007 年 6 月末的 6,400 亿美元增至 2007 年第三季度末的 8,240 亿美元，增幅达 1,840 亿美元，使来自美联储的 270 亿美元的支持相形见绌。

表框 18.1　美联储的新工具（金融工具）

金融工具这一概念指的是，美联储向金融部门发放贷款的渠道。美联储借贷能力的增强是危机爆发第一年直到 2008 年 9 月金融部门的暴跌这一时期的特征，其中包括 2008 年第一季度末的暂时停顿。

• 2008 年 9 月之前（B1、B2 和 B3 阶段）。

为了增强其支持金融部门的能力，不限于传统的公开市场和贴现窗口，美联储引入了三种新工具：

1. 2007 年 12 月的定期拍卖工具（TAF）。利用定期拍卖信贷，美联储接受来自存款机构的大量抵押品，即那些通常留作贴现窗口的抵押品。拍卖变得更加频繁，时期也更长（两周拍卖一次，为期 28 天）。

2. 2008年3月的定期证券借贷工具（TSLF）。定期证券借贷工具（TSLF）与定期拍卖工具（TAF）的主要不同在于，此时美联储提供的是国债而不是现金。2008年9月，该工具进一步加强。

233 3. 2008年3月引入一级交易商信用工具（PDCF）。这一工具类似于定期证券借贷工具，扩大公开市场操作，囊括了价格可行的投资级别企业证券、市政证券、抵押支持证券和资产支持证券。一级交易商信用工具的特殊方面在于，美联储直接向其一级交易商提供资金。[①]2008年9月，一系列抵押品被扩展为具备条件的抵押品。

- 2008年9月以后（C阶段）。

4. 2008年9月引入资产支持商业票据货币市场共同基金流动性工具（AMLF）；2008年10月引入商业票据融资工具（CPFF）；2008年10月还引入了货币市场投资者融资工具（MMIFF）。这些新工具旨在改善短期债务市场的流动性。与早一些的工具相比，这些措施更为具体，针对商业票据、渠道、结构性投资工具和货币市场共同基金。[②]

5. 2008年11月引入定期资产支持证券贷款工具（TALF）。通过定期资产支持证券贷款工具，由美联储为贷款授权，由符合条件的资产支持证券给予支持并得到美国财政部的保护。

---

①. 自2009年2月起，16家大银行和经纪商作为美联储与存款机构之间在公开市场操作的中间人。

②. 投资货币市场工具的共同基金。

2. 新工具（B2阶段）。这些对美联储行动的限制规定被逐渐解除。2007 年 12 月，美联储的支持第一次出现大幅增加，其组成部分也发生转变。它引入了一个新工具，即定期拍卖工具，意味着更宽泛的一系列的抵押品被接受（见表框 18.1）。2008 年 2 月，回购协议存量下降，但未偿付贷款总额却增加了一倍多，即在整个 B2 阶段中从 560 亿美元升至 1,290 亿美元。根据 B1 和 B2 阶段各自的平均值，美联储发放的贷款总额增长了 2.4 倍，进入到缓解时期，此时，伦敦银行间同业拆放利率与联邦基金利率的利差实际上降为零。

3. 意识觉醒（B3阶段）。2008 年 3 月，随着贝尔斯登公司的破产，环境突然恶化。3 月中旬，阿伦·格林斯潘和莱尔·格拉姆利（Lyle Gramley）[2] 宣称，正在发展中的金融危机可以说是第二次世界大战以来最严重的。马丁·费尔德斯坦（Martin Feldstein）[3] 宣布，美国处在经济衰退中。就在同一时间，美联储发放了 290 亿美元的无追索权贷款，[4] 弥补了贝尔斯登公司在抵押支持证券和其他可疑投资方面的部分亏损，同时该公司被收购。摩根大通集团最初出价为每股 2 美元（最后增至每股 10 美元），而一年前该公司的股票曾达到每股 169 美元。本·伯南克证实，贝尔斯登公司的违约行为可能产生“严重后果”并引发一场严重危机。

2008 年 3 月和 4 月，贷款总额突然增至一个新的平稳期，实际 234
上由 4,000 亿美元增至 5,000 亿美元，呈现一个略微上升的坡度（见图 18.1）。尽管传统的公开市场操作（回购协议）和定期拍卖工具都急剧增加，但此时又有两个新工具被引入：（1）定期证券借贷工具，以及（2）一级交易商信用工具。定期证券借贷工具在图 18.1 中得到了清晰表现。可以看到这一工具在 B3 阶段的相对重要性。一级交易商信用工具是图中“其他贷款”的一部分。其规模仍然有限。

2008 年 7 月末，美国国会通过了《住房与经济复苏法案》，联邦住宅管理局为抵押贷款再融资提供了 3,000 亿美元的担保，从而使 50 万房屋所有者受益。这个措施失败了，因为只有极少数家庭使用了这个机会。

在整个 B3 阶段，即直到 2008 年 9 月初，美联储提供的支持的程度和构成保持了令人惊讶的稳定。利率的情况同样如此，看起来似乎一个新的稳定已经实现。

总体而言，自 2008 年 9 月初（B3 阶段结束时）起，情况是向金融部门发放的贷款存量很大，而联邦基金利率却很低。联邦储备委员会的资产构成已经被彻底改变。联邦基金利率与伦敦银行间同业拆放利率之间的利差大于 B1 阶段的水平（见图 16.3），也就是大于金融危机第一阶段的水平，证明大银行的信心尚未恢复。

2008 年底（C 阶段）：不顾一切的改善努力和逐渐的替代

2008 年 9 月，全世界发现，在 3 月份已经被避免的金融危机现在正在深化中。此外，变得清晰的是，经济收缩将会十分严重，并且危机已经在全球占有一定比例。因此，进入 C 阶段标志着旨在改善金融机构的全面而无序的努力的开始，或是提供额外贷款，或是入股公司。然而，随着危机深入，中央机构逐渐愈来愈多地作为失败金融企业的替代，向经济体提供贷款，或者为这些贷款提供保险。

235 各种各样的措施纷纷出台：

1. 美联储发放更多贷款。在进入 C 阶段的同时，美联储向金融部门发放的贷款也大幅增长（见图 18.1）。这尤其指符合条件的抵押品的进一步扩大，以及新工具的引入（诸如货币市场投资者融资工具、商业票据融资工具、定期资产支持证券贷款工具等)。该图清晰地表明了“其他贷款”和定期拍卖工具的扩张。2008 年 11 月，定期资产抵押证券贷款工具授权纽约联邦储备银行，弥补了由符合条件的资产支持证券提供担保的为期一年的 2,000 亿美元贷款。美国财政部为美联储提供了 200 亿美元的信贷保护。定期资产支持证券贷款工具提供了一个中央机构逐渐代替私人公司的有趣实例。美联储像私人公司会做的那样，将标准的资产支持证券作为抵押品，而美国财政部则像私人保险公司一样出售信用违约互换的同时提供附加保险。

2. 来自美国财政部的支持。一个引人注目的创新是 2008 年 9 月美国财政部的补充性融资计划，将在探讨美联储之后的小节论及这一点。

3. 改善一组境况不佳的公司——对房利美和房地美的紧急财政援助。2008 年 3 月，C 阶段之前，美联储第一次参与了针对一家特殊公司的紧急财政援助，此时摩根大通集团收购了贝尔斯登公司。尽管如此，主要发展却是针对两大金融巨头房利美和房地美的救援(见第十三章)。截至 2007 年末，这两大公司的资产负债表总负债达到 1.61 万亿美元，而其抵押贷款池中的抵押支持证券则高达 3.50 万亿美元。关于它们生死存亡的第一次直接警报出现在 2008 年 7 月中，当时乔治·布什总统的财政部长亨利·保尔森宣布了政府的承诺，在两大机构的亏损显现出来以后，如有必要，将对其予以援助，这导致它们在股票市场的股价大幅下跌。7 月末，根据《住房与经济复苏法案》(见表框 18.2)，这两大机构被置于美国联邦住房金融署的监护之下。这意味着一种实际上的接管。

9 月中旬，美联储对保险公司美国国际集团实施紧急财政援助，该集团由于信用违约互换的巨额亏损而遭受损害。由于该公司的状况使它无法从商业银行获得必要的融资，美联储向其发放了 850 亿
236 美元的贷款，并且与此对应，美国政府购买了美国国际集团将近 80% 的股份。2008 年 11 月，纽约联邦储备银行向该公司另外发放了补充贷款。截至 2009 年初，援助金额达到了创纪录的 1,730 亿美元。

表框 18.2　立法行为（法案）

为恢复金融状况，美国通过了两项法案。主要领域是贷款保险、对政府支持企业的支援和收购坏账：

1. 2008年7月通过的《住房与经济复苏法案》。该法案的目标是扩大对抵押贷款再融资的保险。另外，美国联邦住房金融署成立，行使一系列职能，包括负责接管房利美和房地美。

2. 2008年9月至10月通过了《紧急经济稳定法案》（“保尔森计划”）。该法案的最初是针对流动性差的债务的购买，但实际上被用于购买公司股份（股权融资）。它还将美国联邦存款保险公司承保的存款上限提高至 25 万美元。

4. 支持不良贷款。另一种干预形式是向不良贷款提供担保，收购流动性差的贷款。这些措施的共同点在于，在出现问题时，一家中央机构根据亏损程度履行自身责任（何时采取措施是不知道的）。这种坏账收购措施是直接从 1933 年的大萧条应对措施中得到的启发。2008 年 9 月所谓的“保尔森计划”起初设定在 7,000 亿美元。2008 年 10 月初，“保尔森计划”的修订版《紧急经济稳定法案》最

终被采纳。法律授权美国财政部立即使用“不良资产救助计划”中的2,500亿美元，但是该计划重新定向为资本融资，即直接对公司参股。

2009年1月，美联储宣布，它将按照抵押支持证券购买计划（2008年11月中旬确定）开始操作，来购买房利美、房地美和吉利美公司的抵押支持证券，以及消费者相关债务。2010年初，美联储账户中的抵押支持证券总额超过了1万亿美元。

5. 为货币市场共同基金提供担保。2008年9月末，美国财政部 237
决定像通常一样，在特定条件下为货币市场共同基金的份额的价格提供担保。这个措施被称为“暂时性货币市场基金担保计划”。在接下来的几个月中，这一计划进一步扩展。

6. 资本融资：美国财政部进入公司资本。“保尔森计划”实际上重新定向为收购公司股份。[5] 2008年10月末，根据“资本收购计划”，第一批这类操作的实施与9家主要银行或其他金融机构的再融资相关。截至2008年末，这类援助计划中最大的一项是花旗集团获得250亿美元的补充，12月末又从一个特定计划——“目标投资计划”中获得另外200亿美元。“资本收购计划”为超过500家银行提供的融资达2,000亿美元以上。

7. 为银行存款提供保险。除了大型投资银行破产之外，许多大型存款机构（银行以及储蓄和贷款机构）也倒闭了。其中最大的是2008年9月华盛顿互惠银行的破产。其破产清算由美国联邦存款保险公司进行。另一个案例是一家大型储蓄和贷款机构——因迪马克银行。类似的破产原本可能已经导致银行与储蓄和贷款机构的挤兑。《紧急经济稳定法案》将美国联邦存款保险公司承保的存款上限提高至25万美元以避免这种挤兑。

8. **重组与监管**。除上述措施之外，与此同时也采取了一些重组与监管的措施。根据2008年的《住房与经济复苏法案》，美国联邦住房金融署成立，负责监管14家政府支持企业（包括房利美和房地美）以及12家联邦住房贷款银行。一套广泛的监管规定得到讨论。鉴于这类措施的全球意义，这一过程将是耗费时日的。

2009年2月以后（D阶段）：向金融机构发放贷款下降以及联邦机构类证券持有量增加

2009年2月，标志着进入了一个新阶段：D阶段。其首要特征是向金融机构发放的以前类别的贷款的下降。这在图18.1中显而易见。
238 该图表明，向金融机构发放的所有贷款都出现下降。图16.3表明，这一时期的另一个特征是伦敦银行间同业拆放利率降到了极低水平，与联邦基金利率之间的利差也相应减小。

下一节的论述将表明，这些新的发展趋势证实了美联储对有利于联邦机构的经济支持的重新定向。

风暴中的美联储

前几节的分析强调了美联储向金融部门提供的大量贷款，以及在危机不同阶段所使用的不同工具。探讨美联储行动的另一种方法是，考察其资产负债表主要构成中的显著趋势。

图18.2表明了美联储的资产负债表的一系列主要科目。它向美国金融部门发放的贷款总额（——），以及持有的国债和联邦机构类
239 证券（-----）（图15.1中所示的除货币互换以外的信贷总额的两个组成部分）仍然是两个基本变量。该图的第一个观察是，在整个B阶段，这两个变量以相反的方向变化。尽管向美国金融机构发放的

贷款总额不断增加，证券持有量却仍然在不断下降，这在 B3 阶段初期尤为明显。金融机构运用前几节所介绍的各种可用工具从美联储借入资金，而向经济注入的相应资金也由美联储向金融部门对称出售的证券予以弥补，这些证券实际上是国债（而不是联邦机构类证券）。贷款增加了金融机构的准备金余额，而向这些相同机构出售的证券则抽走这些准备金，无论确切的机制如何。这个过程有时候被称为“消毒”。因此，在 B3 阶段中，银行准备金（……）如通常一样，在一个很低的水平保持稳定。

2008 年 9 月进入 C 阶段之后，情况发生了彻底改变，此时危机急剧加深。美国采取了以下措施：

1. 美联储突然扩大了其贷款规模，从 B3 阶段的 4, 330 亿美元的

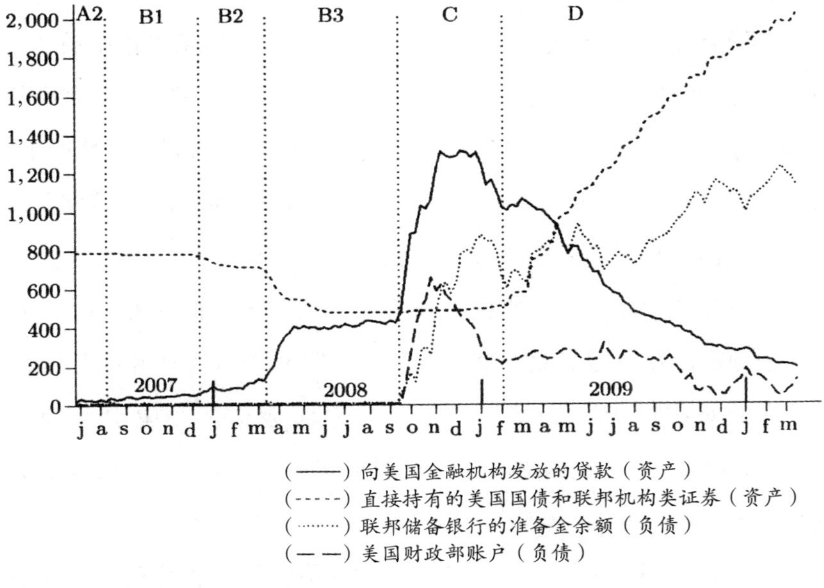

图 18.2　美联储的资产与负债（单位：10 亿美元，周值）。

平均值增至2008年11月、2008年12月和2009年1月17,790亿美元的平稳期。

2. 金融机构开始积累类似数量的超额准备金。这在图18.2的第三个变量（……）的增加中得以体现。

3. 美国财政部与美联储实施了一个联合计划，进行干预，试图像美联储在B3阶段所做的那样重新吸收相应的流动性。这是根据2008年9月的“补充性融资计划”实施的。财政部发行的证券将由金融机构购买，收益存入财政部在美联储簿记的账户中。这也是图18.2所示的美国财政部账户（— —）。这个措施并没有阻止金融机构准备金余额的增加，它继续在上涨。（与此同时，美联储持有的国债和联邦机构类证券的数量保持不变。）

由于这些新变化，美联储的总资产负债表大幅增加。

关于金融机构持有超额准备金的担忧是，这种行为有可能削弱其实
240 施货币政策的能力（这种政策的工具是通过适当的利率监管来控制准备金）。无论如何，在现行的情况下，特别是在非常低的利率的情况下，人们可能对货币政策的有效性存在严重怀疑。2008年10月，美联储开始支付准备金利息，一个据称增强了其控制力的行动。[6]

进入D阶段以后，新的趋势得以确立。图18.2揭示出：（1）向美国金融机构发放的贷款下降（——）；（2）美国国债和联邦机构类证券的对称增加（-----）；（3）准备金余额的小幅上升趋势（----）；以及（4）美国财政部账户的稳定（——）。必须强调以下两大主要变化：

1. 在银行间市场错位以及整体较大的不确定性的背景下，金融机构渴望在美联储拥有非常巨大的准备金。这种行为由于美联储支付准备金利息而受到鼓舞。

2. D 阶段证实了美联储在经济支持过程中的一种转变。图 18. 3
将证券持有总量（图 18. 2 的变量“-----”，图 18. 3 的变量“——”）
细分为三个部分：（1）美国国债（-----）；（2）联邦机构类证券 241
（………）；以及（3）联邦机构根据抵押贷款池发行的抵押支持证券
（— —）。图中第一个观察是，美联储开始将其国债持有水平回归到类似于危机爆发前的水平。第二，尽管直到 C 阶段结束时，国债是或者几乎是证券构成中的唯一证券，但在进入 D 阶段以后增添了联邦机构类证券，主要是抵押支持证券。这是向金融部门发放贷款的主要替代品。这个变化必须联系在一起考虑的观察是，自 2008 年初开始，私人公司发行人证券化实际上降为零，而联邦机构的证券化却繁荣发展（见图 13. 1）。

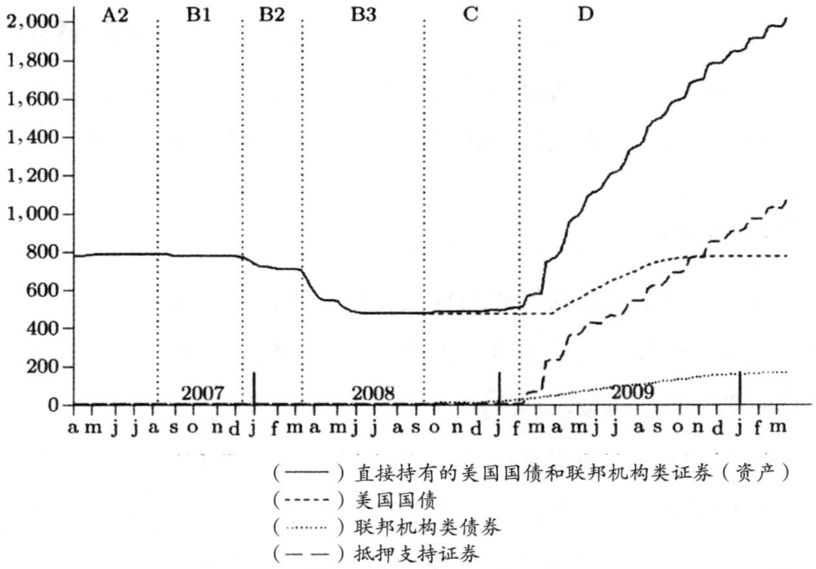

图 18. 3　美联储持有的证券总量和三个组成部分（单位：10 亿美元，周值）。

因此，一个新的重要趋势显现出来。一方面，证券化掌握在联邦机构手中（现在由美国政府所有），而另一方面，它也得到了美联储的支持，美联储代替金融机构、家庭和世界其他地区成为所发行债券的“最后卖家”。

图 18.4 概括了美联储对美国和国际经济的总体支持。其中的变量是三种行为主体包括外国人对美联储的净负债（负债减去资产）及其总量。以这些标准衡量，看起来美联储在 B3 阶段、C 阶段和 D 阶段扩大了总的支持规模（——），在 D 阶段具有向危机前水平发展的明显趋势。C 阶段，例如在货币互换中，向外国人发放的净贷款量很大，而在 D 阶段则伴随着一个渐进的重新吸收。尽管如此，如前所述，此时主要变化仍然是向美国金融机构发放的净贷款量（— —）与美国国债和联邦机构类证券的持有量（-----）之间的更替。在这一时期结束时，金融机构的准备金远大于美联储向该部门供应的贷款。但是，通过购买抵押支持证券支持经济的做法呈现一种上升的趋势，没有任何 2010 年 3 月最后观察到的缓解迹象。

走出金融危机？

美联储向金融机构发放的贷款量呈下降趋势，这个观察可以解读为是对金融危机结束了这一结论的支持。然而，更详细的分析将对这种解读提出质疑。

242 首先，金融机构积累在美联储的准备金的倾向证实了银行间市场的持续混乱，这是缺乏信心的一种迹象。第二，美联储支持经济的构成中出现了一种替代而不是紧缩。因此，美国金融体系职能中关键的传统部门仍然没有得到所谓市场，也就是私人机构的保证：（1）由联邦机构证券化提供资金的抵押贷款（家庭贷款的主要组成

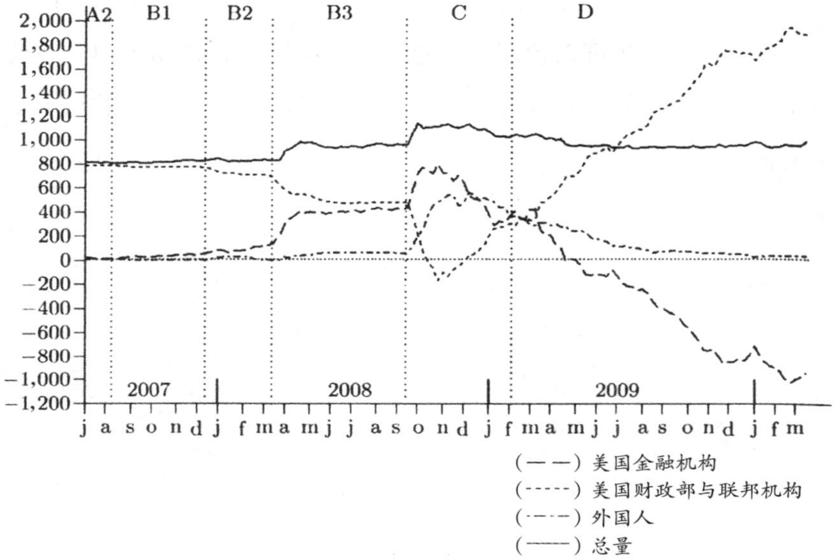

图 18.4　美联储的净资产：美国金融机构、美国财政部和联邦机构以及外国人（单位：10 亿美元，周值）。在上图中，“美国金融机构”这一变量指的是美联储发放的贷款总量减去金融机构的准备金余额。（两个变量都显示在了图 18.2 中。）

“美国财政部与联邦机构”这一变量指的是美国国债和联邦机构类证券减去财政部在美联储的账户（亦是图 18.2 所示的两个变量的差值）。“外国人”这一变量衡量了货币互换减去美联储的外国官方账户。总量是指这三个组成部分之和。

部分），而私人公司发行人的行动则导致了负流量（而不是发行量）；以及（2）家庭和世界其他地区减少了购买这类证券的数量， 243
而美联储则不得不作为一个替代者而介入。美联储的这种行动不仅体现在巨大的金额上，还表现在上升的趋势中。

有两种方法解读这些变化，并评估其对未来几年的影响。局面尚未稳定而且向早前机制的回归——在一种可能新的监管框架中——在未来几年可以预期，或者一种新的结构将占据上风，在这种情况下，美联储将发挥更大作用。这些选择只有在事件的压力下才会做出。

第十九章　大收缩 244

2009 年末，关于 2008 年最后几个月开始的国内生产总值下滑的总体幅度的分析是直截了当的。它将是巨大的，是一次大收缩。这些不同寻常的下滑比例的最初表现已经很明显。无论如何，房地产繁荣过后的衰退都是可以预期的，但金融危机却赋予这种下滑一个戏剧性的特征。收缩的规模体现于家庭和非金融企业的信贷的崩塌，即信贷紧缩，以及相应的产出下降又使严峻的金融局势雪上加霜。

对金融部门的支持（信贷与资本融资）趋于间接支持实体经济。如果没有这些政策，情况肯定会更糟，但是中央机构的干预并没有阻止信贷紧缩和经济低迷。进入 C 阶段之后的新变化是，产出下降导致了中央机构直接替代私人金融部门的政策的出台。这些政策旨在刺激需求（购买商品与服务），以及对抵押贷款市场的支持。在这种危机情况下，政府必须同时扮演消费者（包括投资）和最后的借款人。

2005 年至 2007 年：持久的信贷繁荣

在此回顾一下危机爆发前信贷机制的繁荣期是很有益的。在信息技术的繁荣崩塌之后，得益于房地产部门的扩张（见第十二章）， 245
美国经济得以从 2001 年的衰退中复苏，而房地产部门本身也得到了抵押贷款和证券化浪潮的支持（见第十三章）。房地产的繁荣不可能永远持续，它在 2005 年至 2006 年的过渡时期走向了终结。自 2006 年初至 B 阶段结束（将近三年的一个阶段），家庭需求或多或少地维持着，并且尽管房地产市场下滑，国内生产总值的增长仍在继续。

在这种需求量持续的背后是金融部门向经济提供贷款的能力。图 19.1 表明了向家庭和非金融企业发放的新贷款量在国内生产总值中所占百分比。它揭示了自这个阶段开始以来的一种普遍的上涨趋势，尽管在经济过热、衰退以及 1991 年前后更为惊人的下滑期间出现了大幅波动。

2006 年和 2007 年，尽管房地产出现危机，但向家庭发放的贷款（特别是抵押贷款）仍然保持令人惊讶的提升。2007 年第四季度，向家庭发放的新贷款量在国内生产总值中所占百分比仍然大于 20 世纪 90 年代下半叶长期繁荣期间的水平（前者为 5.6%，后者在 1995
246 年至 2001 年的平均值为 4.9%）。2007 年，向非金融企业发放的贷款数量继续增加，这一数值在国内生产总值中所占百分比再次超过长期繁荣期间的水平，实际上达到了 1952 年以来的最高值（除去 1970 年第二季度那次较远的峰值）。2007 年，向家庭发放贷款数量小幅下降由向企业发放贷款的增加予以弥补。将家庭与非金融企业联系起来考虑，2005 年至 2007 年期间平均发放新贷款量达到 11.9%，这是一个异常高的水平。但在接下来的几年里，这种情况发生了剧烈变化。

信贷紧缩

当前金融危机的爆发与深化最终导致贷款收缩远远超出了经济衰退期通常的下降幅度，发现这一点并不令人感到惊讶。在此还可以回顾一下 20 世纪 80 年代末和 20 世纪 90 年代初贷款下降的现象。这是银行与储蓄和贷款机构的危机导致的结果，导致了信贷供应的危机，即信贷紧缩。再一次，信贷紧缩成了当前危机的一个核心特

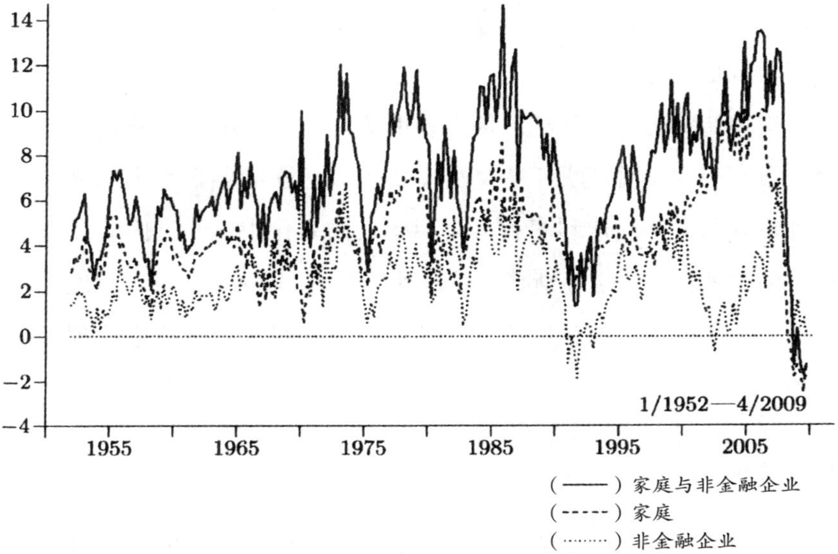

图 19.1　向家庭和非金融企业发放的新贷款数量：美国经济（在国内生产总值中所占百分比，季度值）。

征。其后果将比以前严重得多。从 2007 年的高水平到这个时期结束时史无前例的负值，美国国内生产总值的 14% 亏损了。

图 19.1 的数据描述了这一新变化的最初阶段。自 2008 年第一季度开始，贷款开始剧烈收缩。2008 年 9 月进入 C 阶段之后，货币政策变得无效，这种变化在信贷紧缩的不断深化中显现出来，自当年第四季度以来，贷款量降至负水平。

美联储资产负债表的转变（见第十八章）与信贷紧缩之间存在明显联系。在整个 2008 年，美联储大幅增加向银行发放的贷款量（见图 15.1），但这一支持举措却未能阻止向经济发放信贷的崩塌。2008 年 9 月以后，任何措施都无法终止贷款紧缩。银行不断积累在美联储的准备金，但对其贷款却没有丝毫影响。原本可能只是宏观经济的发展速度放缓，却转变为一场严重的崩溃。那么，唯一有效的工具就是政府支出。

这种新变化标志着对于货币政策效力的长期削弱趋势达到了顶
247 峰。第十四章表明，联邦基金利率变化如何逐渐愈来愈少地反映在抵押贷款利率（固定利率和可调利率）的变化中，并且因此在愈来愈小的程度上影响也逐渐减少。这种情况直到2006年第二季度，尤其在房地产繁荣期的最后阶段一直如此，其间抵押贷款量达到了最高值。

反馈效应

上一节的重点在于金融机制对宏观经济的影响，但却具有并且将会具有一个产出收缩对金融机制的反馈效应。

对于企业需求的减少影响了它们偿还债务的能力，而面临工作时间减少或者失业的美国家庭的偿还债务的能力同样受到影响。潜在的违约加剧了金融机构信贷供应量的减少。并不直接与抵押贷款相关的债务违约增长，如同图16.1所示的商业和工业贷款违约一样，是一个有说服力的指数，说明经济活动收缩对违约的影响。然而，事实远不止于此。大萧条提供一个关于这类机制的潜在的螺旋上升的令人震惊的实例，譬如银行部门在1930年至1933年期间的下滑以及宏观经济的骤降（见第二十一章）。

杠杆收购为可以显现这种反馈效应的各种形式提供了一个众所周知的例证（见表框19.1）。这些例证表明了金融机制可能如何对经济衰退敏感，并伴随对实体经济潜在的相应伤害。

进入衰退期

2008 年，大收缩的最初迹象显现出来。图 19. 2 表明了美国制造部门的产能利用率。从 2001 年经济衰退中复苏之后，产能利用率在 2007 年第三季度达到最高值，但自 2008 年第二季度起开始强烈的加速下降。（就像通常情况下那样，耐用品的下降尤其剧烈。）2008 第二季度，美国国内生产总值的增长率开始收缩（如图 12. 1 所示）。

经济衰退中的产出收缩是一个累积向下的趋势，在这个下降过程中，较少生产的决定由企业做出，并与家庭削减需求的决定共同 248 发挥作用。这些行为体现了企业和家庭必须面对的局面（减少的需求，工作时间的缩减或者失业），对于即将出现的发展趋势的预测则增加了这些决定。

表框 19. 1　杠杆收购：一个即将发生的威胁

产出收缩对于金融活动的反馈效应的一个例证是杠杆收购。2007 年杠杆收购数量显著大于与 20 世纪 90 年代末（见图 7. 3），并且非优先级抵押贷款市场的不严格的程序与杠杆收购具有很强的相似性，后者明显是由于 2007 年低门槛贷款[①]的大幅增长。

数据揭示了杠杆收购的主要比率（譬如负债与利息、税款、折旧以及摊销前的收入的比率）在很大程度上取决于经济周期的不同阶段。违约或破产中的未偿付杠杆贷款的百分比在经济衰退期达到最高值（2002 年为 10%）。

这些观察——膨胀的体量、放任的信贷要求，以及对宏观经济波动的解释——都表明，美国正在经历的产出收缩将与杠杆收购的失败浪潮联系在一起，相比数量较少的 2001 年经济衰退期所遭受的伤害，更多的损害因此正在附加于产出收缩之上。[②]

---

①. 贷款批准没有许多要求。

②. 见 H. Meerkatt 和 H. Liechenstein 的悲观报告，*Get Ready for the Private-Equity Shakeout*（Barcelona and Madrid，Spain：The Boston Consulting Group，IESE，University of Navarra，December 2008）。

在任何经济衰退中都可以观察到这一连串事件，但是在 2008 年经济活动收缩期间，股票价格呈下降趋势。有时候被提及的一种“负财富效应”，指的是证券投资组合的贬值，特别是与养老金或共同基金相关的证券有可能对家庭的购买造成负面影响。（如图 17. 1 所示，市场资本化的下降导致美国家庭此类基金资产的大幅贬值，从 2007 年第三季度的 18. 5 万亿美元降至 2009 年第一季度的 13. 2 万亿美元。）

从一些家庭需求的异常大幅下降中可以看出产出收缩极不寻常。
249 图 19. 3 显示了美国的零售总额。2001 年经济衰退期并未出现类似变化，而在第二次世界大战以来也没有出现过类似趋势。更为惊人的是机动车销售额的下降（从 2007 年 10 月最大值到 2009 年 3 月期间减少了 29%）。

需求政策：家庭和非金融企业

截至 2008 年最后几个月，支持经济成了美联储向金融部门发放贷款以应对流动性危机的普遍特征。由于在 C 阶段银行开始积累在

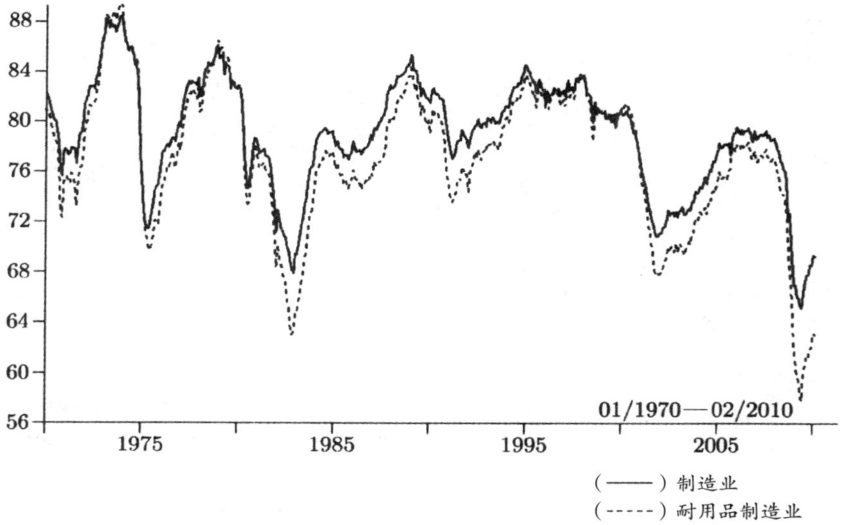

图 19.2　产能利用率：美国制造业部门（百分比，月值）。除了进入 2008 年产出收缩期外，本图还说明了新自由主义的数十年里美国制造业部门的一些美国宏观经济的特征。1985 年至 2000 年间，产能利用率围绕在 81% 上下平稳波动，这一数值类似于 20 世纪 70 年代那个较不稳定的十年中的早期平均数值。本图表明了危机爆发前十年的两个主要特点：第一，2001 年经济衰退持续时间长（复苏过程缓慢）；第二，经济复苏是局部的，并且幅度较低（79%，2006 年至 2007 年的平均值）。

美联储的准备金，因此这一政策对整体经济的贷款供应没有任何影响。伴随着信贷紧缩，对需求的直接支持成为一个主要问题。 250

这类支持可以通过向家庭发放补贴和削减税收，或担保贷款来实现。在第十八章已经考察了一系列此类工具。就税收而言，布什政府采取的主要举措就是 2008 年 2 月经济刚出现低迷时出台的《经济刺激法案》。该法案在 2008 年引入了达 1,520 亿美元的一揽子刺

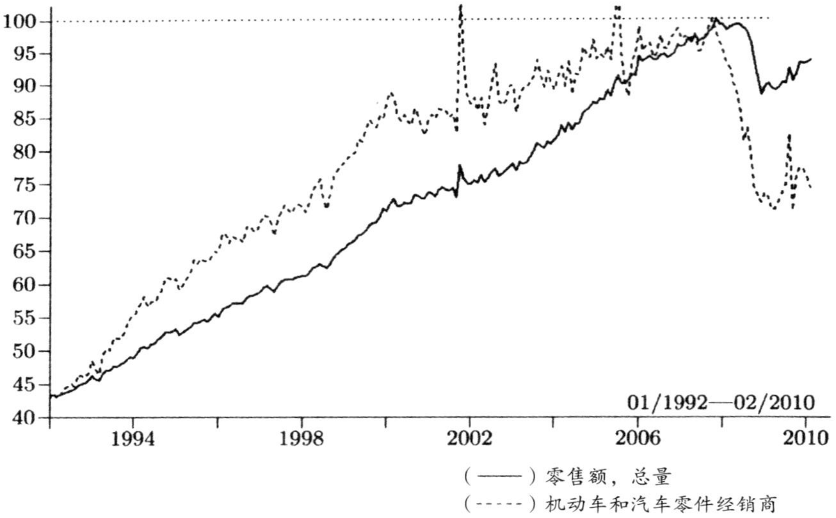

图 19.3　零售额总量与机动车销售额：美国经济（不变价值美元，月度值，在各变量达到峰值时，以 100 为基数进行标准化）。

激措施，其中大部分是退税，这些措施延缓了经济收缩但却并未改变整体趋势。在 2008 年 10 月中旬，美国联邦存款保险公司启动了“临时流动性担保计划”，向银行、储蓄机构和很多控股公司新发行的无担保债券提供担保。2008 年 11 月，美国联邦存款保险公司曾考虑通过所谓“为推动修正支付得起的亏损分担建议”的计划，但被搁置了。其主旨在于通过下调利率、延展期限等措施，为负债家庭创造种种可支付得起的条件。特别是，考虑将偿还债务额限定为每月收入的特定百分比。2008 年 11 月末，美联储出台了定期资产支持证券贷款工具（TALF），支持新的建立在学生贷款、汽车贷款、信用卡贷款以及小企业贷款之上的资产支持证券。

251　在这些措施之外，还有如同“汽车产业融资方案的保尔森计划”

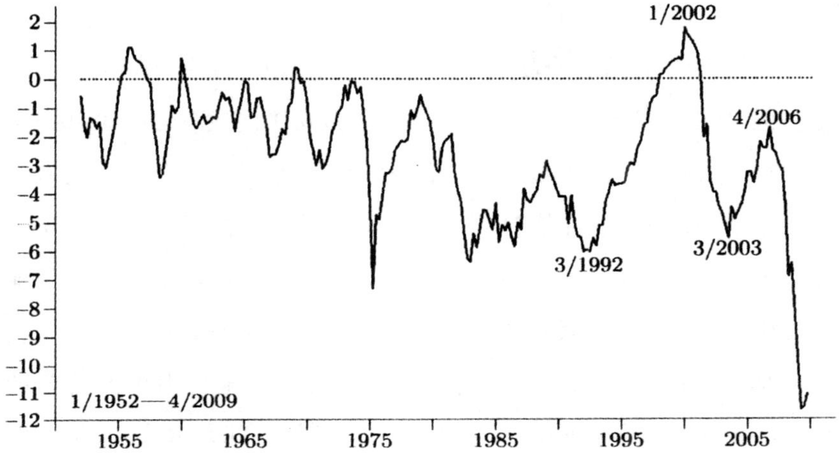

图 19.4　总收支平衡表：美国联邦政府、州政府和地方政府（占国内生产总值的百分比，年度值）。

那样的对非金融企业的直接支持，在此计划中，2008 年 12 月和 2009 年 1 月共注入了 248 亿美元，以援助通用汽车和克莱斯勒公司。总援助额达到了 850 亿美元的最高值。

尽管如此，这里的主要结论却是这些举措产生了非常有限的效果。

需求政策：政府

在这种严重情况下，当信贷政策的失败显而易见的时候，对需求的刺激只能来自于政府支出，这是凯恩斯主义经济学的另一个教训。

图 19.4 表明了政府（联邦政府、州政府和地方政府）的预算平衡。起初，对金融危机的应对举措对政府开支并没有产生什么影响。到 2007 年第四季度为止，预算赤字依然保持在相当温和的水平，即不超过国内

生产总值的3%。自2009年第二季度以来，这一数值最终几乎达到国内生产总值的12%，这是收入减少而开支增加的结果。

252 截至2008年第二季度，金融危机对联邦政府债务的影响微乎其微。但是在2008年第三四季度，净负债额从国内生产总值的40%增至48%（如图10.5所示，“-----”变量）。这是2008年9月财政部补充融资方案——保尔森计划所导致的结果，提高了当前的赤字水平。奥巴马总统执政之后，政策发生了改变。2009年2月，新组建的美国国会通过了《美国复苏与再投资法案》（ARRA），结合了税收削减、福利措施和基础设施项目。净债务增至国内生产总值的56%。在进入C阶段和2009年末C阶段开始期间，由公众[1]持有的美国国债总额增幅超过2万亿美元。（第二十三章将探讨美国政府债务增加的问题。）

必须提出的关键问题是：谁将借钱给政府？美国国债，至少是联邦证券（与市政证券相对）可以被认为几乎没有违约风险而只存在美元贬值的风险，由世界其他地区购买的政府发行的新证券的份额越来越大（见图8.4）。考虑到美元汇率的威胁，这一流是否将持续下去是值得怀疑的。解围的办法是美联储直接或间接的赤字融资，那是激进的新自由主义的背叛。许多其他国家也将求助于这一工具。

第二十章　全球资本主义的不稳定格局 253

2008年9月不仅标志着危机在美国的加深，而且也标志着全球资本主义进入了危机。金融危机变成了全球性的，同时伴随着对货币的剧烈影响。波及范围的扩大导致了一系列旨在支持全球金融企业的政策的实施，包括了各国央行之间显著程度的合作。尽管如此，但增长率仍然一落千丈，引起第二轮此类政策的实施，这些政策的主要工具是预算赤字。

危机向主要资本主义国家和外围国家的扩展是以下三种变化共同作用的结果：（1）来自美国抵押贷款市场的金融地震波；（2）其他国家本身脆弱的金融机构；（3）全球化的发展。

全球损失

第十七章强调了国际货币基金组织和英格兰银行所评估的全球与美国信贷相关的债务（贷款和证券）的损失程度，以及世界三大地区（美国、欧元区和英国）的证券的损失程度。

如表格20.1所示，在2008年4月至10月间，这三个地区的证券损失几乎增长了一倍。2008年10月，在英格兰银行提出的约2.8万亿美元的损失中，欧元区的损失大约占了1万亿美元（与此相对，美国占了1.6万亿美元）。截至2008年9月，破产的威胁基本上仍然是美国的一种现象，而从9月起破产威胁急剧扩大，疫情最终蔓

254 延至全球（表框 20.1）。全球破产威胁从 9 月底开始，恰恰发生在美国破产威胁发作之后。

表格 20.1 证券损失（单位：10 亿美元，由英格兰银行估算）

	美国	欧元区	英国	三大地区总值
2008 年 4 月	739	443	97	1,278
2008 年 10 月	1,577	1,010	189	2,776

全球金融动荡

危机的全球蔓延在股票价格的同步下跌中显而易见。图 20.1 显示了五个市场的股票指数。它们分别是纽约证券交易所综合指数、欧洲证券交易所 100 指数、日经 225 指数、巴西基准股指伊博维斯帕指数和韩国综合指数。本图将每一种指数达到最高值那一天的指数设置为 100。

自危机开始直至 2008 年初，美国、欧洲和日本三大地区的股指下跌情况是相似的，尽管纽约证券交易所股价综合指数跌幅较小，欧洲证券交易所 100 指数下跌较多，而日经 225 指数则下跌更多。从 2008 年 3 月到 6 月，经济出现了有限的复苏。该图最终表明，到 2008 年末为止所有国家的股指都同时突降，在两个月的时间里（2008 年 8 月 27 日到 10 月 27 日期间）出现了 32% 至 47% 的跌幅。中国的情况更为壮观。上海证券交易所综合指数在不到一年的时间里增长了三倍，两次出现最高值，一次出现在 2007 年 10 月，然后是 2008 年 1 月的一个稍低一些的水平。但随后出现的直至 2008 年末的下跌完全抵消了之前的涨幅。

股票价格下跌的同步性及其幅度更加引人注目，2008 年 9 月之前，受危机影响的各个经济体的影响程度截然不同。这一现象表明，在股价变化中，全球金融机制比严格意义上的国家的决定因素重要，这表明了金融全球化的扩张。图中显示的最后一点是，纽约证券交易所综合指数依然比其最高值低 30 个百分点。而巴西基准股指伊博维斯帕指数和韩国综合指数的复苏幅度则较大。

表框 20.1 金融巨头的衰落（世界其他地区） 255

2008 年 9 月

——富通银行获得由比利时、荷兰和卢森堡三国政府给予的再融资支持。

——海波不动产银行（HRE）获得德国政府发放的贷款的援救。

——比利时德克夏银行的实力因其美国分支机构金融证券担保公司（FSA）而受到削弱，它获得了由法国和比利时政府采取联合参与的援救。

——英国政府宣布将抵押贷款银行布拉德福德—宾利银行国有化。

——冰岛政府对格利特尼尔银行（Glitnir）实行国有化，收购了其 75% 的股份。

——意大利联合信贷银行破产。

2008 年 10 月

——富通银行被荷兰政府国有化，并向荷兰富通银行发放了一笔贷款。

——法国巴黎银行在比利时和卢森堡政府的协助下，购买了富通银行的部分业务。

——荷兰政府对荷兰国际集团（ING）进行再融资支持。

——海波不动产银行宣布早期紧急财政援助失败。德国政府对这家机构采取了新的紧急财政援助。

——冰岛政府将该国第二大银行冰岛国民银行国有化，并向该国第一大银行考普森银行发放贷款，之后又将其国有化。

——雷克雅未克证券交易所被暂时关闭。

——英国首相戈登·布朗决定将多家英国银行部分国有化，并制定计划救助苏格兰皇家银行（RBS）和苏格兰哈里法克斯银行（HBOS）。

——苏格兰皇家银行最终被国有化。

——爱尔兰延长了五家外国银行的存款担保。

——日本大和人寿保险公司破产。

——三菱日联金融集团参与到摩根斯坦利的资本中。

256 与上述现象密切相关同时也揭示了危机全球化的另一有趣变化的是汇率的突然崩溃。图 20.2 表示的是日元对四种货币的汇率变化。这四种货币分别是巴西货币雷亚尔、欧元、美元和英镑。所有这些货币对日元汇率发生大幅下跌的时间均发生在进入 C 阶段之后。各国对日元汇率的最大值与 2009 年 1 月 21 日最小值之间的跌幅分别是，巴西货币雷亚尔 49%，英镑 44%，欧元 33%，美元 21%。结果，不同货币之间的汇率也受到极大影响。譬如，美元对欧元的汇率增长了 20%，对英镑的汇率则增长了 31%。

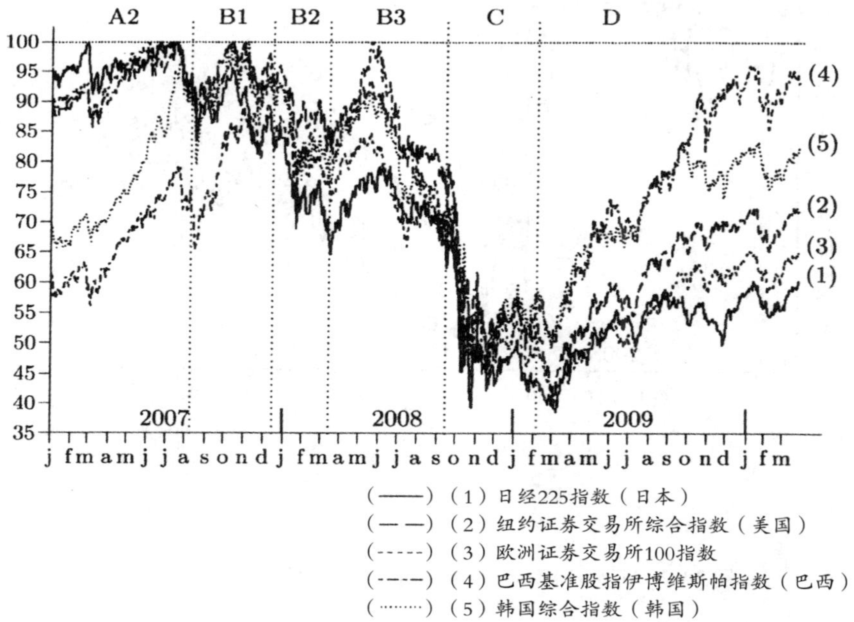

图 20.1　五大股票市场指数（最大值 = 100，日值）。各股指在达到最大值的那一天，数值被标准化为 100：（1）日经 225 指数，2007 年 7 月 9 日；（2）纽约证券交易所综合指数，2007 年 10 月 31 日；（3）欧洲证券交易所 100 指数，2007 年 7 月 16 日；（4）巴西基准股指伊博维斯帕指数，2008 年 5 月 20 日；以及（5）韩国综合指数，2007 年 10 月 31 日。

日本的短期和长期名义利率仍然远低于其他国家的利率水平。 258
日元在套利交易中成为一种典型的融资货币（见第八章）。随着日元贷款提供资金的利差交易的发展，目标货币兑日元汇率与各国股指之间表现出十分紧密的相互关系。由于金融危机、流动性需求以及贷款展期的困难，投资者结清了他们的套利交易头寸。货币流回融

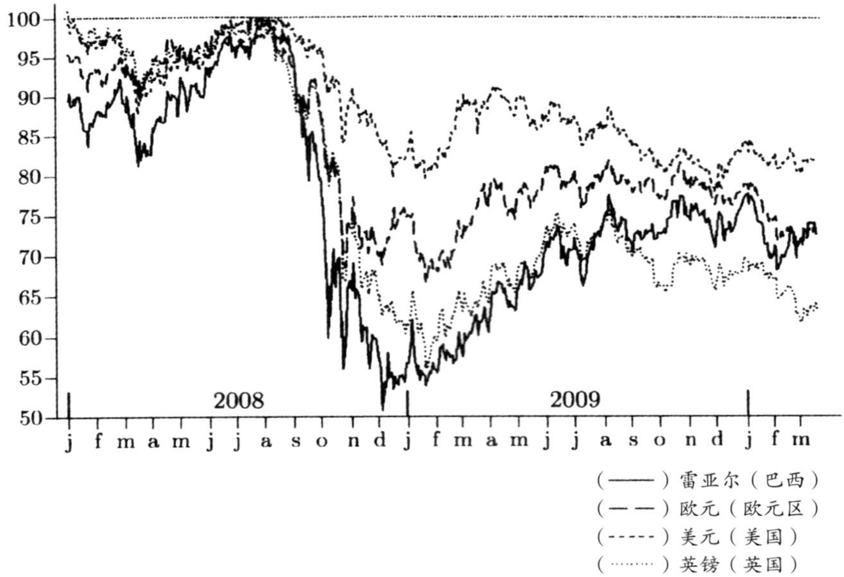

图 20.2　汇率：日元对每单位货币（最大值=100，日值）。

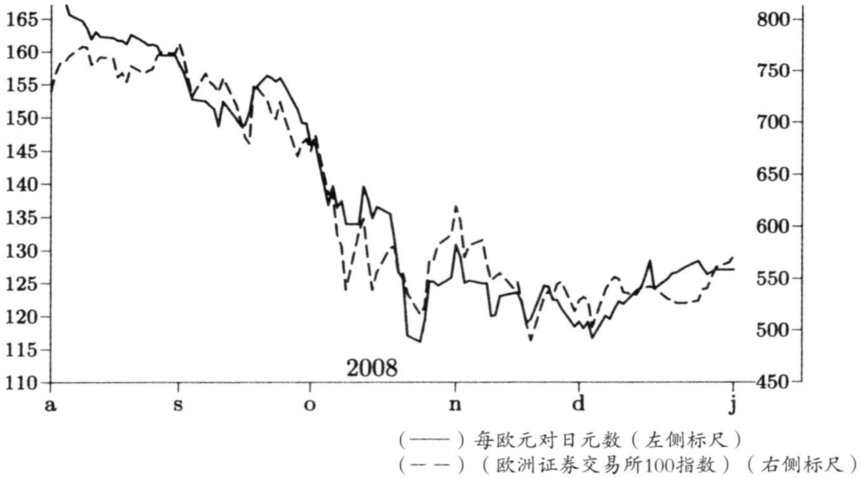

图 20.3　汇率与股指：每欧元对日元汇率和欧洲证券交易所 100 指数（2008 年 8 月至 12 月，日值）。

资国日本，导致目标国的股票被大量抛售，外汇大量流出，同时伴随着对日元的大量需求和所有其他目标货币的巨大供给。如图 20.3 所示，与 2007 年观察到的情况相对应（见图 9.2），日元的供应量与其他货币的需求量之间的关系在 C 阶段普遍存在。如同第九章所述，巴西与美国之间也存在类似的关系。

污染效应、脆弱性与金融全球化

对全球危机的一种解读将这场灾难的主要责任归咎于身处一个受制于新自由主义全球化的世界的美国。显然，这个国家在贸易和金融边界的开放中发挥了重要作用，从而使得金融动乱波及全球。不仅如此，最初的冲击也来自于美国。抵押贷款的热潮起源于该国。在这里证券化和结构性融资占据了巨大的比重。最突出的因素是美国向世界其他地区出售可疑资产。由于购买了美国证券，许多非美国的金融企业成为重大损失的牺牲者。每一起新的破产或者紧急财政援助都证实了这种污染效应。

尽管对这种现象的确切扩展范围没有直接的衡量方式，但是世界其他地区购买金融证券的广幅可以从相关操作中估算得出。我们可以估算出的一个百分比是，相当于危机爆发的前十年美国金融部门发放债券的 50% 被出售给了世界其他地区（如第十四章所述）。2008 年，世界其他地区持有美国金融部门发放的大约 3 万亿美元的公司债券。[1] 全球受美国危机污染的可能性很大。

由于美国在第九章所述的巨大金融变化中不是唯一的国家，所 259
以审核有关美国责任的论断是否公平也是重要的。尤其是，我们可以想一想英国和伦敦商业中心。其他欧洲政府领导他们的国家进入新自由主义的尝试中，并且这些国家的上层阶级也从这些新发展趋势中获得了利益。

大收缩及其应对措施

虽然金融危机对于实体经济的影响显著延缓，但是主要资本主义国家的产出紧缩却或多或少地与美国经济衰退同时来临（有时候甚至先于美国经济的衰退）。新的变化是主要中心国家和一些外围国家的增长率暴跌与国际贸易崩溃同时发生。尽管世界上许
260 多国家一同进入经济衰退这一点并不例外，但是金融危机的全球化特征仍然是一个关键的因素。进入 C 阶段标志着全球大收缩的开始。

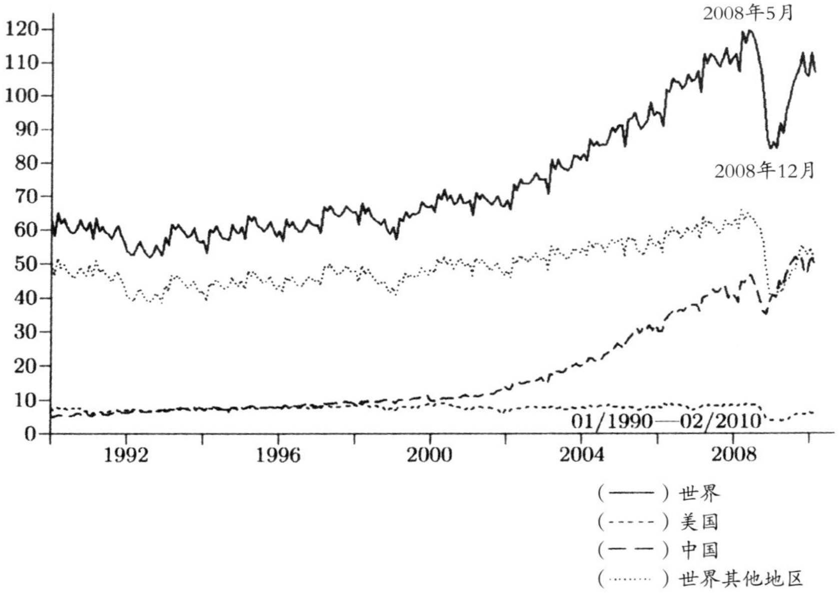

图 20.4　钢铁产量：世界经济和三大地区（百万吨，月度值）。

图 20.4 表明了世界不同国家或地区的钢铁产量，这是一个有趣的体现潜在发展趋势的指数。截至 2008 年 5 月，全球钢铁总产出（——）一直处于上升趋势，随后到 2008 年末下降了 30%。这一暴跌现象在全世界同时发生，尽管程度有所不同：美国跌幅 54%，中国为 15%，世界其他地区为 37%。（本图还显著地表明了美国的低产量水平，2000 年以后中国产出的惊人增长以及这个国家的迅速复苏。）

国际贸易的收缩开始于 2008 年上半年。图 20.5 表明了四个国家和欧元区的货物出口量。2008 年初，日本和欧元区的出口量达到最高值，而韩国、美国和中国则在几个月之后也出现峰值。因此，在美国，出口下降实际上与产出收缩同时发生。五个地区从最大值到最小值的下降幅度在 32% 至大约 42% 之间。 261

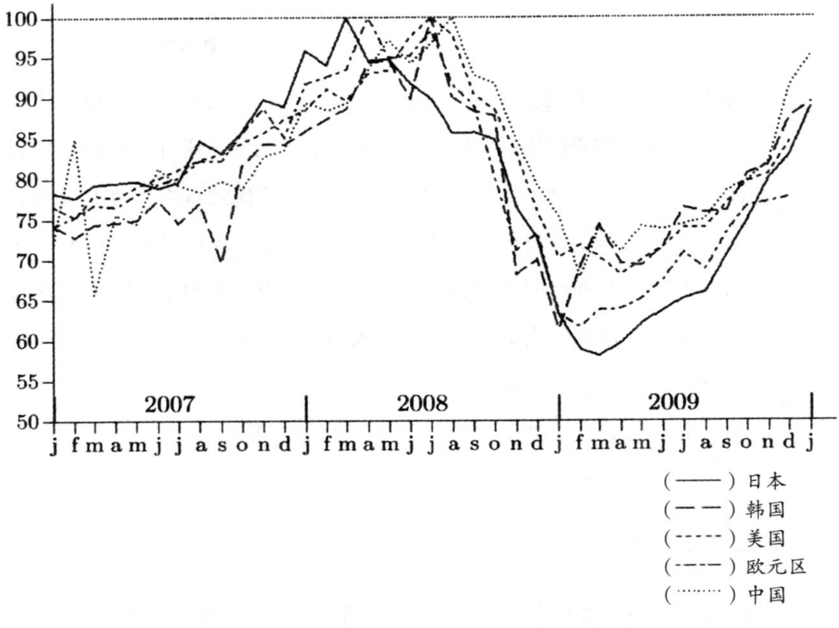

图 20.5　货物出口量：四个国家和欧洲（最大值 = 100，月度值）。

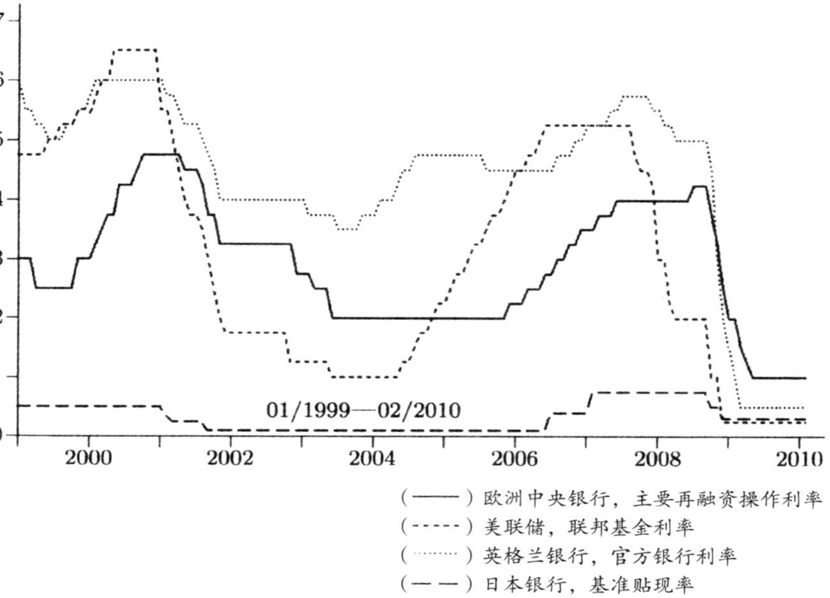

图 20.6　利率：四家中央银行（百分比，月度值）。除了或多或少体现经济周期不同阶段刺激性或压抑性货币政策的波动之外，还可以看到平均利率水平的重要区别。从 1999 年到 2008 年，考虑到日本主要的宏观经济状况，日本中央银行的利率始终处于最低点。英格兰银行的利率显得特别高。与通常所认为的相反，欧洲中央银行的利率并不高于联邦基金利率。欧洲中央银行的波动率也小于联邦基金利率，并且滞后 5 到 18 个月。

欧洲和日本的政策

美联储在应对危机时求助的第一个工具就是联邦基金利率（见图 16.3）。其他国家和地区的中央银行同样如此。图 20.6 显示了欧

洲中央银行、英格兰银行以及日本银行的利率与联邦基金利率的比 262
较情况。在图中最初观察到的是平均利率水平的差别。这与第九章所强调的中长期利率趋于一致的情况形成鲜明对比。

在危机最初阶段，可以看到仍保持危机前水平的两个欧洲利率的回弹情况，这与联邦基金利率的早期下降相反。随着 2008 年 9 月进入 C 阶段，危机的全球化在欧洲利率的走势中清晰可见。在美联储降息之后的 3 个月和 13 个月，英国央行和欧洲央行分别开始下调利率。因此，图 20. 6 充分证明了金融危机应对措施的发展变化与危机向世界其他地区的扩展同时发生。

美国和世界其他地区爆发危机的不同顺序也反映在中央银行提供大量贷款的不同走势中。图 20. 7 说明美国和欧元区对于金融部门的援助总量。尽管美国经济向金融部门发放的贷款量在整个 B 阶段逐渐增多，但欧洲央行的援助却是在进入 C 阶段之后才开始扩大。(本图还说明欧洲央行的融资结构性地高于美国，如同图 20. 7 的标题所解释的那样。)

欧洲央行一个十分重要的行为就是与美联储合作向全世界倾倒美元。定期拍卖工具的发明（见第十八章）是美联储与加拿大银行、英格兰银行、欧洲中央银行、瑞士国家银行一系列协作行动的一部分，这些银行作为该工具在各自境内实施的中间人。美联储通过货币互换提供美元。2007 年 12 月中旬，欧洲中央银行宣布其首轮以美元进行的操作。

2007 年 12 月和 2008 年 1 月，欧洲央行注入的美元达到了 200 亿美元的未偿付总额，之后这一数值在 2008 年 2 月降为零。在完全停止之前的联合操作之后，欧洲央行代表美联储在欧洲市场上启动了一项新的干预措施，注入了额外的定期拍卖工具，截至 2008 年 8

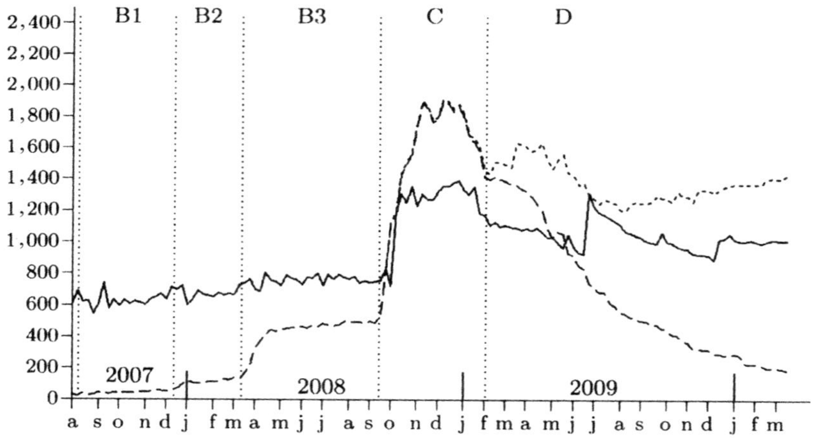

(——) 欧洲中央银行
(— —) 美联储：贷款
(-----) 美联储：贷款加上联邦机构类证券和抵押支持证券

图 20.7　向金融机构发放的信贷总额（10 亿美元，周值）：欧洲中央银行与美联储。代表美联储的变量（— —）与图 15.1 中的（— —）变量相同，也与图 18.1 中的总值相同。在危机爆发前，与欧洲央行相比，美联储发放的贷款水平看起来低得惊人。美国标准的公开市场操作具有欧洲所谓的“微调”的特征。美国金融体系的一个具体特点是政府支持企业在美国金融机构提供的借款支持中发挥的作用。

月达到 500 亿美元的一个稳定水平，但是到那时为止，欧洲央行的这些操作仍然相当有限并且在图 20.7 中也不明显。如图 18.1 所示，2008 年 9 月货币互换出现激增。货币互换的规模逐渐增大，一直持续到 2008 年 12 月 10 日，此时的局面十分紧张，下面这幅图很能说明问题：

263 　因此，美联储与英格兰银行、欧洲中央银行和瑞士国家银行之间的互惠货币安排（互换额度）的规模将会增加，以适应美元融资所要求的任何数量。日本银行将会考虑引入类似举措。[2]

除了全球范围内针对金融机构的这类支持之外，还必须提及政府拯救境况不佳企业的直接承诺。在同一时期（见表框 20.1），这种新干预形式的重要性逐渐增强。

第八部分 大萧条的阴影：艰难的转变 265

如果说当前危机存在先例的话，那无疑是“大萧条”。这两场危机发生于第一次和第二次金融霸权结束之际。它们是两场“金融霸权的危机”。

图解 2.1 的整体模式可以很容易地改为针对大萧条的分析。我们应该将“第一次金融霸权”替换成“新自由主义和美国霸权”。由于金融扩张、金融创新以及对高收入的追逐仍在考虑范围在内，图表的上半部分将依然有效。这两场危机都发生在金融体制的迅速扩张达至最高峰的数十年之后，都发生在几乎不到十年的最后加速阶段。尽管自当前危机开始起，货币管理当局就决定采取行动，这与 1929 年 10 月和 1933 年 3 月较为消极的态度形成鲜明对比，但是金融部门的崩溃和金融活动的收缩在两个历史关头的相当一段时间里仍然没有得到阻止。以大萧条为例，正如图解 2.1 的下半部分所示，金融机制也与非金融的决定因素一同发挥效用（见第二十一章）。尽管如此，但两个历史阶段的非金融变化情况的确切内容却是截然不同的，这将在以下章节进行论述。

两次世界大战间隔期间与当前危机的对比也揭示出危机的应对措施及其可能的后果。这将是第二十二章探讨罗斯福新政时的重点。实际上，这是2000年之后美国和世界经济需要的一种“新的新政”。

第二十一章　八十年以后　267

尽管历史背景明显不同，20 世纪上半叶与当代资本主义之间的共同点还是十分惊人的。80 年以后，对利润和高收入的追逐背后潜藏的同样顽固的逻辑使得资本主义沿着一个新的不可持续的历史轨迹发展，在这个发展轨迹中，监管和控制成了少数特权阶层不受控制的自由的祭坛上的牺牲品。相似的发展变迁导致了可以相比的结果。

对于大萧条这一多面现象的解读，并没有一个普遍的共识（见表框 21. 1）。多种解读包括过度的或者不充分的竞争、由于收入分配的偏向导致的需求的结构性缺乏、政策实施过程中的错误、股价下跌对需求的影响，等等。这些分析的多样性表现了在对资本主义历史更广泛的解读过程中更加本质的分歧。

盈利趋势

如同在大萧条时期一样，新自由主义危机也发生在利润率恢复的一个时期，而不是盈利趋于不断下降的时期。

在《资本论》第三卷中，马克思分析了资本主义将经历利润率下降阶段的倾向。[1] 他认为，这些阶段会导致积累缓慢、不稳定性加剧和金融动荡等局面。这些局面都可以被称为“结构性危机”，虽然马克思并没有使用这一术语。这一理论框架与现代资本主义发展历史的分析密切相关。

268

表框 21.1　解读大萧条

在 20 世纪 30 年代，对大萧条的解读或者将之归因于竞争程度不足，如同阿瑟·伯恩斯（Arthur Burns）的著作所论述的那样，[①]或者将之归因于“残酷的”竞争。尽管如此，但最普遍的解读却是由于工薪族购买力不足导致的需求缺乏。在那些年里，布鲁金斯学会对这一论断进行了辩护。用学会总裁哈罗德·默尔顿的话来说：

> 民众购买力不足看起来在根本上导致了我们始终无法充分发挥生产力。[②]

这种购买力不足反过来要归咎于不充分的竞争，而不充分的竞争又导致价格缺乏弹性。有利于利润的有偏向的收入分配、对利润率的高定价以及随之而来的工薪族的购买力不足仍然定义着左翼学术团体广泛持有的对大萧条的解读（就像法国监管学派所解读的那样）。[③]就当前危机而言，也要归因于有利于利润的增值分配的变形，这种观点无论从理论上还是从经验上都无法成立。

米尔顿·弗里德曼（Milton Friedman）和安娜·施瓦茨（Anna Schwartz）在解读大萧条时强调了银行业危机的重要性，这肯定是正确的。[④]尽管如此，但他们所主张的银行信贷紧缩是由于货币政策实施过程中的错误所导致的这一说法却无法使人信服。考虑到紧缩的严重性以及金融化的先行浪潮，货币政策的整体框架并不成熟。此时所要求的一种更加有力的政府干预并不能保证足以阻止大萧条。

对于大萧条的另一解读强调的是股票价格在20世纪20年代的大幅上涨以及1929年末的下跌。彼得·特明（Peter Temin）的“支出假说”（与米尔顿·弗里德曼和安娜·施瓦茨的货币解读相对立）指出了股票市场崩塌后建筑领域需求的自动紧缩，以及家庭支出随着股票市场的下跌而减少。[5]最后，我们还可以回顾一下查尔斯·金德尔伯格（Charles Kindleberger）的解读，他将大萧条归因于全球治理的缺失。如果缺乏一个易于稳定全球经济的国际机构，全球治理的职能就被赋予了一个霸权国家。20世纪30年代，美国和英国（分别使用美元和英镑）同时拥有这种霸权地位的双重模式被判定是危险的。[6]

---

①. A. R. Burns, *The Decline of Competition: A Study of the Evolution of the American Industry* (New York: McGraw-Hill, 1936).

②. H. G. Moulton, *Income and Economic Progress* (Washington, D. C.: Brookings Institution, 1935), 87. 1935年，默尔顿提及了这种关于行政管理的观点：“‘国家复兴管理局’提高工资计划依据的理论是，整个行业货币工资的增长会扩大民众的购买力，因此产生更大的产量，这自然就会减少失业”（同上，第103页）。也见 S. H. Slichter, *Towards Stability: The problem of Economic Balance* (New York: Henry Holt, 1934), iv; and G. Duménil and D. Lévy, “Pre-Keynesian Themes at Brookings,” in L. Pasinetti and B. Schefold, eds., *The impact of Keynes on Economics in the 20th Century* (Aldershot, England: Edward Elgar, 1999), 182—201。

③. M. Aglietta, *A Theory of Capitalist Regulation* (London: New Left Books, 1979).

④. M. Friedman and A. Schwartz, *A Monetary History of the United States, 1867—1960* (Princeton, N. J.: Princeton University Press, 1963).

⑤. P. Temin, "Notes on the Causes of the Great Depression," in K. Brunner, ed., *The Great Depression Revisited* (Boston: Kluwer-Nijhoff, 1981), 108—124.

⑥. C. P. Kindleberger, *The World in Depression, 1929—1939* (Berkeley: University of California Press, 1973).

图21.1表明了自内战以来美国私人经济利润率的历史变化。"利润"在这里指的是收入中超出劳动报酬的部分。在第二次世界大战以后，大量盈余中的相当一部分流向了政府。[2]（由于利润率的大幅波动，即行业周期起落的结果，确定这些变化背后隐藏的发展趋势是十分重要的，这些趋势正如图中四个点状部分所表明的那样。）

19世纪末利润率出现暴跌，引发了19世纪90年代的萧条，以及19世纪末和20世纪早期的三场革命（公司革命、金融革命与管理革命）。从20世纪早期开始，利润率复苏的最初征兆迅速显现出来，开始了新的上升趋势。经过两次巨大的动荡之后（大萧条和第二次世界大战），这一上升趋势在20世纪60年代达到顶峰。在第一
270 次下降趋势之后80年，类似走势重新占据上风，导致了20世纪70年代的结构性危机，这是美国内战以来的第二场重大危机，缘于利润率和盈利水平的下降。最后，可以看到新自由主义的数十年里一种温和上升的发展趋势。（在分析这种历史发展趋势时，必须综合考虑技术、组织以及更为普遍意义上的社会政治的决定因素，如表框21.2所示。）

大萧条发生在盈利相对低于历史标准的一个时期，但这一时期处于复苏的开始阶段，即两大下降趋势之间的一个过渡时期。大萧条可以被称为一种"结构性危机"，但是与19世纪90年代和20世纪70年代的危机不同，它不是利润率下降的结果。

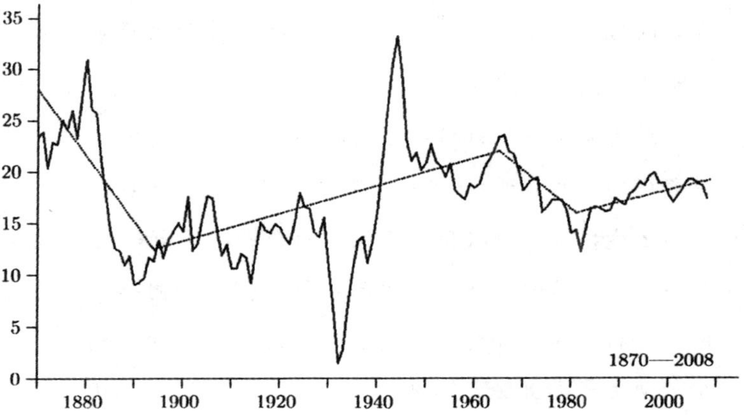

图 21.1　利润率的长期走势图：美国非住宅私人经济（百分比，年均值）。在分子部分，利润在广义上进行衡量，即国内生产净值减去总劳动报酬。（对于自雇人员进行了修正。）分母是固定资本存量减去折旧。点状线是趋势线。

图 21.1 重复了第四章的分析。第四章对于利润率的详细分析表明，新自由主义危机与大萧条一样不可以被解读为一种盈利危机。

现代性与全球化的矛盾

大萧条的一个核心的方面是，它发生在技术—组织发展趋势呈现惊人变革的阶段，这些变革趋势是企业与管理革命的产物。

表框 21.2　技术和盈利趋势 271

图 21.1 中利润率的两种下降趋势指的是马克思所分析的不

同的技术和组织范式。马克思将利润率下降趋势归因于技术变革的历史特征。这类主要特征是提高劳动生产率所必需的机械化的高成本。[①]

随着大型企业新的更有效的部门的出现（由金融部门支持并得到有效管理），并逐渐超过传统部门，中间阶段可以解读为上述技术和组织两个范式之间的一种逐渐转变。[②]新型生产关系——通过它的两个方面：所有权（如同持有企业股份所包含的权利）和控制权（如同管理所包含的权利）——使得劳动生产率出现大幅进步，同时与产出增幅相比，不需要在固定资本中投入过多额外的高成本。[③]当新技术普及到可以更有效实施的经济部门时，这种有利于广义上技术变革（机械与组织）的结构就走向了终结。

在20世纪70年代的危机爆发后的上升趋势背后，可以看到与生产效率和管理效率提升相关联的益处，这种生产和管理效率的提升与信息技术以及全球跨国公司的扩张所特有的技术和组织特征相关。这些趋势是否可以理解为朝向第三个范式的转变仍然有待确定。然而，后数十年的一个特点是自由贸易的影响，即从低生产成本国家进口的资本和消费品的价格下降。在购买力停滞不前的大背景下，成本下降的好处完全流向企业，丝毫没有流向高收入阶层之下的工薪阶层。

---

①. K. Marx, *Capital*, vol. 3 (1894; New York: Vintage Books, 1981), part 3.

②. G. Duménil and D. Lévy, "Technology and Distribution: Historical Trajec-tories à la Marx," *Journal of Economic Behavior and Organization* 52 (2003): 201—233.

③. 建立流水线的投资是很大的，但是生产率的进步也是巨大的。

当20世纪初现代资本主义的新制度框架得以确立时，所有经济部门并不是以同样步伐发展的。在19世纪末的竞争危机以及1900年前后随之而来的巨大的公司浪潮之后，公司这一新部门由于管理革命而得以改革，并在金融霸权下迅速发展。这一部门受益于新金融机构的支持，以及因其向薪资管理阶层和办事人员阶层授权而带来的管理进步。这就是利润率上升趋势如何得以确立的方式。尽管面临相当大的竞争压力，个体所有和管理的传统部门得以幸存。它尤其得到了反托拉斯立法的支持，在此立法中，1890年的《谢尔曼法案》是一个典型工具，该法案旨在限制托拉斯与卡特尔的支配地位（以此为目的的第一部联邦立法）。[3] 该法案为传统部门提供了一定程度的保护。但是，由于禁止独立企业之间达成协议，这一法案也为19世纪与20世纪之交的企业浪潮铺平了道路，当时的新的公司立法使企业浪潮成为可能。[4] 272

因此，20世纪最初数十年的一个主要特征是传统部门和先进部门在相同的产业内部共同存在。[5] 汽车产业就显现出这种典型的发展趋势。20世纪20年代，与诸如福特和通用汽车等大型汽车制造商的兴起同时存在的是，使用陈旧生产方法的小型制造作坊依然活跃。[6] 尽管在文献中被忽略了，但这种技术与组织的混合构成的特点仍然是解释大萧条严重性的一个重要因素。

经济活动收缩呈累积下降的趋势，其中最初阶段的需求减少导致生产削减，后者又导致需求减少 。当1929年经济衰退开始时，落后部门全部开始瓦解，而其崩塌加剧了产出的累积收缩。

新自由主义危机也有非金融的根源。譬如，与上述机制相似，不同产业部门之间的混合构成的特点或多或少地适应了全球化的新模式，当产出收缩进一步深化时，这一特点也许会在当前危机中

发挥作用。尽管如此，但新自由主义危机的主要非金融因素仍然是美国经济失衡的发展轨迹，它也反映了全球不断增加的混合构
273 成特征。尽管在大萧条情况下金融方面的因素与国内生产经济的混合构成特征所固有的威胁汇合在一起，但新自由主义危机的根源却在于新自由主义的金融全球发展趋势与美国经济不可持续发展轨迹的交叉。

大胆的货币与金融创新

将新自由主义的数十年与 19 世纪最后数十年至 20 世纪 20 年代这段时期进行对比可以看出，新自由主义的金融发展趋势拥有一个重要的历史先例。

很难想象比这个先前的历史场景更为大胆的变革，在这一时期，货币机制与金融机制急剧扩张。[7] 在美国国家银行体系之下，[8] 银行成为美国经济的主要角色。这种金融机制的扩张在大萧条时期终结绝非巧合。

图 21. 2 给出了有关这些发展趋势的直接而惊人的证明。该图说明了美国银行的金融资产总额的增长情况（——）。该图揭示了美国银行的金融资产从 1870 年占国内生产总值的 26% 增至 1910 年占国内生产总值的 55% 。[9] 货币数量也呈现出相应的增长趋势（从资产负债表的负债一栏中可以看到同样的扩张趋势），其中主要组成部分是银行账户。图 21. 2 中的第二个变量（-----）是货币存量 M2。从美国内战时起，货币数量就呈急剧上升趋势，在 1870 年和 1910 年之间从占国内生产总值的 23% 升至占国内生产总值的 61% 。（由于货币发行的来源是信贷，即银行的主要金融活动，所以很容易理解这

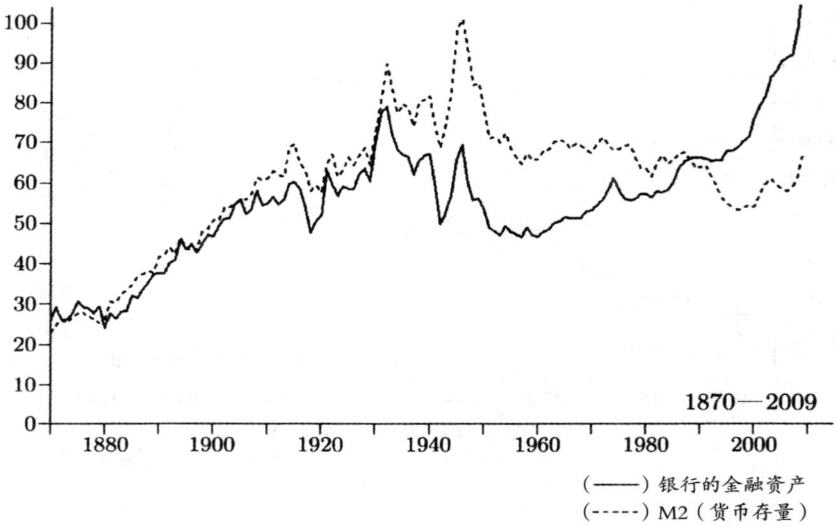

图 21.2　银行和金融公司的资产以及 M2：美国经济（在国内生产总值中所占百分比，年度值）。截至第一次世界大战，银行资产与货币供应量并行增长。在新自由主义的数十年里，银行资产的最终增长表现了银行业务及其应对危机方式的多样性。

两个变量为什么会并行变化。）与当代资本主义相比，在那些年里，银行业务活动的多样化程度要低得多。它们的主要功能是管理存款和提供贷款。

在新自由主义的数十年里，银行金融资产呈现类似的增长趋势。在 1980 年至 2008 年间，银行金融资产在国内生产总值中所占百分比从 57% 增至 98%，这与 1952 年至 1980 年的 28 年间的情况形成鲜明对比。在 1952 年至 1980 年期间，上述变量从 48% 升至 57%。第二次世界大战以后，由于转向不包含在 M2 中的定期存款，所以对于 M2 而言上升趋势没有占据上风。

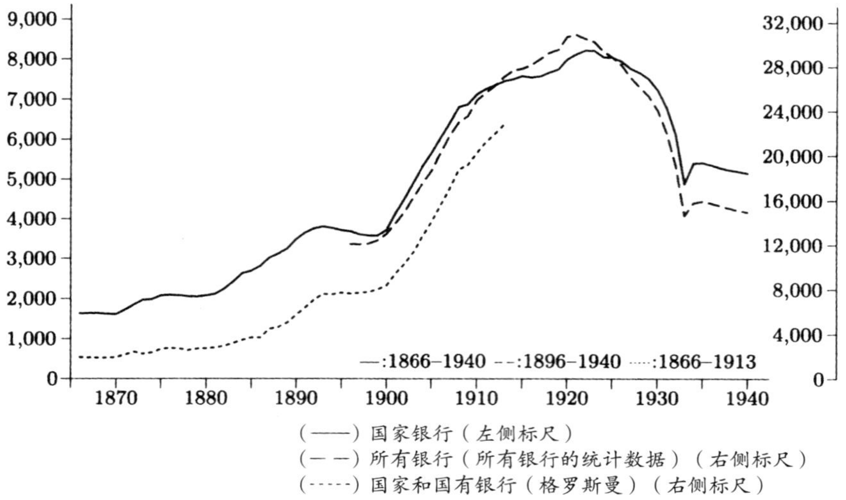

图 21.3　银行数量：美国经济（年度值）。国家银行体系成立于 19 世纪 60 年代早期（1863 年的《国家货币法案》和 1864 年的《国家银行法案》），其中被称为“国家银行”的许多银行（——，左侧标尺）在联邦政府的担保下，被赋予发行国家银行票据的权利。这些银行票据作为“国家货币”不断增加，一直持续到 1913 年美联储成立。从本图另外两个估值（— —）和（-----）来看，所有银行的数量的走势是相似的。

274 尽管如此，两波金融机制扩张潮的内涵却显著不同。19 世纪的最后数十年与 20 世纪初期是银行业和货币机制的现代框架形成的时期。在新自由主义的数十年里，银行金融资产新的上升趋势得以确立，但是金融化的主要方面是养老金和共同基金的增加，是致力于抵押贷款再融资的政府支持企业的增加，以及私人公司类资产支持证券发行人的增多（见图 7.1）。

如图 21.3 所示（——），货币与金融机制扩张的另一个表现是银行数量的大幅（同时也是短暂的）增加，并在 1920 年达到顶峰。

从多个变量来看，20 世纪 20 年代与 2000 年以后相同，出现了一个金融发展趋势急剧加速的十年。一个重要的方面是为购买股票提供资金的贷款潮。（在那些年里，股票市场是金融结构的中心，贷款直接流向股东而不是企业本身，股份则作为抵押品。）向投资人发放的信贷的激增促进了股价的最后上涨，投资人信贷激增的渠道是增加向证券经纪人和交易商发放的贷款，由这些人借款给他们的客户。[10]图 21.4 说 275
明，向经纪人和交易商所发放的这两类贷款都出现了大幅增长，这种情况在 20 世纪 20 年代加剧，最后持续飙升直至 1929 年 10 月。还可以看到，这两类贷款随后出现骤降，进入大萧条。

有趣的是要强调这些贷款中相当一部分（----）是由贷款机构而不是银行发放的，由于 2000 年以后的一波融资潮是来自于私人公司类资产支持证券发行人，并通过诸如债务担保证券等金融工具得以实施的。因此，在每一个时期，最后的扩张阶段并不是由传统机构通过通常渠道促成的，而是通过大胆的创新流程实现的。这里的“创新”指的是危险而可疑的发展。

这种历史的巧合是发人深省的。尽管如此，虽然金融化肯定是一个重要因素，但这种历史巧合并不意味着金融机制的扩张可以解读为随后发生的危机的唯一或者更为根本的原因。[11]即使将分析局限 276
于金融机制，也不仅只涉及这几波融资潮，还包括故意拒绝实施易于抵消这些变化的破坏效果的监管框架和政策。

缺乏监管和控制的决心

大萧条（截至 1933 年的罗斯福新政）是自由放任的结果吗？一个普遍持有的观点是，如果中央机构同时发展有效的宏观政策和监

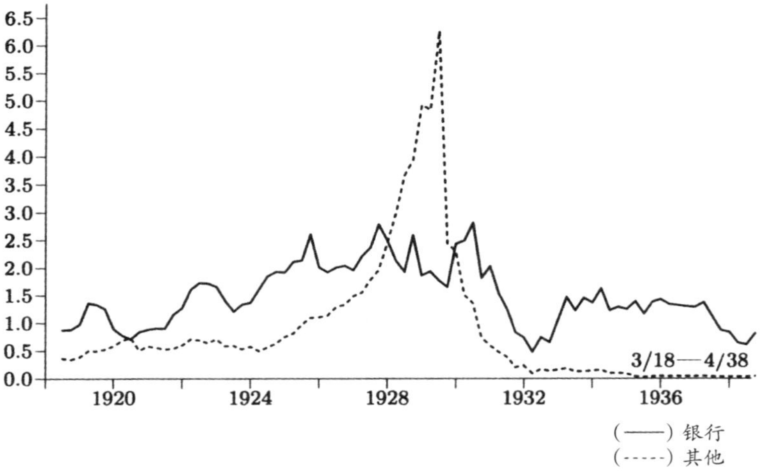

图 21.4　在两次世界大战间隔期间，向经纪人和交易商发放的贷款：美国经济（在国内生产总值中所占的百分比，季度值）。

管的话，20 世纪 20 年代的宏观不稳定性的源头就有可能得到控制，至少得到相当程度的控制。显然，现存的工具（考虑到拒绝赋予美联储重要的权力和手段）无法应对这些发展趋势。在建立易于抑制增大的宏观不稳定性的中央控制的过程中的滞后被视为资本主义发展变迁的一个普遍特征（见表框 21.3）。

277 **表框 21.3　不断增长的不稳定趋势**

关于不断增长的不稳定趋势的论题可以概括为四种观点：[①] (1) 资本主义管理和金融机制的发展逐渐增加了宏观经济潜在的不稳定性；(2) 这一趋势要求对监管框架和宏观政策效率的

逐步改善；（3）实施这类工具始终存在抵制；以及（4）这类工具最终得以实施，但却是在危机发生之后，这种动荡带来的激烈力量成为超越社会抵制进行调整的引擎。

上述第一种观点涉及管理和金融机制两组因素。企业根据需求信号调节产出的能力是一种根据其自身目标（利润率最大化）的效率因素。然而，这种企业能力导致了宏观经济的不稳定性，因为每家公司需求增加或减少的信号会迅速传至整个经济，在经济过热或经济衰退时引发积累变化。

不断增长的不稳定趋势比大萧条情节更为普遍，并且使人回想起19世纪出现的一种成熟经济体。尽管如此，大萧条却仍然是重要事件，为罗斯福新政的监管框架、第二次世界大战结束时的凯恩斯主义革命以及相应的宏观政策的实施创造了条件。在当代资本主义发展阶段，类似的发展正在各国甚至全球范围内被提上议事日程。主要方面是再监管和宏观政策。

①. G. Duménil and D. Lévy，*La dynamique du capital*：*Un siècle d'économie américaine*（Paris：Presses Universitaires de France，1996），chap. 12.

从更广泛的层面上讲，可以将大萧条解读为20世纪早期资产阶级的两个方面共同作用的结果，一方面是资产阶级刺激技术、组织和金融创新的惊人能力，另一方面是对建立稳定金融部门和宏观经济所必需的机构和机制令人难以置信的抵制。20世纪20年代，对于建立中央机构以应对现代信贷与货币框架形成过程中固有的破坏潜能存在强烈抵制，并且也没有试图减缓金融机制的发展。

在分析社会进程时，很重要的一点是，不能有意地试图用简单 278

的“拒绝”或“意愿”来指称个体动机。但同样必须强调的是，部分上层阶级、阶级细分组成或狭隘利益集团往往对社会变革的含义抱有清晰的认识。这些群体的成员对于本群体的利益抱有深刻的见解——尽管有时候是错误的，并且可能存在分歧性选择。一种有关资产阶级基本利益的典型右翼观点，一直构成了现有争议和决策制定的基础（就像在新自由主义下一样）。这一观点表现出对过多政府干预的极力厌恶（当维护直接利益需要时除外），它为自由市场辩护（即对于高收入的无限制的追求），认为市场“准则”足以保证金融体系的稳定，主张必要的市场灵活性（特别是劳动力市场），认定工人组织所谓的负面影响，对通货膨胀感到恐惧，等等。在政治上偏向右翼的占据领导地位的知识分子赋予这些原则科学论断的外衣，会议和智库为它们持续的改善和更新贡献力量。游说人士在任何需要的时候努力说服政府官员。

历史分析揭示了针对有关金融监管的进步，以及集中的宏观金融政策的社会利害的敏锐洞察。美国曾经对建立中央银行存在强烈而持久的反对意见。反复出现的危机的激烈力量是必需的。在中央银行建立之后，它一直以落后原则为基础采取行动，譬如真实票据学说，将信贷的适当水平与贸易量联系起来。即使是在当代资本主义，在危机爆发前，政府高层也存在对监管的强烈反对（尽管美联储的核心作用未受到质疑）。现在只有少数极端右翼思想家仍然反对美联储或政府支持企业，认为其相对于决策结果来说并未尽到金融责任。

从 19 世纪开始，以追逐无限盈利和高收入的名义，金融不敢实施宏观经济控制与监管框架。理由是其中涉及了核心的资本主义机制，譬如通过信贷“创造”资本的能力。亟需向前迈进的一步最终

在第二次世界大战之后实现，但却是以大幅萧条为代价的，对于资 279
产阶级和金融机构而言，也是以数十年的利益抑制为代价的。这是对何为新自由主义危机的一次预演。

20 世纪 20 年代和大萧条期间，美国有了一家中央银行。在 1907 年的危机过后经历了较长的过程，美联储于 1913 年成立了。但是，对金融结构的控制并没有被美联储提上议事日程，而且它在产出收缩期间的作为也显著不足。在美国国内和国际上，建立一种有利于新自由主义所表达的阶级策略的新框架的决心，与抵制建立相应的易于保证金融结构稳定的监管和机构之间进行的对比，表明上层阶级的野心中固有的一种倾向，这种倾向迟早会导致一场重大危机。在这个方面，历史顽固地重复了自己。大萧条带来的教训已经被遗忘，就像在朝向放松监管的不可阻挡的行进途中所表现的那样（见第九章）。当金融企业纷纷破产时，金融当局才恢复了记忆。

持续强烈的收缩态势

当大萧条的最初阶段开始出现产出收缩时，美联储下调了利率。但是，这一举动并没有阻止银行不断恶化的局面。经济有贷款需求。但是，在通货紧缩的背景下，违约的风险不断增大，[12] 尤其是传统小型企业。除此之外，考虑到普遍的低利率和正面临的巨大的不确定性，贷款已经不再盈利。银行停止发放贷款，这是一个引人注目的信贷紧缩的实例。这一过程在 1932 年达到顶峰的银行业危机和产出的急剧收缩中终结。总体而言，中央货币机构并不消极，它下调了利率，但是信贷这个传送带断裂了。

与大萧条相比，自 2007 年 8 月以来货币机构的行动看起来更加雄心勃勃且更加迅速。从 2007 年末当经济尚未衰退时起（并且更多

的是在每次危机加深之后），美联储就通过积极、创新的信贷政策介
280 入，行使其作为最后贷款人的职能，援助金融机构。这些政策的推动远远超出了下调利润和标准的公开市场业务操作，目的在于避免累积性的银行危机以及更加普遍意义上的金融崩溃。美联储采取了许多干预措施，但却并未阻止金融崩溃。它未能阻止信贷紧缩不可缓和的演变以及大收缩的出现。

这些观察回溯性地对大萧条的解读提出了质疑。更加成熟和大胆的工具会抑制住大萧条吗？人们也许想知道金融当局在面临巨大的金融危机时的真正权力是什么。尽管如此，底线仍然是相同的。1929 年 10 月至 1933 年 3 月间，就像 2007 年 8 月至 2009 年初期间一样，美联储的行动已无法阻止金融危机。除了共同之处和不同之处以外，历史重演了。

第二十二章　罗斯福新政的政策与政治 281

在很多方面，2009 年的美国经济状况都与 20 世纪 30 年代早期的普遍状况相似。如果考虑产出的低迷情况的话，1929 年和 2008 年的情形也颇为类似，二者相隔几乎整整 80 年。如果侧重于针对危机特有的金融特征而采取的应对措施的话，那么 1930 年至 1933 年间的应对措施与 2007 年的应对措施之间在尚未确定的数年里颇为相似。

1933 年标志着罗斯福新政开始实施。[1]（传统上将新政区分为两次，第一次是 1933 年至 1935 年期间，第二次是 1935 年至第二次世界大战期间。）美国和主要资本主义国家在 2009 年，即一项“新的新政”最初阶段属于上述两次新政的哪一个？

紧急情况与秩序基础

大萧条是一场结构性危机。20 世纪 30 年代与 20 世纪 40 年代政府面临的挑战是不仅要逆转产出收缩，而且也要打下一种新的可持续发展的社会秩序的基础。然而，无论前者还是后者皆不可能在短期内实现。15 年以上的时间是必需的，人们可能想知道，如果没有战时经济刺激，这种新秩序的建立会需要多长时间。紧急情况与秩序基础这两项任务之间的关系比凭借经验可以想象的更加紧密。无论政治家们是否意识到这种紧密程度，罗斯福新政实施期间的大部分措施都结合了这两个目标。

应对当前危机的方式同样具有与罗斯福新政相同的双重性质。
282 建立一种新的社会秩序作为第二个目标，将随着时间的流逝逐渐变得更加清晰。显然，对于这项任务的维度仍然没有清楚的认识。尽管历史经验是有所帮助的，但是却没有政治家们可以求助的既定计划。在大萧条爆发时，19 世纪 90 年代的危机仍然留在所有人的记忆中。新自由主义危机也同样让人们想起大萧条。对金融机构和宏观经济提供援助的决心显然受到了罗斯福新政的启发。但是情况却也迥然不同，当前这场危机也揭示出大萧条的各个方面还没有必然地被彻底理解。

除了巨大的不确定性和对早期经验的借鉴之外，政策与改革的实施受到了社会群体之间正在进行的政治斗争的深刻影响。20 世纪 30 年代，无论是被认为用以刺激需求和产出的措施，还是新的经济和社会特征，各方对此都没有共识。利益冲突十分尖锐。

在这种情况下，官员必须显示出超越局部利益的真正的治理能力，但他们也要受到政治规划的指引。在罗斯福总统的行动背后，可以相当清晰地辨别出一种“适度资本主义”的画景。主要原则是缓解金融部门和大企业的过剩，政府采取更大的干预行动，并赋予大众阶级一种新的角色和各种新权利。这种变革意味着与第一金融霸权的租户（和受益人）的一次直接冲突。

这种新型权力配置的确切特征直到第二次世界大战结束才得以确立，特别是有关私人企业（所谓的市场）的相对作用、中央机构以及工会的特征。在某种意义上，罗斯福新政的重要内容在战后得到了巩固，而这一现象也解释了为何“罗斯福新政同盟”这一短语有时候用来描述战后数年的特征，仿佛新政拥护者的行动在第二次世界大战以后仍然明确地继续着。在罗斯福新政的诸多根本特征中，关于金融部门、政府行动和劳动力的特征自然得到了保留。但是也存在相当多的调整，向大企业做出了大量让步。总的说来，一种新的社会秩序建立了起来，这是20世纪30年代和20世纪40年代的社会动荡与战争结束时出现的社会妥协共同作用的结果。

贸易保护主义 283

1930年6月通过的《斯穆特—霍利关税法案》是危机爆发以后，罗斯福新政实施之前实施的第一个重要工具。该法案提高了对进口商品征收的关税水平。该法案与针对当前危机的分析的关联性是显而易见的。

围绕自由贸易和贸易保护主义的争论反映了不同类别的企业之间的利益冲突，以及许多政治家所关注的问题。这也表明了在参与国际劳动分工的过程中不同国家之间普遍存在的紧张关系。这些相互分歧的利益明确表现在美国国内和国外对这一法案的广泛反对中。很多国家，尤其是加拿大和欧洲国家，纷纷采取报复行动。1,000多名经济学家签署了反对该法案的请愿书，提交给胡佛总统，同时商界人士（H. 福特和摩根大通的首席执行官Th. W. 拉蒙特）也介入进来，企图推翻这项立法。该法案的影响在某种程度上因为1934年通过的《互惠关税法案》而得到缓解，逐渐降低了美国对加拿大、英国以及一系列拉美国家征收的关税。

《斯穆特—霍利关税法案》受到指责，称其导致了对外贸易的大幅缩减，加剧了大萧条。就美国而言，最初的一个现象是在那些年里美国对外贸易十分有限。1929年，出口和进口（对外贸易总值的一半）的平均值达到国内生产总值的4.6%。而国内生产总值在1933年降到了最低值，与1929年相比减少了27%。进口量与出口量的降幅则更为惊人，在1929年至对外贸易降至最低值的1932年期间，分别下降了37%和47%。这种降幅对于美国经济的影响也许是有限的，但是在许多更加依赖对外贸易的外围国家却感受到了打击。

从严格意义上讲，尽管贸易保护主义本身并没有延续到第二次世界大战之后，但是战后最初数十年的一个特点仍然是远离自由贸易。凯恩斯认为自由贸易是实施货币政策的一个障碍（第九章），而关税是战后新框架的组成部分。在那些年里，自由贸易壁垒是最富争议的问题之一。美国拒绝签署布雷顿森林协定中有关国际贸易的部分，并且阻止世界贸易组织的成立。美国政府启动了达成1947年的《关税及贸易总协定》的进程，这是恢复自由贸易的第一步。然而，关税和非关税壁垒仍然是战后最初数十年的一个特征。

284 大萧条期间对于对外贸易的控制破坏了之前的国际劳动分工。在这种情况下，许多拉美国家实施了进口替代模式，也就是以民族工业为中心的发展战略。政府支持工业化，尤其是保护其免受国际竞争的行动是核心的（见表框23.1）。这些框架在这些国家第二次世界大战后的发展中发挥了至关重要的作用。

缓解竞争

大萧条被归因于金融部门的过剩，但是在更普遍的意义上，也被认为是由对许多作为过度竞争受害者的小企业的破产负有责任的大企业造成的。[2]（对于19世纪90年代大萧条的记忆保留在大家的脑海中，同时也记得新政府明显的反大型企业的倾向一直持续到20世纪30年代末。）此种观点促使《全国工业复兴法案》（NIRA）于1933年6月通过，根据该法案成立了国家复兴管理局（NRA），并成为第一次新政的一个支柱。

国家复兴管理局试图在政府官员的帮助下，通过在企业之间协商达成协议，以缓解严峻的竞争压力。其次是调整劳动关系（规定最低工资和最长工作时间）。经济被划分为12个产业群组，并根据准则进行组织。这些产业群组的明确目的是阻止恶性竞争，设定反通货紧缩下限价格，并协调对薪资、价格和产出的管理。（顺便强调的是，凯恩斯曾严厉地抨击国家复兴管理局的改革计划。）[3]1935年，整个计划被宣布违宪，[4] 这标志着第一次新政的结束，但有关劳动的措施后来被纳入劳动立法。这并不意味着准则对于宏观经济的稳定没有贡献。

很难想象将大萧条背景下流行的一系列激进观点，尤其是对于"计划"的呼吁，代替传统的竞争机制（见表框22.1）。围绕国家复兴管理局行动的争议引发了非常根本的问题。应该赋予市场机制怎样的职责？中央协调具有怎样的地位？准则的废除首先做出了回答。而对于"市场机制"的质疑则是有限的。

表框22.1　第一次新政与计划者 285

美国经济激进而持久的变化是定义第一次新政时的讨论焦点。用阿瑟·施莱辛格的话来说：

第一次新政的本质是肯定国家计划。1933年的人们相信，在现代工业社会，价格—薪资—利润行为的问题与资源配置的问题不可能自行解决。在他们看来，只有将私人和公共的计划进行相当程度的融合，这些问题才能解决。第一次新政提议根据技术发展的重要性，通过经济机构的重构来重建美国。①

加德纳·米恩斯是一位典型的计划者：②

他［米恩斯］有力地论证说，在至关重要的经济部门中，管制价格已经取代了市场价格，而这是经济增长的一个必然阶段。[③]

另一个相应的选择是重回小规模。代表性人物是布兰德斯大法官：[④]

1935 年（第一次新政结束时）的抗争从根本上说是存在于计划者与新布兰德斯主义者之间的抗争，所谓新布兰德斯主义者就是大规模的崇拜者和竞争的崇拜者。[⑤]

---

①. A. M. Schlesinger，*The Age of Roosevelt*，vol. 3，*The Politics of Upheaval*（Boston：Houghton Mifflin，1960），389.

②. G. C. Means，"Industrial Prices and Their Relative Inflexibility，" U. S. Congress，Senate，74th Cong.，1st sess.，1935，S. Doc. 13.

③. Schlesinger，*Age of Roosevelt*，3：218.

④. 1935 年，布兰德斯已经 79 岁了。他表现得像是按照杰斐逊和威尔逊的传统工作（他曾经作为威尔逊的顾问）。他的主要论点是，集中对于美国传统的民主价值来说是一种威胁，并倡导回归"小单位"。他成功地激励了一群年轻的追随者。

⑤. Schlesinger，*Age of Roosevelt*，3：398.

286 除关税以外，战后时期的反托拉斯的措施是应对大萧条的工具中的一个有趣样本，这一措施二战后在某种程度上得到了保留，尽管是以更加缓和的形式保留的。

项目与赤字

有益的是要回顾一下，在应对金融危机时，政府赤字并没有被认为是一个重要工具（这与2009年的普遍局面形成鲜明对比），尽管在20世纪30年代和40年代期间，政府赤字显然发挥了作用。

胡佛政府已经认为公共项目是一种紧急政策，旨在支持就业或纠正失业的影响，但却不是一个主要的需求工具。[5] 罗斯福总统也持有类似观点。[6]（在这里可以回顾一下1933年至1942年间成立的民间自然资源保护队，这是针对失业人员的一个公共工作救济项目，这也许是罗斯福新政中最受欢迎的措施之一。）

除了基础设施和建设项目被设计出来以“刺激经济复苏”之外，没有任何需求政策。但政府赤字却产生了，尽管水平适度并且没有受到罗斯福总统的青睐。赤字占据上风是因为它们不可避免地发挥着内置稳定剂的作用（政府开支的迟滞缓解了经济周期的波动）。在1937年产出收缩期间，开支受到削减。在这次试验失败以后，罗斯福总统对赤字采取了更为开放的态度，尽管他的立场依旧模棱两可。[7]

图22.1表明了政府（联邦政府、州政府和地方政府）的收入和支出在美国国内生产总值中所占的百分比。两条线之间的距离衡量的是预算的平衡。可以看到，在罗斯福新政实施之前的大萧条时期收入和支出都大幅增长，但是考虑到大萧条的严重性，赤字依然是有限的。总的来说，20世纪30年代和40年代的项目可以被理解为预测战后需求的政策，而不是针对宏观经济稳定性的一个主要而慎重的行动。该图描述了政府收入与支出——政府的经济规模——的上升趋势，这是战后经济形成的一个关键特征。1929年，政府收入达到国内生产总值的9%。1952年，这一数值增至26%（2008年为35%）。 287

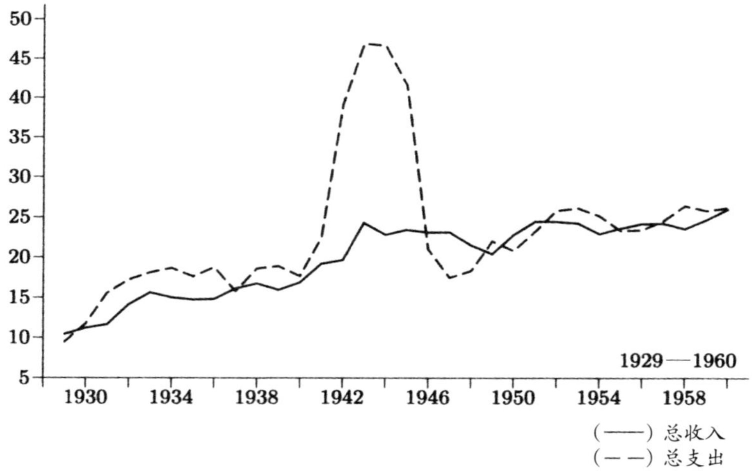

图 22.1　美国联邦政府、州政府和地方政府的收入与支出情况（在国内生产总值中所占百分比，年度值）。

第二次世界大战期间，巨额赤字成为普遍现象。在凯恩斯主义盛行的数十年里，赤字依然很有限，最终在新自由主义盛行的数十年里上升，只有20世纪90年代后期例外（见图19.4）。考虑到新自由主义的正统金融原则，这一点可以被认定是自相矛盾的，但它也是与有利于人口中最富有阶层的政策相一致的，这一政策的目的在于减少高收入阶层的税收，降低美国国债的高利率水平。

在战后凯恩斯主义盛行30年之后，应对当前这场危机的措施显示源自大萧条的教训已经被汲取。美联储向金融部门提供的援助避免一次彻底崩溃，但却无法避免信贷紧缩和宏观经济收缩。根据纯粹的凯恩斯主义观点，侧重点应转向通过赤字直接刺激需求。显然，产出的大幅收缩要求支出远大于收入。这正是奥巴马总统开支计划的要旨。并非偶然的是，2009 年赤字规模接近向家庭与非金融企业所发放贷款的收缩规模（在 2007 年二季度和 2008 年四季度之间收缩规模为国内生产总值的−14%）。然而，却没有任何证据证明，赤 288
字总额将足以阻止经济收缩并恢复增长。

第二次世界大战以后的宏观政策

严格意义上的凯恩斯主义宏观政策框架在战后得到了实施。这一框架肯定了私人企业在生产与贸易方面的主动性——通过反托拉斯立法而有所缓解的所谓市场机制——但对于宏观经济的控制却掌握在中央机构手中，基本上是在美联储手中。凯恩斯主义宏观政策意味着，通过货币与财政政策而不是凭借大萧条时期的大量赤字，对宏观经济机制实行持续控制。[8]

反映新型劳动关系的新发展趋势的一个重要的象征性表现是 1946 年表决通过的《就业法案》，该法案将保证充分就业确定为联邦政府的一项职责，其中明确提到了凯恩斯主义经济学。（根据该法案还成立了经济顾问委员会。）问题不仅是宏观经济的稳定性，而且也是对政府职能的界定，也就是一种政治承诺。

战争结束时的国际构成在布雷顿森林得以确立。主要方面在于固定汇率、限制资本的国际流动，以及建立国际货币基金组织以帮助那些面临外汇储备暂时短缺的国家（见第九章）。然而，美国总是力图限制国际货币基金组织的作用，保证自身的主导地位，尤其是美元的领导地位。

在当前这场危机中，由于货币政策的国家框架在每个国家已经建立，此时的情形不同于两次世界大战间隔期间的普遍状况。尽管如此，当考察全球经济时，仍然可以看到都同样缺乏稳定机制。国际货币基金组织的行动当然没有被忽略，但全球金融危机却表明，到目前为止，国际货币基金组织的潜能并没有满足稳定世界经济的要求。新自由主义全球化中固有的宏观政策的局限产生了严重问题。

289 稳定并控制金融部门

新政中几乎没什么内容像金融部门的行动那样令人信服地表明在危机事件压力下所采取的各种措施。

第一个最直接的措施是 1933 年 3 月 9 日（在罗斯福总统宣誓就职后四天）通过的《紧急银行法案》，从联邦层面宣布了“银行假日”、对银行的审查以及银行可能恢复的业务。（只有三分之二的银行迅速重新开张。）紧随这一惊人举措之后，是实施大范围的监管框架，以及成立联邦存款保险公司。这些措施旨在稳定金融部门，尤其侧重存款机构。其中最著名的一项措施是《格拉斯—斯蒂格尔法案》，该法案旨在限制投机行为，并设定存款利率上限（条例 q）。《格拉斯—斯蒂格尔法案》的核心是分离投资与商业银行。1933 年通过的《证券法》和 1934 年通过的《证券交易法》对证券的发行与二级市场交易实施监管。除此之外，还可以提及的还有 1934 年的对证券经纪人和交易商的监管措施。

其他一些工具旨在为面临困境的抵押贷款借款人提供援助，并刺激新贷款。1933 年 6 月通过了第一部立法——《房屋所有人再融资法案》，并以 1934 年通过的《国家住房法案》作为补充，根据后一部法案成立了联邦住宅管理局和联邦储蓄与贷款保险公司（FSLIC）成立。随后在 1937 年通过了《住房法》。房利美作为一个政府机构于 1938 年成立（见第十三章）。在金融机制的这一新举措之外，可以提及的还有 1935 年的《税收法案》，该法案提高了向高收入、房地产和企业征收的税额，因此也被称为“敲富人竹杠”税。[9]

罗斯福新政的监管框架一直延续到第二次世界大战。因此，它确定了战后数十年美国经济的一个重要方面，是截至新自由主义建立约束金融利益的一个支柱。20 世纪 80 年代新自由主义的首要目标之一即为解除这些制约，这便不足为奇，但是，要想履行这一任务需要 20 年以上的时间（见第九章）。

显然，当前这场危机将意味着重新监管。次级抵押贷款、证券化、表外实体以及衍生品市场的存在遭到质疑。2009 年 2 月 4 日， 290
保罗·A. 沃尔克（前美联储主席，也是奥巴马总统经济复苏顾问委员会成员）在向参议院银行委员会的陈述中，为美国金融机构勾勒出了一个新的管理与监管框架的轮廓。第一个方面是将房利美和房地美公司转变为政府机构，它们在危机爆发前的身份是模糊的（见第十三章）。（这实际上意味着回归到 1970 年以前的普遍情形。）第二个方面，沃尔克提议对冲基金和私募股权公司要进行登记，并且定期申报。就大型金融企业而言，他提倡“特别严密的管理和监管，以满足统一的国际高标准”，并指出要建立一个超级监管机构，该机构可能是美联储的一部分。在 2009 年 2 月 20 日的另一份声明中，沃尔克提到了对一系列新工具（诸如债务担保证券或者信用违约互换等）进行彻底抑制，朝向后新自由主义金融又迈进了一步。

劳动关系

新政期间所采取的措施远不止监管和政策。政府对于劳动者的新态度，尤其是总统的态度，确立了一种与大众阶级之间更为广泛的新型关系的基础，即第六章所说的朝向左翼的社会妥协，至少在第一次危机结构中如此。除此项立法之外，还包括罗斯福总统对工人购买力始终赞成的态度。

在第二次世界大战之前，对劳动者的新态度的社会基础问题一直具有争议性。大企业部门是赞成妥协还是强烈反对？这种新的发展轨迹可以被解读为官员与工人之间在面对普遍意义上的经济和具体意义上的金融部门时的一种同盟形式吗？

有一点是确定的，在全球工人运动兴起以及1900年美国社会党成立的大背景下，20世纪早期是美国存在激烈阶级对抗的一个时期。可以回顾一下当时的大规模罢工、1914年4月著名的“勒得罗大屠杀”，以及1913年美国劳工部和产业关系委员会（CFI）的成立。[10]根据詹姆斯·韦恩斯坦的观点，这一局面导致了一部分大型企业
291（如在全国公民联盟［NCF］中）出现了倾向于向劳工妥协的新立场，这一立场涉及最低工资标准、工人报酬、工伤保险以及社会保障（体现在自愿体系中却没有立法）。这种发展趋势的盛行并没有改变以下事实，即第一次世界大战是一个以爱国主义名义进行强烈镇压的时期。根据《反间谍法》，数千名社会主义者和激进人士被判有罪而遭受监禁。20世纪20年代，劳工的组织能力受到反托拉斯法的限制。在大萧条时期，1933年和1934年爆发了新一波罢工潮，许多城市和被收购的工厂发起了总罢工。

在新政期间，关于劳工与资本之间关系的一项重要立法是《国家劳工关系法案》，即著名的《瓦格纳法案》，签署于1935年7月。这一法案重新引入了一系列由国家复兴管理局提出但被判定为违宪的措施。（这一法案最关注的问题，尽管不是全部问题，是私人部门。）它保护工人组织工会、集体谈判以及罢工的权利。它还确立了最低工资标准和最长工作时间，同时成立了全国劳动关系委员会（NLRB）。可以预料的是，该项立法遭遇了企业方面以“自由市场”

为名的强烈反对。它最终由1938年通过的《公平劳动标准法案》进行了补充，该补充法案设定了国家最低工资标准，规定了1.5倍工资额的加班补偿，并对童工实施监管。

在这一框架之外，还有一些福利措施，譬如1935年8月通过的《社会保障法》。这些措施的目的在于援助退休人员、失业人员和家庭，并提供医疗服务。（不是所有社会类别都被涵盖在这些措施中，尤其是妇女和大部分非洲裔美国人不在其中。）这些措施基本上延续到第二次世界大战以后，尤其是社会保障，2000年仍然为65岁以上的人提供相当于其收入38%的社会保障福利。[11]

尽管反复出现限制其影响的企图，但是亲劳工的立法仍然持续到第二次世界大战结束。1946年，爆发了新一波大规模罢工潮。1947年6月，在大批民主党人的合作下，尽管杜鲁门总统否决，美国国会还是通过了《劳动管理关系法案》，或称《塔夫脱—哈特莱法案》（Taft-Hartley Act）。该法案代表了工人运动的一次重大挫折。它修改了《瓦格纳法案》，尤其界定了针对工会的“不公平劳动行为”。

尽管相隔12年，《瓦格纳法案》和《塔夫脱—哈特莱法案》的相继通过是战后妥协形成的整个过程的典型特点。在大萧条的极端情况下，罗斯福总统面临着财政、大型企业以及共产主义和法西斯 292
主义的双重威胁，他采取了明显偏向于劳工的态度，这种态度也是即将到来的社会秩序的基础之一。尽管战争结束时做出了重要调整，但是福利框架和有利于劳工的大部分立法都一直延续至战后最初的数十年里。

在讨论当前危机的可能后果时，必须牢记有关大萧条的后果的这些教训。大众阶级可以获得许多权利，但这些胜利必须积极地保持下去。

战争经济

在战争经济中政府的直接干预是在巨额赤字普遍存在的情况下中央干预经济事务的另一种表现（见图22.1）。战争经济同时也意味着来自政府的巨大需求量、直接组织生产、诸如控制价格和薪资等重大宏观政策，以及政府为增加生产而对设备和结构投资的直接参与。

在1943年至1945的三年间，军费开支达到国内生产总值的40%左右。1943年，企业投资总额的60%以上由政府提供融资，并由私人部门进行管理。这类投资被称为“政府所有，私人运营”（GOPO）。[12] 第二次世界大战以后，相应资产以极低的价格售卖给负责管理的企业，政府终止了这类直接投资行为。在诸如铝和橡胶等基础产业发展方面，这类投资发挥了至关重要的作用，这些产业成为战后经济的重要组成部分。

1942年1月，罗斯福总统成立了国家战时劳动委员会（NWLB），仲裁劳动者与管理层之间的纠纷，以避免生产过程中出现中断。该委员会一直存续到1945年，控制薪资和价格。它的裁决有利于低薪资人群，并且在实际上冻结高管的工资。[13]这些措施阐释了第五章所探讨的薪资不平等情况的急剧下降。[14]然而，最有趣的现象是这种收入模式一直保留到第二次世界大战以后，这种模式只是逐渐被逆转（图5.1）。

293 第二次世界大战结束时的“适度资本主义”

从20世纪30年代和20世纪40年代的源头视角来看，新的战后资本主义的主要特征可以总结为以下几点。市场存在的意义在于私人企业决定投资、产出和价格。政府权力是巨大的。金融部门受到监管。自由贸易和资本的自由国际流动受到严格限制。对于宏观经济的控制掌握在中央机构手中。在某种程度上，劳工的组织权利得到保障。更普遍地说，薪资集中以及对上层收入阶层有利的收入已经减少。利润的有限部分被用来支付股息，股票市场得到适度增长。一定程度的福利保障得到保证。

除了对产出收缩进行修正之外，美国经济与社会整体上花费了15 年的时间——一次大萧条和一场战争——完成了这种改变。强有力的政治领导和劳工运动的全部力量都是必需的，这是即将到来的数十年里的乐观景象中的一项计划。

第九部分 295
一个新的社会和全球秩序：后危机时代的经济与政治

信贷（美联储向金融部门发放的贷款及其购买的证券）与政府开支是应对金融危机诸多表现（违约、破产和产出收缩），并且避免局势进一步恶化的最初措施。应对危机主要起因的措施确定了更为基本且迫切需要完成的任务。金融化、积累、失衡和全球化都牵涉其中。如果这些调节措施没有实现，就不会出现真正复苏，或者即便复苏也只是短暂的。这场危机也同样揭示了美国全球霸权的延续所面临的严重威胁。在苏联解体以后，世界就由一个单一国家主宰，但是现在一个新的时期来临了。国际权力关系的新网络的建立已经在进行之中。

未来数十年的历史进程将由这些相互作用的综合因素决定，这些因素对美国宏观经济调节及其国际霸权地位的延续具有重要影响。但是修正（诸如金融监管以及对美国宏观发展轨迹的纠正等）的紧迫性本身并不足以保证变革将会实施。如果变革实施的话，那也无法预测这些变革是成功还是失败。

任务的维度是巨大的（见第二十三章）。我们可以猜测“国家因素”，即关于保持美国霸权的问题，将发挥至关重要的作用（见第二十四章）。除此之外，还必须提到适当的政治决定因素，即上层阶级之间以及这一阶层与大众阶层之间的合作与敌对。这些冲突的结
296 果很有可能是建立一种超越新自由主义的新的社会秩序，在这一秩序中，管理趋势将会加强，尽管不会在短期实现。我们还可以预见在一个多极世界中国际关系的重构，可能重构一种新型的大西洋—亚洲的两极框架（见第二十五章）。

必须理解，本部分将探讨可能源自占据上风的历史发展趋势和危机冲击的社会秩序的本质。政治上偏向右翼或左翼并且致力于纠正当前局势的政府可以实施哪些变革？哪种新的国际等级将占据上风？这里的问题绝不能与会被认为更值得拥有的新社会和世界的定义相混淆。

第二十三章　经济要求 297

在展望后危机时代国内和国际可能出现的前景时，第一个方法就是考察导致危机相继爆发的各种因素，并探讨能够避免一系列导致当前僵局的事件重现的措施。譬如，不考虑其他机制，金融化的发展趋势意味着可能促进金融体系稳定的新监管。这正是本章的明确观点，即政府致力于经济复苏时可能实施的广泛的温和或者更加激进的改革。

图解 2.1 区分了两组危机的决定因素。该图解的上半部分强调了上层阶级对于高收入的追逐在金融化和全球化进程中共同发挥的作用。图解下半部的第二组决定因素是美国经济发展轨迹，即积累的不断下降趋势与积累失衡。本章的前两节将致力于探讨这些金融与宏观机制。第三节将讨论可能出现的美元危机，这是会彻底改变危机当前的发展轨迹的一种变化。最后一节将探讨新自由主义全球化的未来。

重建金融部门

最大胆的新自由主义的尝试，表现为对于高收入的追逐，是在金融机构内部进行的，并在这一部门被推到极致。然而，在新自由主义盛行的数十年里，显然没有关注这种扩张所涉及的诸多风险。298
这个部门最终被危机摧毁，并破坏整个经济。因此，在即将到来的几年乃至数十年里，在可持续发展的情况下，金融部门在国内和国际范围的重建被提上了议事日程。

下列各项措施在金融界以较为温和的批评和最受喜爱的自我批评的方式开始了。四类机制被考虑在内：（1）增加透明度，（2）减少风险承担，（3）控制负债，以及（4）调节高收入。关于这些措施，问题在于程度以及对实际含义的接受。这个列表的另一个极端是在金融部门与有利于非金融积累的实体经济之间建立一种新型关系，这是一种更为激进的变革（5）。服务于实体经济的金融部门是另一种金融部门，这是与这些领域中对高收入没有约束的追求相冲突的一种金融部门。最后一个问题是全球经济层面稳定性程序的缺乏（6）。

1. **透明度**。更常提及的诸多措施之一是增加信息。缺乏透明度在当前这场危机中发挥了显而易见的作用，应该予以修正。但是这种修正却涉及制度因素。若不考虑结构重组而谈及透明度的话，充其量只是一个神话，实际上只不过是宣传。表外实体（OBSEs）的“外化”揭示了金融机构的实际情况，使诸如《巴塞尔协议》的一级资本比率等比率变得毫无意义（见表框 9.4）。通常被称为避税天堂[1]的离岸金融中心也是如此，那里的信息都被有意隐藏了。场外交易必须禁止。此外，所有金融机构都必须遵守信息方面的相同规则，更普遍地说，是必须受制于相同的监管。对冲基金、私募股权公司等都必须像公共企业那样符合美国证券交易委员会的要求。

2. **风险限制**。危机爆发的另一个主要原因是金融机构参与高风险业务，这种情况经常是金融创新的结果。另一个共识是这类发展必须要设置壁垒。但此处再次涉及结构性改革。我们可能首先想到的是罗斯福新政中的《格拉斯—斯蒂格尔法案》，其目的就是要区分存款管理与投资银行更具风险的业务。危机证明，这类界限是必要的，并且应该扩展至金融产品的保险业务（从而与传统保险业务分

299

离开来)。为了限制家庭债务的风险，必须采取严厉措施来压制或控制可疑贷款。这类限制的目录很长，从次级抵押贷款（在另一些国家中不可能存在）到诸如“仅付利息”、“负分期偿还”以及可调利率抵押贷款等的非传统抵押贷款。金融部门的大部分利润来源将会枯竭。证券化与资产支持证券是私人公司类证券发行人手中掌握的众所周知的危险工具。一套完整的金字塔结构在初级证券化产品基础上建立起来，其中包括抵押支持证券、债务担保证券和以债务担保证券为基础证券的债务担保证券。监管应该从直接禁止（尤其针对最为复杂的工具）延伸至对受控制机构或政府机构的限制。

如果说套期保值业务按照其最初的“保值”概念（作为防止例如原材料价格波动或信用违约等的一种保险形式）可以在当代资本主义机制的逻辑中发现经济合理性的话，那么衍生品市场则远离了这种最初的目的而被用于投机目的。这些机制中的一些可以得到监管，另一些则受到抑制，特别是场外交易市场。譬如结构性投资工具中的利差所引起的套利定义了另外一系列的高风险机制。这类工具利用了金融机制处于始终存在的反转威胁之下的异质化特征，就像短期证券和长期证券的利差一样。这一点看起来像是消除表外实体（OBSEs）的另一个理由。

3. 对金融部门负债的控制。另一个重要问题是对杠杆作用的限制。危机说明巴塞尔协议的自我约束没有效果。亟需对对冲基金、私募股权公司、家庭事务公司等的借款设定限制。除了监管之外，还有可能采取政策手段。货币政策旨在控制单独一类金融机制，即对家庭和非金融企业发放的贷款，因为这些贷款对需求、生产和投资产生影响。在证券化、保险、衍生品市场以及杠杆作用等方面还没有这种旨在控制大额负债的政策工具。这类工具非常急需。

4. 对高收入和会计程序的限制。第九章强调了对高收入不受限制的追逐所固有的风险。这些行为导致不合理的扩张、高风险的创
300 新、直截了当的掩饰以及虚拟盈余的产生。按市场价值计价的会计方法是利润和资本利得的估价偏高的根源，解释了侵蚀了企业自有资金的巨额收入支付的原因。其中直接涉及的是高层管理人员和交易商的薪酬模式，譬如股票期权和奖金，这些可以被视为在财务报告中掩饰和确认亏损延迟的直接诱因。（不存在负的股票期权或奖金。）

5. 一个服务于实体经济的金融部门。这场危机对银行与非金融企业之间的关系提出了质疑。在预见有关调整美国宏观发展轨迹所要求的修正措施的谈论时，人们也许会怀疑金融部门的利润最大化是否与非金融企业内部的强大积累动力兼容。新自由主义发展趋势呈现的是相反的现象。第十章的惊人发现是所支付的大量收入并没有得到有利于非金融企业资金积累的相应资本流量的弥补。在回购业务中，负积累的过程正在发展中（见第四章）。中央金融机构的干预，譬如负责证券化或者活跃于类似违约保险这样的危险部门的政府机构，将成为重新设定经济发展方向的金融部门的一个核心组成。

6. 对全球金融的全球控制。显然，在所有这些机制中存在固有的国际维度。在新自由主义下，资本在全球范围内可以完全自由地流动。资产支持证券毫无限制地在全球范围内出售。很大部分载体和工具在避税天堂中找到居所。当诸如套利等业务在全球范围内得以实现的时候，如同套利交易那样，风险就具有了一种全球特征。在危机爆发后形成的新背景下，国际机构应在控制资本流动和全球监管方面被赋予相当重要的角色。

调整美国经济发展轨迹

关于危机的第二组因素指的是对美国国内积累的发展趋势的修复，这对美国的经济增长能力具有重要影响。那么，在影响美国经济发展轨迹的问题中，面临的问题之一就是家庭负债达到的不可持续的程度，以及美国经济对境外融资不断上升的依赖性，特别是威 301
胁美元汇率的这种金融援助的“债务”组成。国内与国外债务是同一枚硬币的两个面，因此必须同时加以遏制（见第十一章）。在这里，任务似乎极为艰巨，可以被认为几乎不可能实现。

1. **增长与投资**。增长率的修复要求对易于使新自由主义趋势转向去积累方向发展的公司治理进行深层变革。这种新型管理的目标必然是富有成效的投资。利润必须留存在企业内部，为了实现这一目标，作为利息、股息和上层薪资阶层的高工资而付出的利润将大幅减少。另一项选择是给非金融企业按照适当利率提供借款以支持它们的投资。发行新股份是另一种途径。这将意味着通过回购行为才能彻底挽回颜面。有利于国内投资留存利润的税收模式应该有助于这些改革措施。

不管采取何种方式，很容易理解，这类程序与股东价值的最大化相矛盾，并且从更普遍的意义上讲，也与新自由主义的发展目标相矛盾。

2. **抑制对外贸易逆差与负债水平**。另一项紧迫而艰巨的任务是为生产和需求的再区域化创造条件，以阻止不断增长的贸易逆差。竞争力的大幅提升、贸易壁垒的建立、消费的限制、美元汇率的下调，或者很显然，将这一系列机制结合在一起，这些都是需要的。

在采取这些调整措施时存在诸多障碍。贸易壁垒的建立引发了一个问题，即其他国家有可能采取报复行动。跨国企业和资本出口的整个体系是美国在全球占据主导地位的基础。贸易保护主义将对美国经济帝国的基础提出彻底的质疑。如果名义工资得以保持，流向美国经济的廉价商品被中断将可能对工人们的购买力产生巨大的影响，或者说，如果薪资向上调整，就可能对企业的赢利产生巨大影响。（在图 4. 1 的第一个广泛定义中，大量进口那些比美国制造的便宜的——消费品与生产资料——，是 20 世纪 70 年代危机后利润
302 率小幅上升的一个因素。）最后，美元的下降趋势将会是一个危险的发展趋势，威胁着这一货币的国际地位。众所周知，一种便宜的货币是实施有效的对外投资战略的一个障碍，还将鼓励外国资本的渗透。

一种限制进口并刺激出口的方法是大幅提高美国在其境内有效生产的能力。考虑到当前的经济状况，提升的竞争力将要求政府大量投入以支持研究和发展，尽管这是一个耗时的过程。但是存在另外两个问题。第一是跨国企业将大量生产部门转移至世界其他地区的能力；第二是进入相同领域的竞争力不断增强且效率不断提高的挑战者的增加。

3. **国内负债**。如第十一章所述，如果美国经济的整体发展轨迹不被迅速逆转，特别是如果美国不能成功地限制其对外贸易逆差和相应的对境外融资的使用的话，那么就只能以国内负债的上升趋势为代价来保证维持正常的产能利用率水平。谁将借款以刺激需求呢？家庭和政府是两个潜在的主体。在 1982 年至 1993 年之间，这项“负担”是由政府承受的。接着就转移至家庭（如同图 10. 5 所做的引人注目的图示那样）。下一步又返回到政府的更多借款上，这已经在发生过程中。

两种负债中任何一种的增长都很有问题。短期来看，这一局面会导致家庭贷款的紧缩以及政府负债剧增。家庭借款的可能刺激因素被认为会导致金融部门的复苏，特别是房利美和房地美这类机构的复苏，以及借款方的偿还能力的复苏。抵押贷款繁荣的景象表明，家庭负债的上升是受到了没有偿还能力的社会类别的债务的推动。这些群体在当前以及未来不确定的数年里都是过度负债的。在政府负债方面，问题在于贷款的可能来源。谁将继续借出款项？是世界其他地区吗？还是中央银行？美联储当然有能力增加其向美国政府发放的贷款数量（无论是直接增加贷款，还是通过帮助银行或其他金融机构购买美国国债），因此不难预测新一波通过这类渠道产生的政府债务的扩张。

4. 货币政策。最后一点是美联储恢复其实际控制宏观经济的能 303
力。正如第九章和第十四章所主张的，在危机爆发前几年，美国货币当局失去了对长期利率的控制。原因在于全球化的发展趋势（其影响由于美国贸易逆差的普遍存在而成倍增加）。这种能力应如何恢复？对大量贷款的直接量化控制将会提供一条出路吗？抑或全球宏观管理的时机成熟吗？仍然有一条很长的路要走。

货币危机？政府债务

2009 年末，美国经济累积性失衡对于该国造成的主要威胁是美元可能出现的贬值。在进行这一讨论之前，考察一下美元汇率的长期走势是很有趣的。

图 23. 1 中的变量是美联储的两个经价格调整的美元指数。它们是美元对一大群贸易伙伴的货币汇率的加权指数。（这一加权指数反映了美国的出口份额和从外国进口的份额。）主要的货币指数限于在

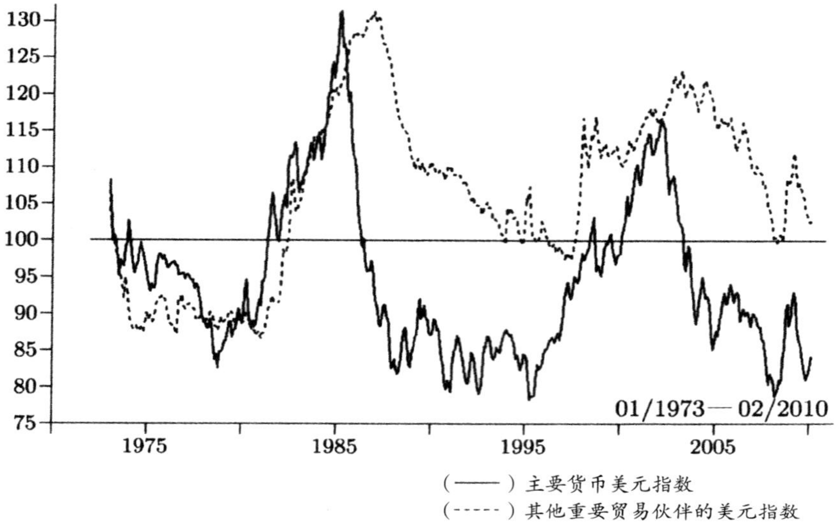

图 23.1　经价格调整的美元指数（1973 年 3 月 = 100，月度值）。

304 美国之外广泛流通的七种货币，[2] 而其他重要贸易伙伴（OITP）的货币指数则由其他子集货币的汇率决定。

该图表明在 2002 年以后，虽然没有出现清晰的下行的历史发展趋势，但美元对其他货币还是进入了一个新的贬值阶段。2009 年末，主要货币指数重回 20 世纪 70 年代末和 20 世纪 90 年代初的低值。美国其他重要贸易伙伴的美元指数可以看出是相对较高的。1985 年达到最高值后，用其他重要贸易伙伴指数考察的国家的汇率调整不像主要货币的汇率调整那么剧烈。许多货币是或多或少严格地与美元挂钩的。

由于贸易逆差的影响，外国人获得了大量美元。迄今为止，对美国政府和美国企业如此抱有信心，以至于持有这些美元余额的外国人都同意将其投资于美国证券。尽管美国政府会发生债务违约这一点肯定是难以想象的，但这却无法解决整个问题。有一点很容易理解，即在未来数十年，如果没有一定的通货膨胀和实际利率的减少，而且实际利率可能是负数，那么不断增加的政府债务就难以得到纠正。（正如在2009年末，短期政府证券的实际利率已经是负数。）当这种情况占据上风，或者只可能发生在美国证券持有者身上时，美元汇率面临的压力将是巨大的。风险在于，沿着随之而来的汇率下降趋势，汇率会达到一个临界点，美国货币当局将会失去对美元的控制。其结果将是汇率的崩塌。

美国以外地区持有大量公共证券投资组合，特别是中国在2000年以后购买了大量美国国债。分析家指出，在美元贬值的过程中，中国将遭受相当大的损失，因此将不会谋求这样的发展。这种评估也是模糊的。这样一种选择——继续贷款，同时冒更大的风险，停止贷款，然后遭受相当大的损失——属于典型的情况，在这些情况下没有任何平稳的调整措施可以解决一个累积性的问题。在某些特定时点，中国也许会决定临界点已经到来。无法评估这一临界点的位置，而且没有达到当前程度的任何历史先例。

图23.2显示了19世纪末以来政府负债在国内生产总值中所占的百分比。该图说明了第一次世界大战的作用，尽管第二次世界大战的影响看起来更为剧烈。与当前研究直接相关的是战后第一个十年与新自由主义盛行的十年之间的鲜明对比。第二次世界大战以后 305
的低实际利率与高增长率使一大部分债务得以清偿，而新自由主义盛行的数十年一直持续到1995年都处于增长期，这是由实际利率的未偿付水平所导致的（尽管非利息支出在国内生产总值中或多或少占一定的百分比）。值得强调的是，除了重大战争时期，自从19世

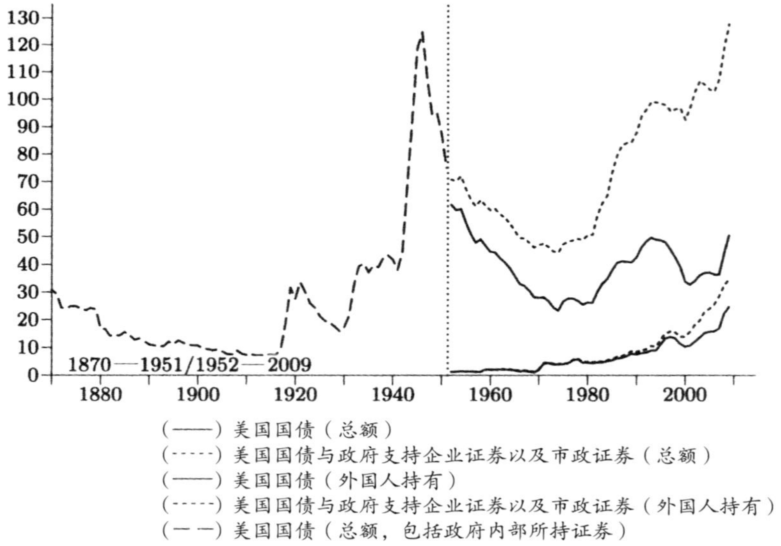

图 23.2　政府债务（在国内生产总值中所占百分比，年度值）。第三、第四变量分别与第一和第二变量相同，但前者数量仅限于外国人持有的证券数量。

纪末以来，新自由主义是这种剧烈发展趋势占据上风的唯一时期。基于最后这种现象，危机是政府负债急剧上升的根源，就像 20 世纪 30 年代的情况那样。但是政府负债未来的增长幅度将相对要大得多。

除了美国国债以外，还可以包括市政证券以及由诸如房利美和房地美等政府支持企业发放的证券（传统债券和抵押支持证券）。政府支持企业发放的住房抵押贷款证券大部分由家庭贷款和其他证券作为后援，因此在这一方面，这类证券不同于联邦政府发行的国债。尽管如此，美国政府仍然对此类证券负有责任（尤其是自房利美和房地美公司在 2008 年国有化以来）。我们还可以看到这些证券总量在新自由主义盛行的数十年间的惊人增长。2009 年末，债务总额（两部分的总和-----）在国内生产总值中所占百分比大于第二次世界大战期间所达到的最高值。 306

世界其他地区所持有的政府债务数量与此处有关美元汇率的讨论有着特殊的关系。这一点在图 23.2 的另外两个变量中得到了体现。我们的定义与前述相同，但数额只限于外国人持有的证券。我们看到了急剧上升的趋势。考虑到美国的失衡，这两个变量将会继续增长。这些现象表明，在通过可能不断增长的利率（为了吸引国外投资者）对美元地位进行捍卫，与政府债务趋势的逆转之间存在矛盾，并且没有任何清晰的出路。

总的说来，外国人大量参与美国经济的融资从根本上对美元在一个时间框架内的稳定性提出了质疑，这个时间框架是不可能界定的。很难相信，如果新自由主义的发展变迁以及新自由主义全球化持续下去的话，将会找到出路。

自由贸易与资本的自由流动

上述宏观政策的实施越来越困难，这一点自凯恩斯主义时代起就已经被遗忘了，除了宏观政策实施愈发困难导致的后果之外，自由贸易和资本的自由国际流动也一直是资本主义历史中永恒的争论对象。很多人认为，贸易壁垒对任何人都有害。还有些人则主张，贸易保护对于欠发达国家的兴起而言是必要条件。在一般情况下，至少到新自由主义全球化为止，最发达国家都赞同贸易和金融边界的开放（或者不如说，强制推行此开放，有时候并不是互惠的），而发展中国家则赞同各种限制。[3] 在将来的数十年里，何种发展趋势将占据上风？

美国面临的困难将肯定对其国际贸易与金融政策产生重要影响。要做到稳定金融部门并修正美国经济的发展轨迹，此项任务的维度是如此之大，以至于人们可能怀疑这种修正举措能否在新自由主义全球化的框架下成功实施。而支持自由贸易与资本自由流动的政治领袖充满热情的声明将无法降低这些必要条件的严苛性。

美国贸易失衡可以不求助于贸易保护政策而得到纠正吗？国内
307 积累新的发展轨迹可以在不严格限制美国境外直接投资的情况下得以建立吗？如果通过其他手段无法实现对美国状况的扭转，那就没有“任何选择”了。对自由贸易和资本自由流动的限制将是不可避免的。但是，跨国公司的命运以及世界其他地区的经济的未来都将涉及其中。

表框 23.1　进口替代模式

20 世纪初，大多数拉美国家都深入参与到帝国主义的国际分工之中，这种分工建立在农产品和原材料出口与工业品进口的基础之上。大萧条和第二次世界大战期间，阿根廷、巴西和墨西哥这些国家受到了混乱的国际贸易的深刻影响。这种局面导致所谓的进口替代工业化（ISI）模式的发展，这种模式的目的在于减少对国际经济的依赖，政府在其中发挥重要作用。

这些政策的理论基础在第二次世界大战后得以确立，如同劳尔·普雷维什、汉斯·辛格和塞尔索·富尔塔多等的论著中所体现的那样，此外，1948 年成立的由普雷维什担任主席的联合国拉丁美洲和加勒比经济委员会（UNECLAC 或 CEPAL）也体现了这些政策的理论基础。这些经济学家由于强调发展中国家的社会与经济“结构”，而被称为“结构主义经济学家”（与大卫·李嘉图的“相对优势”的“抽象”框架相对立）。辛格—普雷维什假说强调了贸易条件的恶化对外围国家的损害。[1]

进口替代工业化的平衡存在诸多争议，在不同国家和时期中也呈现出不平等的发展形态。进口替代工业化在20世纪70年代的恶性通货膨胀中达到顶峰。尽管如此，但毋庸置疑的是，主要拉美国家从第二次世界大战期间一直迅猛发展直至1982年债务危机爆发，随着这些国家进入新自由主义发展阶段，国内生产总值的发展趋势发生了明显的变化。（对于拉美七个主要国家而言，1951年至1980年的平均增长率是5.7%，而1980年至2005年则只有2.7%。墨西哥和阿根廷分别在1995年和2001年出现重大危机。）

①. R. Prebisch, *The Economic Development of Latin America and Its Principal Problems*（New York：United Nations，1950）.

考虑到贸易保护主义有可能复活，拉美国家在大萧条期间和之 308
后的经验值得参考。这些国家依赖自身的经济潜力，即所谓的进口替代工业化（见表框23.1），而转向发展战略。这些经验表明，必须将贸易保护措施的短期破坏性影响，与它对发展战略的可能积极的长期影响明确区分开来。在当前这场危机中，国际贸易的收缩将对进入新自由主义全球化并转向出口发展战略的国家或地区带来严重后果，这些出口既包括原材料和能源、高度劳动密集型商品，也逐渐包括更多的高新科技产品。德国和日本等国的情况同样如此，两国的经济都在很大程度上依赖于出口。美国的企业和股东也将受到增强的贸易保护主义的影响。（美国跨国公司和上层阶级极大地利用了新自由主义全球化。）尽管如此，但从较长周期而言，危机仍然有可能促使所有国家选择更为自主的发展战略（对于美国来说是生产的再区域化，对于中国来说则是需求的再区域化），以期达到积极效果——新自由主义全球化急需的替代选择。

第二十四章　国家因素 309

上一章侧重于对新自由主义发展趋势的后果的修正。第二个至关重要的问题是美国国际霸权地位的维持。实际上，这两个因素必须结合在一起考察，如同“美国霸权下的新自由主义”这一短语所体现的那样，这当然也是危机爆发前，国际资本主义局势最确切的特征。

考虑到美国国内占据上风的新自由主义发展趋势以及全球范围内挑战者的兴起，美国在经济方面的主导地位正在以相当快的速度被削弱。在不同程度上，国际等级的多极模式将逐渐取代当前的单极结构，具体情况要依未来数十年的事态发展而定。这种发展趋势提出了一个潜在的替代美国国际霸权的“全球经济治理”的问题。

显然，以下两组问题——美国国内经济实力和国际领导地位的维护——不能被视为彼此独立的尝试。一个在诸如技术与组织等领域占主导地位的大国，正如20世纪初以来的美国一样，是国际霸权极有可能的候选者。正是在这方面，“国家因素”可能成为决定因素。过去，美国在诸如两次世界大战和大萧条等重大历史节点显示出了巨大的应对潜力。

然而，从美国主导地位的角度来看，难点是在爱国主义或民族主义方面美国不具有排他性。在此，人们会想到中国，这个国家现在正投身于恢复其往日辉煌的历史进程中。最后，还可以猜测，其

310 他欠发达国家的各个民族在即将到来的数十年里将发挥愈来愈重要的作用。一个大西洋—亚洲的二极世界模式让人联想起第二次世界大战之后的发展，这一模式正在创造有利于这些处境较差国家的解放的环境。条件是这些国家的政府要显示出组织与合作的真实能力。由于这些发展趋势使全球多元化得以加强，所以每个国家的社会秩序都将会产生一种反馈效应。

丧失经济主导地位

这个问题的影响范围是巨大的，并且情形正在发生迅速变化。表格 24. 1 显示了 2008 年世界不同地区和国家的相对产出，使用的是按照购买力平价（PPP）计算出的国内生产总值。这张表格区分了“发达国家”和“新兴发展中国家”（EDC）。（数据和术语皆来源于国际货币基金组织。）可以看到，发达经济体的产出仍然占据全球国内生产总值的 55% 左右，欧盟与美国的份额皆略高于 20% 。中国达到了将近 12% 的份额。

除了这一初步的静态观察之外，只要考察全球国内生产总值的发展趋势，就可以看出国际相对数量正在发生调整。中国、印度等
311 国家从 20 世纪 70 年代末开始的经济增长是众所周知的现象，而另一个有趣的观察则是 2000 年前后在全球发展趋势中出现的重要变化。不仅外围国家的增长是这种新的发展趋势的原因，而且中心国家日渐萎缩的表现（美国增长率下降、欧洲增长缓慢以及日本经济停滞的影响）也是这一新趋势的根源。

这在图 24. 1 中得到了清晰的表示，该图描绘了不同群体的新兴发展中国家的国内生产总值与发达国家的国内生产总值的对比情况。

表格 24.1　2008 年国内生产总值（按照购买力平价计算，单位为万亿美元）

	国内生产总值	百分比
发达经济体	37.86	54.7
美国	14.33	20.7
欧盟	15.29	22.1
发达国家	8.23	11.9
新兴发展中国家	31.37	45.3
中国	8.2	11.8
印度	3.31	4.8
俄罗斯	2.29	3.3
巴西	1.98	2.9
墨西哥	1.55	2.2
韩国	1.28	1.8
其他新兴发展中国家	12.77	18.5
世界	69.23	100.0

图中变量是新兴发展中国家的每个地区（如表格 24.1 所示）按照购买力平价计算的国内生产总值相对于发达国家的国内生产总值水平的比率。本图将所有新兴发展中国家（——）细分为中国和印度（— —）以及其他新兴发展中国家（-----）。对于整个新兴发展中国家群体而言，可以看到这一比率在 2000 年以前呈水平发展趋势，之后就出现急剧上升，并一直持续至 2008 年。在 2000 年以前的平缓期，新兴发展中国家的国内生产总值达到了发达国家国内生产总值的 58%（1980 年至 1999 年的平均比率）。（有趣的是，这段平稳时期隐藏了中国和印度不同于该组其他国家的发展趋势。）但这一比率在 2008 年升到了 81%！可以猜测，当前这场危机和美国显现出的新

的发展趋势将在未来几年进一步加深这一影响。如果这些趋势持续下去，有可能确实会延长下去，那么在并不遥远的将来将会发生重大的结构重组。

312 世界不同地区的钢铁生产的数据进一步说明了这些新的等级（如图 20.4），其中值得注意是中国与美国的产量的对比，以及在中国占据上风的上升趋势。图 20.4 中的最后一个观察是，中国的钢铁生产量几乎是美国的十倍，而在十年前二者几乎是相等的。除此之外，中国目前正在全球大量投资原材料资源，并且正开始出口资本（收购已经存在的企业，一种直接投资形式）。

然而，考虑到美国在众多大经济体中的主导地位，最令人震惊的观察是美国非金融企业特有的*在国内的*负积累过程。这一过程在这些公司回购自身股份的倾向中已经得到了表述，特别是在危机爆

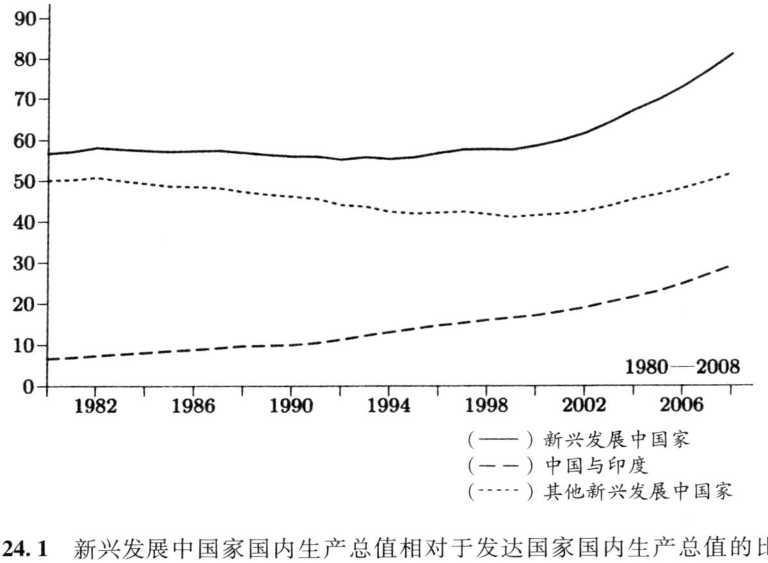

图 24.1　新兴发展中国家国内生产总值相对于发达国家国内生产总值的比率（百分比，年度值）。

发前新自由主义的后一阶段更加如此（见图 4.4）。不仅必须考虑美国本土的资本积累，还必须关注全球经济中的美国资本积累。这二者同样的相对下降趋势是显而易见的。图 24.2 为这种趋势提供了一幅引人注目的图像。图中变量是美国企业在股票市场新募集的资本在世界同类募集资本总额中所占的百分比。就在最近的 1997 年，这一数值还曾达到 50% 左右的峰值，但在 2007 年竟然降至不足 15%。这些变化表明了美国跨国公司在全球布局的相对倒退。

考虑到国际货币关系，尽管美元依旧占据主导地位，但债券发行所使用的货币却证实，2000 年以后欧元相对于美元的地位不断增强。尽管 20 世纪 90 年代后期，欧洲市场在债券发行方面占据主导地位，但这些债券中只有四分之一是以后来构成为欧元的货币计价的。2003 年以后，以欧元发行的债券超过了以美元发行的数量。[1] 313

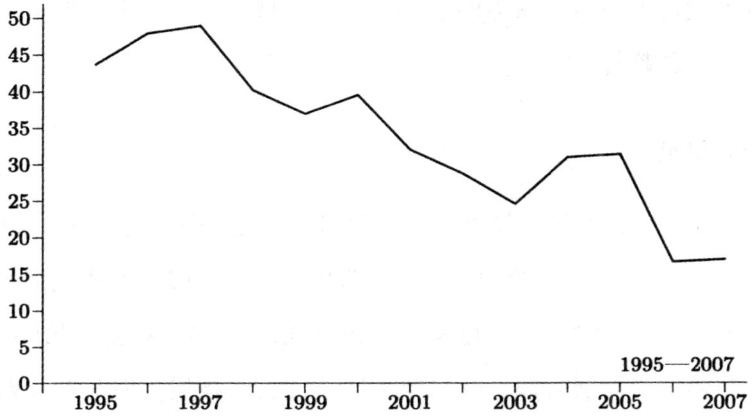

图 24.2　美国国内企业在股票市场募集的新资本（在世界此类募集资本总额中所占百分比，年度值）。

英镑似乎也不是替代选择。（在理解这些发展趋势时必须注意，汇率变化发挥了重要作用。）

当代世界经济的一个特征是资本集中于美国和欧洲资产阶级手中，这些地区的金融机构也同时占据主导地位，这一点至少维持到危机爆发前。在许多领域，欧洲都比美国占有领先优势，并已成为第二个跨大西洋中心。但是，目前的发展趋势预示了世界范围内诸多挑战者的兴起，这些挑战者既针对资产阶级也针对金融机构。[2]

1990 年，将美国经济的相对下降归咎于本国资产阶级的全球布局战略对美国国内经济的损害是有可能的。2000 年以后占据上风的全球发展趋势表明，如果不考虑美国的相对地位，这种战略未能维系美国资产阶级和跨国公司在全球的主导地位。

总体而言，对于当前发展趋势的评估是简单明了的。世界其他地区正在发展进步。美国经济和全球美国资本正在相对缩水。而且下降速度比人们通常认为的还要快。美国将有能力在未来的数十年里逆转这种趋势吗？

一个多极世界

在预测美国经济主导地位的减弱时，肯定必须小心谨慎。20 世纪 70 年代，已经有人提出观点，主张用“三国集团”形式代替当时美国在资本主义世界中无可争议的领导地位。日本未能成功地过渡到新自由主义发展阶段，欧洲经济增长比美国缓慢，因此在长期繁荣之后的 20 世纪 90 年代下半叶，较之其他主要资本主义国家，新
314 自由主义增强了美国的经济实力，问题是，2000 年以后，这种看似有利于美国的事态发展过程的持续，只是以不断增长的债务、不受

控制的金融化以及获取极高收益率的虚拟通道为代价而实现的。实际上，危机爆发前的数年意味着一种缓刑。在未来数年里，即使美国表现出巨大的能力以应对当前危机、建立一种社会新秩序，以及维持一种可持续的宏观发展轨迹，它也不可能继续保持截至2008年一直占据上风的无可争议的地位。

尽管欧洲在世界金融领域占有重要地位，但很难想象欧洲大陆本身可以成为一个新领袖，也无法想象欧元能够代替美元成为国际货币。众所周知，欧盟在政治上是虚弱的，而且也没有迹象表明局势将迅速朝向建立一个强大的政治体的方向发展。就2009年末的情况而言，危机似乎并没有促进这种发展趋势。

美国与欧洲之间的金融关系网十分紧密。[3] 因此，未来数十年里的一种选项可能是一个统一的跨大西洋的超级势力。这就要求美国与欧盟两个地区之间加强合作（譬如，以一个更高级的“跨大西洋经济伙伴关系”［TEP］的形式展开经济合作；或者在北大西洋公约组织［NATO］的框架下进行政治和军事的合作）。这次机遇会被抓住吗？大西洋一侧的勃勃野心与另一侧凝聚力的缺乏是两个关键的政治因素，制约着这样一种替代美国单一大国领导地位的格局的出现。

然而，如果不考虑来自外围国家的潜在挑战者的野心和行动，就无法评估美国与欧洲可能的霸权地位的未来。考虑到整体经济增长（国内生产总值的增长率），当前发展趋势显然有利于中国和印度。[4] 中国可能代替美国成为一个新的霸权的金融中心，这种假说有时候会被提及。这种发展趋势的两个方面必须加以考虑。一方面，在当前危机的第一阶段，外围国家显然抓住了机遇，参与到处境艰难的世界主导国家的资本中。来自外围国家的主权财富基金

（SWFs）在谋求更高回报的同时，逐渐改变了自身的投资策略，从无风险的政府证券转向要求高的投资。这些国家的企业和主权财富基金明确决定要收购美国金融机构的股权。在这第一阶段，美国企
315 业实际上一直在向亚洲国家或者像中东国家这样的受益于高石油价格的国家寻求金融援助。危机的深化以及美国政府参与那些正在衰落的机构资本的决定限制了这种发展趋势。另一方面，美国金融霸权的挑战者同样也发展了自身的金融机构。尽管股票市场低迷影响了上海和香港这样的中国金融中心，但引人注目的是世界这一地区的大型金融机构正在变得愈来愈重要。这种发展趋势预示着一个高耸的金融中心在亚洲的确立，这将补充中国巨大的工业实力。

中国要想在这些领域成为新的领导者仍然有很长的路要走。一种有雄心在全球占据主导地位的货币必须被兑换为其他各种货币，并且其汇率不能以服务于该国发展为目标进行管理，人民币就面临这个问题。这个问题可能解释了为什么至少在第一阶段中国正在寻求提升其在国际货币基金组织中的地位。

在当代世界资本主义中，不只是候选国家接连不断地兴起，而且在地区领导的霸权下，也有很大的可能构成地区实体。在欧盟，这一实体将围绕德国和法国；而在亚洲，则围绕中国、日本和印度，或者多国组合；在拉美，围绕巴西；在中欧和中亚，围绕俄罗斯；而在非洲，则可能围绕南非。（如表框 24.1 所示，这种观点在达沃斯论坛审视过。）但是，世界可能像过去一样，再次变成二极模式，一极是一个统一的大西洋经济体，而另一极则是一个强有力的亚洲。

全球治理

全球发展趋势的进展同样使全球治理这个政治问题成为必要。

在极有可能建立一个多极世界的情况下，如果没有出现一个新的霸权国家，那么就需要加强全球权力的行使。而且，“别无选择”，不是全球治理就是秩序紊乱。[5] 在货币与金融机制领域，亟需变革的方面包括一种真正的国际货币的建立、对国际金融机制的规范和监督、向面临困境的国家的信贷提供，以及对全球宏观经济发展趋势进行控制的形式。

表框 24.1　达沃斯论坛的新焦点（2008 年与 2009 年的报告） 316

在 2008 年达沃斯报告中，对于权力转移模式的认识得到了清晰的表达：①

全球商业环境继续受到权力从发达经济体向包括巴西、俄罗斯、印度和中国在内的新兴市场的转移的深刻影响，这些国家成立了自己的跨国公司，以与西方世界的著名公司展开有效竞争。

或者说：

然而，也许最能表现经济力量持续变化的平衡的，是在次级抵押贷款惨败中受到伤害而正在获得紧急财政援助的大型银行名单。通过吞噬石油、电子和公共储蓄的收益，主权财富基金已经成为最新的全球金融力量，这引发的关注是，当主权财富基金收购发达国家的战略资产时，它们可能想得更多的是利润。

2009 年，建立一个多极世界得到了明确的考量，关于这一点包含四种不同的前景，它们或多或少地结合了美国霸权的迅速衰落，以及或多或少的井然有序或无序紊乱现象：②

317 1. 金融地区主义是指，后危机时代备受责备的角色转换与经济进一步恶化的威胁导致了贸易和金融政策方面的三大主要壁垒，迫使全球公司去建构在全球范围内实施的三方战略。

2. 重新设计的西方中心主义是一个高度协调且在金融上具有同质性的世界，这个世界尚未面对权力转移的现实，以及监管上次危机而不是下一次危机的各种危险。

3. 分散贸易保护主义是指，一个具有分裂、冲突、货币控制以及逐底竞争特征的世界，这只会加深金融危机的长期后果。

4. 再平衡多边主义是指这样一个世界，其中针对有效风险管理方法的协调和异议的最初障碍在地缘经济力量迅速转移的背景下得到克服。

---

①. World Economic Forum,“The Power of Collaborative Action”（Annual Meeting at Davos，2008），5 and 7.

②. World Economic Forum，“The Future of the Global Finacial System：A Near-Term Outlook and Long-Term Scenarios”（Annual Meeting at Davos，2009），47.

在这里，回顾一下一系列布雷顿森林谈判与协定的经验是很有用的。如同凯恩斯最初考察的那样，1944 年出现的那些机构原本应该更接近于最终形成的真正的超国家机构。这类机构原本可以具有代表全球利益进行决策并且实施这些决策的较大能力（见表框 24.2）。但是，美国反对建立类似于国际贸易组织之类的机构，这类机构比国际货币基金组织更加成熟，并且拥有截然不同的职能。美国方面还反对建立一种新的国际货币，譬如凯恩斯所说的“班柯”

（bancor）。美国主动获取了原本应该掌握在国际机构手中的国际领导权。特别是，国际货币的角色被赋予美元。

尽管二十国集团反复召开会议，当前危机的状况还是突出了与这类国际机构的缺乏紧密相关的风险，这类机构是易于监管并且在一定程度上管理全球经济的。金融危机表明，最重要的一个机构——国际货币基金组织并不具备执行此类亟需任务所必需的能力，无论在权力方面还是在融资方面。在之前的数十年里，国际货币基金组织满腔热忱地投身于将新自由主义强加给外围国家，但却从未采取过任何行动在发达资本主义国家中间执行任何形式的纪律。在2008年末应对危机蔓延至世界经济的过程中，美联储明确选择独自执行任务（与其他中央银行合作，譬如货币互换）。另一种选择是将任务授权给国际货币基金组织。这种授权意味着，国际货币基金组织被赋予了干预的手段。到目前为止，拒绝授权国际货币基金组织的做法已经清楚表明，尽管发生了当前的金融风暴，但美国仍然决心延长其在世界范围内的货币霸权。

表框 24.2　全球治理 318

要强调的重要一点是，这里提及的是一个实际世界国家的雏形。[1]这里的问题不是理想的“世界公民的民主”，而是在一个阶级世界和帝国主义等级制度中可能存在的超国家政府。无论是国家政府还是全球政府都不是自治实体。正如国际范围内现存的这类薄弱机构的行为所充分表明的那样，到目前为止，没有任何强国超越了上述阶级与帝国的关系。这些机构的行为反映了占据上风的阶级与国际等级制度。

在任何给定的阶级国家的政府中，这类机构是主要国家之间权力与妥协得以确立的框架。这是占据上风的国际秩序内涵得以界定的地方。战后数十年的历史清楚地表明了这些国际机构的本质。布雷顿森林协定的谈判标示了英国与美国之间一定程度的敌对情绪。双方皆无法完全将自己的观点强加于对方。结果就出现一种妥协。在冷战期间，这两个超级大国都无法占据主导地位，联合国发挥了更为重要的作用。在美国霸权下的新自由主义期间，情况再次发生改变。在这数十年里，国际货币基金组织、世界银行、经济合作与发展组织和世界贸易组织作为新的社会秩序中固有的阶级目标的行为主体，强制推行自由贸易以及资本在全世界范围内的自由流动，“调节”国民经济以适应国际资本的到来（尤其通过放松对劳动和金融市场的监管，以及私有化）。因此，国际货币基金组织是在外围国家推行所谓的“华盛顿共识”的积极的行为主体，也就是建立新自由主义，有时候是在像20世纪90年代的阿根廷那样的极端且不可持续的结构中建立新自由主义（与当地上层阶级合作）。这种新的社会结构有时候会动摇正在高度施行的发展模式，就像亚洲遭遇的情形一样。

---

①. J. Bidet and G. Duménil, *Altermarxisme: Un autre marxisme pour un autre monde* (Paris: Presses Universitaires de France, 2007), chap. 8.

尽管如此，但仍然有征兆显示，新的发展趋势正在形成，意味着新的权力等级体系。2009年，俄罗斯和中国在国际货币基金组织的庇护下，已经在推动建立一种新型国际货币，这种新型货币将取

代美元的主导地位。巴西正在寻求与石油生产家建立联盟，并且在 319
与邻国进行外汇交易时趋于限制使用美元。这类举措的增加，证实了国际范围内新的政治趋势。国际货币基金组织总裁多米尼克·斯特劳斯·卡恩（Dominique Strauss-kahn）宣布，他希望将该组织的资源增加一倍，达到5,000亿美元。日本签署协议，同意再借出1,000亿美元。2009年初，欧洲领导人就曾发出声明，赞成国际货币基金组织增加融资。中国人民银行行长周小川建议国际货币基金组织借助特别提款权创立一种合成货币。2009年4月和9月的二十国集团会议期间发表的宣言确定了这些趋势。一场质疑美国霸权地位的新危机可能是必然的。推行新的制度安排来满足将要执行的任务就足够了吗？有可能会爆发一场美元危机。

在国内强大并领先国际

在危机爆发与竞争者增加的大背景下，要想创造有利于经济复苏的条件，美国压力重重。“平庸的”表现将会使这个国家迅速陷入相对衰退的困境。

在分析美国国际霸权可能终止时，不应该忘记从这个国家主导地位得以确立的历史环境中获得的教训。第一次世界大战结束后，美国在全球范围内优越地位的确定深深地植根于这样的前提，这个前提是美国在实施大型且高度执行的企业体系过程中获得的，也是由新的金融部门支持并且处于管理实践前沿的。[6] 这一领导地位清晰地体现在了该国国民工业在世界主要制造业部门的卓越地位中。

美国“天定命运”的含义已经被成功地推至极限，影响了北美洲、太平洋地区甚至远到南半球，这个国家对于20世纪初期早先接触到的现代资本主义制度框架——是这些领域中最好的——与其统治全球的使命之间的相关性有了清晰的认识。以威尔逊总统的观点来看，可以理解的是，在相互竞争的国家之间，广义上最“有效率”
320 的国家拥有较大的领导能力。美国已经获得了这种卓越地位。相对而言，这种新的国际领导地位的逐渐增强在巩固该国技术与组织的发展过程中是一个至关重要的因素。

这一历史先例表明，不可能将生产关系的历史进步——特别是企业、金融和管理革命——与世界范围内帝国主义之间的等级制度的网络分离开来。一个在第一领域占据领导地位的大国在第二领域拥有核心地位。在资本主义正在进入的阶段，美国上层阶级的挑战是创造和实施这样一种更新的框架。

将威胁美国霸权地位的各种危险与第一次世界大战对英国主导地位遭受的影响进行对比，也是很能说明问题的。第一次世界大战以后，英国试图通过高汇率还原英镑的可兑换性，从而恢复其先前的金融领导地位，正如凯恩斯所分析的，[7] 这种做法在 20 世纪 20 年代对英国的宏观经济造成了不利影响。英国企业并没有根据新的管理标准进行调整。[8] 相反，美国从第一次世界大战时起作为新兴强国出现了，并且“在制度上”是最有效的。它放弃了建构传统的**正式的**帝国的诱惑，从 19 世纪末开始就已经启动并沿着威尔逊总统的**非正式的**帝国主义的新路线向前发展。[9]

霸权地位从英国向美国的过渡是逐步实现的。[10] 虽然大萧条起源于美国，这个国家——通过战争经济以及稍晚参战并获胜而得到巩固——作为所谓自由世界无可置疑的领袖出现在苏联面前。对于当前这场危机来说，情况同样如此。在主要大国中，在实施新的社会框架方面——包括管理、教育、技术、研究与发展政策等——表现最好的国家将逐渐获得领导能力，至少在地区范围内，并在国际等级体系中占据卓越地位。

一种反应潜能？

很难想象美国将不进行任何反击就放弃其主导地位。自一战和二战以来，这个国家显示出了一种真正令人震惊的领导至少部分世 321
界的能力。实现这种主导地位的手段多种多样，包括技术、组织和金融的领导地位、大规模境外投资，以及参与两次世界大战和世界其他地区的日常腐败、颠覆行为和军事行动。除了越南战争的战败创伤，任何战争或危机都没有破坏美国霸权地位的稳定性。特别需要指出的是，过去的一个重要经验是，大萧条并没有动摇美国在全球范围内的领导地位。

可以假设，认识到刚刚开始的衰落，或者仅仅是这样一种衰败的威胁，这将在未来数十年里发挥重要作用。因此，美国霸权的命运不仅必须被视为一种社会与经济发展的结果，而且也必须被视作是使有关危机应对和社会新秩序建立的政治感到担忧的一个因素。保持美国全球地位的政治和意识形态决心将成为易于强行做出组织和效率选择的主要推动力之一，这种组织和效率选择是与少数特权阶层在“自由（资本主义）市场”对高收入不受遏制的追求态势相对立的。同样的信念可能有助于不断增强要对金融利益进行必要遏制的意识。只有新自由主义的两个目标（“对于金融有益的也对美国有益”）的表面上的暂时融合才造成了关于它们兼容性的幻觉，并确保了新自由主义阶级策略得以持续的政治条件。这个时期可能已经终结。

显然，在早期戏剧性的历史情节中（譬如罗斯福新政和战争）美国显示出了强大的组织能力，以及在强大政府的领导下捍卫美国全球卓越地位的国家承诺。但是，这种国家因素也存在威胁的一面。它的名字是“国家主义”，是在极右翼语境下的一种危险的发展。

未来数十年里，在不断增强的国际竞争的框架下，关键要素将是组织能力。国家因素将在候选国实现自身抱负的领导能力中发挥核心作用。但这个领域是一个竞争的领域，不是感受到威胁的单一领导人的孤立竞赛。

322 中国的挑战

在探讨美国国家因素时，必须牢记并不是只有美国具有这一特征。在世界范围内，美国不是世界上唯一的一个在必要时其强有力的政府可以掌握国家命运的国家。尽管处于截然不同的历史背景之下，但中国目前却正在重复日本明治时代的历史轨迹，拥有巨大的发展潜力。19 世纪和 20 世纪早期，中国遭受了帝国主义列强的深刻耻辱，特别是鸦片战争和 1919 年的《凡尔赛和约》。在短暂的中华民国成立七年之后，这一和约引发了著名的五四运动，开辟了长期的文化和政治历程，在毛泽东主席的领导下，共产主义力量于 1949 年取得胜利使中国恢复了民族自豪感。除了社会秩序方面的重大变革，新中国其他领导人与毛泽东一样怀抱着恢复中国往日崇高地位的雄心，毛泽东的形象因此活在了人民心中。

迄今为止，中国经济与社会变革的确切内容仍然有待确定。它利用新自由主义的国际劳动分工，凭借其廉价的劳动力和强有力的组织能力，同时遵循包含以自我为中心的发展和全球扩张在内的更为广泛的战略。迄今为止，在新自由主义占据上风的世界中，这种发展肯定对中国的发展轨迹产生了巨大影响，如同俄罗斯早先的情况一样。

从融入新自由主义世界的观点来看，中国在非常强大的政府的庇护下，正在进行一种两面的发展历程。关键要素是资产阶级部门内部的原始积累，以及仍然重要的公共企业部门。中国的私人财富正在积累（以美元计算，2008 年在中国大陆已有 42 位亿万富翁，香港有 26 位）。新自由主义意识形态对中国学术界造成了毁灭性的影响。另外，在一些重要方面，特别是对货币和金融机构的控制上，中国并没有遵从新自由主义全球化的全部要求，这是在全球扩散的新自由主义模式的一个重要例外。

当前这场危机所创造的各种条件可能极大地改变中国现有的发 323
展方向，从而有利于管理趋势的延长或扩张，这种发展方向受到了一种非常强大的国家因素的刺激。短期来看，这解释了为什么中国对于危机的不利条件有更充分的准备。中国采取的初步措施见证了它欲保持惊人的发展轨迹的决心。长期来看，可以预测，在当前这场危机过后，一条在某种程度上被改变了的“中国道路”将在未来数十年延续下去。这种发展轨迹将补充可能不断增加的全球结构的多样性。但是，如何免受不断增强的“金钱”亦即资本积累的实力的伤害呢？

民族斗争：不断增加的多样性

美国霸权下的新自由主义全球化的 30 年，逐渐推行了将所有社会秩序的汇合视为一种单一结构的观点。非洲、亚洲和拉美国家在新的新自由主义秩序中遭受的不幸，被新自由主义者认为是适应一种不可逃避的共同命运的能力不足导致的不幸后果。在每一个国家中特别受到新自由主义伤害的群体也是如此。整个世界据称被规划得将融合为这种共同模式，甚至包括中国。这一点已经实现，但也存在一些限制条件，这些限制条件在未来数十年里可能发挥重要作用。

1. 首先，新自由主义的国内准则不得不在所有国家施行，这在很大程度上成功实现了。在每一个地方，“市场”（上层阶级和最强大国家自由行动的另一个称谓）将会占据主导地位。这种框架将对最弱势群体的最低程度的援助、私人健康保险和养老基金结合在一起，但不是可以显示大众阶级内部一种具有威胁性的团结的福利体系。

全球根据新自由主义发展趋势做出调整的这种“美好”景象，正如新自由主义领导者心中所想的那样，却从未完全符合普遍的社会安排。大多数国家上层阶级中间的新自由主义妥协不如美国先进。在欧洲（各国情况截然不同）和日本，早先的社会模式从来没有完全消除，即便美国也是如此。欧洲社会或者日本社会仍然渗透着战
324 后数十年的经验，政府对于经济事务和福利体系的干预更强。虽然传统上被视为左翼实体的主要政党朝着新自由主义妥协（如同20世纪80年代和20世纪90年代所谓的“中间道路”）的方向发展，但是部分像工会和激进左翼组织这样的大众运动仍然受到另一种权力结构记忆的激励。

2. 考虑到国际关系，每一国家都被认为在国际劳动分工、大自由贸易区或者向商品和资本的国际流动完全开放的世界占有属于自己的位置。外围国家被期待将专注于它们自身表现较为出色的活动。（这里的“表现”是与其他活动相比来理解的，是使这些国家具有国际竞争力和对外贸易均衡的一种汇率，就像比较优势理论所定义的那样。）因此，外围国家将能够为中心国家提供廉价商品，并向投资者——换句话说，是新自由主义的帝国世界的最佳成员提供盈利

机会。尽管如此，但更为复杂的国家发展战略仍然得到实施，而且不仅仅在中国，针对帝国主义压力的抵抗有时候十分强大。

经过大约 20 年的调整（有时候剧烈程度像独裁政权时期那样，或者像 20 世纪 90 年代的墨西哥危机，或者 2001 年的阿根廷危机那样），拉丁美洲是世界上第一个无论是民众斗争、投票还是新政策都表现出对帝国主义新自由主义秩序的拒绝的地区。北美自由贸易协议（NAFTA，1994 年 1 月生效）强行要求墨西哥施行，当时新自由主义仍然处于进攻态势。但是，启动于 2001 年的计划中的美洲自由贸易区（FTAA），其更著名的名称是 Área de Libre Comercio de las Américas（ALCA），在世界贸易组织多哈回合谈判失败之后，错过了 2005 年的最后期限。（2009 年末，这一过程仍在谈判之中，但成功的希望渺茫。）美洲玻利瓦尔替代计划（ALBA）于 2004 年创立，其成员国包括委内瑞拉和古巴，2010 年又加入了尼加拉瓜、玻利维亚、厄瓜多尔和三个小的加勒比群岛。南美洲政府的选举方向偏于左翼也标志了类似的发展趋势（哥伦比亚和秘鲁除外）。

第二次世界大战以后，两极世界占据上风，这使“第三世界”获得了一定程度的相对于当时两个超级大国而言的自主权。这一时期的典型象征是 1955 年的万隆会议、拉美的进口替代工业化，以及 325
许多国家发展过程中政府强有力的干预（受到 19 世纪欧洲的工业化以及同时期苏维埃主义的启发）。新自由主义危机正在为发展中国家创造这样一种有待抓住的机遇。尽管如此，但确切的结构仍有待发现，变革也有待管理。

总之，在未来数十年里一个至关重要的问题将是世界其他地区的经济与政治发展轨迹。什么趋势将占据上风？很难想象一个由新自由主义发展变迁所主宰的世界以及被新逻辑吸引的美国。欧洲不需要像美国那样面临不可持续发展轨迹的局限。欧洲的情况远没有美国那么严重，只是普通而已。主要问题在于像中国、俄罗斯、印度和巴西这样的国家的普遍社会秩序将变成怎样。继续朝新自由主义的方向发展，还是沿着创新之路发展？目前在拉美国家占据上风的社会民主趋势也面临同样的问题。

因此，新自由主义在全世界范围内的命运并未严格控制在美国和欧洲手中，在未来数十年里，这种情况还将会逐渐减弱。长期来看，这种命运在很大程度上将由世界其他地区的挑战者所遵循的道路所决定。在新自由主义全球化盛行30年以后，这种局面打开了新的视角。这些历史趋势的关键将是中国和南美的政治趋势。

第二十五章　超越新自由主义 326

如果考察从历史变迁角度展开——资本主义历史中不同社会秩序的更迭，由结构性危机作为分水岭——当前这场危机的发生意味着向一种新的社会秩序的转变，即超越新自由主义的现代资本主义的新阶段。但认为仅仅是历史事件重演的观点不是一个令人信服的论断。

在危机的最初阶段，美国只实施了有限的调整。尽管如此，这里的假设却仍然是，从长远来看，重大调整是必须得到期待的。这类纠正措施应表现为得到加强的管理趋势，即广泛意义上的企业管理和政策的加强。这一点可以在偏右或偏左的新的社会安排下完成，但现存的政治环境却暗示了所选择的道路是偏右的第一个分支的一个分叉，即本书所谓的一种“新管理资本主义”。

时间框架与事件的约束

如果想象 2010 年或之后的任何一年只要恢复正增长率就可以打开一个新时代，在这个新时代上层阶级和政府——突然意识到新自由主义目标延续所固有的风险——会有意奠定一种新的社会秩序的根基，那就过于天真了。由于困难日益增加，关于重大调整的必要性的认识将只有逐渐被承认。如果没有始终存在的压力事件，任何必要的变化都无法实现。有可能刺激新的发展变化的情况如下所示：

327 （1）经济复苏乏力以及国内生产总值有可能出现新的收缩，（2）反复出现新的金融动荡情节的威胁，（3）美元危机，以及（4）美国丧失经济主导地位的新征兆的增加。

这一过程会持续多久？第一章的历史视角指出了结构性危机重要的持续性，以及所涉及机制的多样性。截至2009年末，清楚的一点是危机没有结束。可以期待新的戏剧性的插曲。大萧条和第二次世界大战（1929年至1945年之间）是很能说明问题的。当前这场危机可能也不例外。一个至关重要的问题也是“复苏”意味着什么。在未来数年里，美国经济增长将如何得以保持？通过面向家庭的大胆的信贷政策？通过扩大的政府开支？所有这些选择都充满风险。一次使人联想到20世纪90年代下半叶的长期繁荣期的新的投资繁荣将作为一种解围（deus ex machina）显现为核心状态吗？这种状态将持续多久？总的来说，在未来的十年或二十年里，美国宏观经济发展轨迹将是什么样的？

此处得出的结论是新自由主义的机会相当有限，但这个结果将只有在一个时间框架内才能确定，这个时间框架的持续时间难以预料。新自由主义的目标与美国霸权的维护是不相容的，或更为严格地说，是与其减缓衰退的决心不相容的。这些目标也与美国宏观发展轨迹的纠正措施相矛盾。其中涉及两方面的问题。可以推测，试图保持美国相对实力的决心将发挥核心作用。尽管不是明天就会发生。

得以加强的管理趋势

除了新自由主义的发展变迁以外，其他的选择是什么？从传统的角度看，困境形成于市场与组织之间，或者市场与政府干预之间。我们被告知，对当前发展趋势的修正要求强化的政府干预，以及所谓的自主市场机制的相对退缩。这些话都是凯恩斯主义者对新自由主义宣传的直接回应。尽管如此，但凯恩斯主义者却不承认潜在关系的社会特点。就阶级模式和等级制度而言，至关重要的问题是被赋予管理阶级的相对于资产阶级的角色，以及这二者之间的关系。

美国国家实力的保存与上层阶级的利益之间的分歧是资产阶级、 328
金融经理人和高层经理人的不同目标和行为方式的产物。就非金融经理人而言，从本质上说不存在这种分歧。这一特点是有利于增强非金融经理人相对社会地位的重要因素。考虑到未来数十年经济治理方面的挑战，非金融企业与政府机构中负责技术和组织的经理人必须被赋予更重要的作用，实际上是一种领导方式——一种至少在相当大程度上脱离了新自由主义所特有的目标和偏见的管理方式。

这种得到加强的管理领导方式的主要特点是相当直观的。第一方面是非金融企业在投资结束时利润留存的需要。就急需的新的公司治理而言，“创造股东价值”不能仍然是管理层几乎唯一的目标。股票市场的巨额收益将不再被期待。政策是第二个重要组成部分。譬如在教育、研究或基础设施建设方面，这些政策必须以效率为目标，而不是简单的放松监管。第三个因素是通货膨胀和税收。对于巨额金融资产投资组合的持有者来说，这二者同样可怕。不过，在未来的数年乃至数十年里，这二者对于调整政府债务增加来说是必要的，这是来自历史的教训。在当前金融危机的应对方式中已经显而易见的是，避税天堂同样面临相应威胁，在逃税过程中，避税天堂曾是一个关键工具，使得新自由主义下的财富相应集中于社会等级的最顶层。由于上层阶级不同部分之间在上述各个方面的利益分歧，可以预料，一部分官员与非金融经理人倡议支持这种发展趋势，但从新自由主义发展趋势中获益的那些人将会坚决抵制，这些人包括在第五章中所描述的混杂过程中涉及的资产阶级、金融经理人和高层经理人。

为了恢复美国经济状况，有必要严格限制大量收入向收入阶层的上层部分的转移。在这种修正中，不仅涉及资本收益（利息和股息），还涉及大量“剩余劳动报酬”，这部分劳动报酬就是新自由主义
329 盛行的数十年里企业内部所产生的盈余的主要消耗，这是新自由主义妥协的一个支柱。问题是这类削减将如何在上层阶级内部进行平摊。

管理效率与社会倾向：向左还是向右？

关于社会等级顶层的发展前景的调查使我们回想起表格 6.1 所描述的结构模式。那里的类型学强调的是权力结构的政治方向，“偏右”或者“偏左”。向右妥协指的是资产阶级与管理阶层之间达成同盟；向左妥协指的是管理阶层与大众阶层之间达成同盟。第一标准与第二标准相结合，取决于每种情况下占领导地位的阶级。因此，新自由主义的社会基础可以描述为在资产阶级领导下，资产阶级与管理阶层之间的妥协，也就是向右的妥协［1］。在战后最初数十年中占据上风的社会妥协，可以解读为管理阶层与大众阶层在管理阶层领导下达成妥协［2］。这种妥协被称为“中左”。但表格中还引入了另一种到目前为止史无前例的结构。这与新自由主义一样，是向右的妥协，不过是在管理阶层而不是资产阶级的领导之下［3］。

在解读上述分类时，重要的是要区分：（1）公司治理、政府干预、监管和政策意义上的**组织和效率**；与（2）根据普遍接受的妥协的政治方向，偏左或偏右决定的**大众阶层的命运**。这第二个方面在区分中左妥协与新管理资本主义时是至关重要的，在后者的情况下，社会妥协发生在社会等级的顶层。

因此，如图解 1.4 所示，在分析可能出现的前景时涉及两个分支：

1. 考虑到被认为足以避免当前危机这样的事件在短期内重演的有限调整措施，在第一个分支中的一项选择是延续新自由主义。这种结构即上述［1］所指的结构。这就是 2009 年末美国的社会格局。有限的措施被认为是更严格的巴塞尔比率，或者负责监管金融机制 330
的机构的设立。换言之，没什么严重的措施。

2. 第二个分支的选择是建立易于更有效地处理美国面临的困难局面的管理领导层。美国的不可持续的发展轨迹及其逐渐衰弱的国际霸权地位要求一种新的企业管理、新的政策以及对全球化的限制。

向右或向左的政治方向由第二个分支决定。管理阶层既可与资产阶级也可与大众阶层结盟。因此，管理领导层的两个变量就确定下来：

1. 如上述［3］所示，第一种向右的结构是史无前例的。在这里，它就是所谓的“新管理资本主义”，意味着管理阶层领导下的上层阶级之间的一种妥协。这种结构与下面向左妥协的结构之间的主要区别在于，战后数十年的福利组成没有任何空间。

2. 第二个分支指的是向左的结盟，如同［2］所示，就像战后数十年里的中左妥协那样。管理层领导权依然存在，但局面对大众阶层更有利。

在界定这些社会安排时，收入分配是一个关键因素。对于高收入的抑制符合向左妥协的格局［2］。如果新管理资本主义占据上风的话，情况会有所不同［3］。需要强调这种社会秩序的以下三个特征：

1. 由于同盟是在上层阶级缔结的，将不会有“内在原因”——也就是，在与这种社会秩序相应的社会基础中没有固有原因——去注视对高收入的严格遏制。然而，管理层领导权却暗示了管理阶层与资产阶级之间一种有利于经理人的新的权力平衡，伴随着对收入等级的一种相应的重新安排。除此之外，金融监管作为新管理资本主义的必要组成部分将对资本收益的扩张设定限制。因此，可以预料到对资本收益（利息、股息和股票市场的资本利得）的适度遏制，以及向收入等级的顶层支付高薪资的继续，这些都在不同程度上取决于管理的构成。根据新自由主义，即使在非金融部门，高层管理
331 层也直接以股票市场表现以及如此所计的酬劳为目标。新的社会秩序将自然地对这些行为实行限制。直接的金融管理层将会受到更大的影响。

2. 在这里，重要的是回顾一下上层阶级之间的混杂过程所造成的后果，这是当代资本主义的典型特征。渐渐地，这一上层阶级趋于从极高薪资和资本收益中获益。因此，对于资产阶级家庭来说，至少是其中最充满活力的部分，资本收益的缩减可以通过获得更高的薪资来弥补，就像已经存在的现实情况一样。

3. 然而，当前美国经济局势还有另一组特殊因素，这些因素超越了新管理资本主义下的社会安排的这些“内在”原因。是美国国际霸权地位的迅速衰退以及对国际霸权地位的要求，限定了美国经济发展轨迹的不可持续的特征。实际上，这些因素促使放弃新自由主义发展趋势，同时转向社会新秩序变得紧迫。但是，情况却不仅如此。在社会等级的顶层，上层阶层——资本家以及管理层部分，或者差不多的这些人——必须限制自身收入水平，至少在一个持久转变时期。对于限制消费、恢复国内积累趋势，以及调整对外贸易失衡的目的而言，这是一个基本要求。然而，没有任何证据证明上层阶级将能够服从这一纪律。

社会变革的经济与政治

类似新自由主义危机这样的结构性危机有利于上述其中一个分支的发展吗？

结构性危机有助于社会变革，但大萧条与20世纪70年代危机之间的对比最清晰地揭示出这些危机对权力结构的更迭造成的不同影响。上述两场危机刺激了相同的社会行为主体之间的社会对抗浪潮。然而，两个历史节点之间的矛盾仍然值得注意，那就是两者之间大约40年的时间间隔。两次危机导致的后果——大萧条之后资产阶级利益的争论以及20世纪70年代危机之后资产阶级利益的恢复——是相对立的。第一场危机是霸权危机，第二场则是盈利危机，危机情况与其可能导致的后果之间肯定存在某种关系，但没有任何关系是机械的。

大萧条期间，在全球强大的工人运动所施加的压力下，行政管 332
理官员与大众阶层之间建立了一种联系。金融利益受到抑制。在大萧条之后占据上风的技术和组织发展趋势创造了潜在的有利条件，包括提升的资本生产率、利润率的保持、工薪阶层购买力的增强以及不断增加的政府收入。

20世纪70年代危机期间，支持战后妥协的各种社会力量未能成功处理危机。由于政治上的脆弱以及曾支持其建立的潜在经济条件在20世纪60年代消失了，战后妥协的稳定性遭到破坏（见第五章）。凯恩斯主义政策在盈利不足（而不是需求不足）的情况下失败了。针对收入分配的冲突从未被取代。危机刺激了大众阶层对其自身情况恶化的反抗，这种情况随着大规模罢工运动的激增显得尤为引人注目。但自1980年以来，尽管强烈抵制无疑大幅减弱了新自由主义发展趋势造成的影响，劳工运动的历史基本上仍然遭遇了挫折。与此同时，资产阶层也越来越有效地行动，在较高管理层的不断支持下，企图完全恢复他们早先的特权。大众阶级输了。因此，不仅苏维埃制度由于其自身无法改革而解体，就连社会民主妥协也在单极世界中铺平了通向新型金融霸权的道路。

可以将上层阶级在未来数十年面临的困境与战后妥协的失败进行比较。在当前危机的背景下，如果说由于资产阶级和一部分管理阶层极其抗拒变革而导致第二十三章罗列的任务没有实现的话，历史节点将极有可能使人们联想到20世纪70年代末的情形，只不过此时是社会等级顶层的抗拒。结果将会相同：一种权力结构的终结。

通往中右之路

尽管历史情形截然不同，当前这场危机也使人们联想到大萧条
333 的情况，即为民众斗争创造了重要的历史机遇。掌控美国经济当前的发展情况——重建金融体系、恢复积累趋势以及纠正失衡状况——就要求对金融利益进行抑制。这场危机有可能像20世纪30年代一样，破坏上层阶级之间的凝聚性。

因此，一种乐观前景是所创造的局面可能有利于一种变革，这种变革使人们想起罗斯福新政，在此变革中，工薪阶层中一大部分上层部分寻求并且实际上获得了来自大众阶层的支持。在大众运动的压力下，领导权的转变将会实现。由于经理人需要大众阶层的支持以实现新目标，因此这种发展趋势将会创造出有利于大众阶层需求的条件。换句话说，要想抑制资本主义利益，除了依赖大众阶级之外，别无选择。政府官员与管理层达成联盟，这个管理层（除了金融管理层之外的管理层、技术管理和较低管理层等）并非不可逆

转地维护最富裕人群的利益，除了依赖大众支持外别无选择。

一部分上层阶级的这样一种举动的最初征兆，体现在奥巴马政府应对当前这场金融危机的早期举措中，尤其是有关高收入、税收、监管和福利等方面。尽管如此，截至 2009 年末，新的事态发展过程并没有显示这种政治趋势占据了上风。

一种悲观的前景是，如果没有一场冲动的大众运动，将会为一种极右选择创造一次机会，这是所有结果中最糟糕的一种，但却并不能排除这种结果。这正是支撑罗斯福总统决策的民众运动在两次世界大战间隔期间所避免的情况，而在其他国家，譬如纳粹统治下的德国，极右选择占据上风。这种后果将会十分可怕，意味着在国家层面上的镇压，以及在国际层面上采取危险的军事行动的倾向，这种情况比新保守主义趋势更加糟糕，在某种意义上，这标志着新保守主义趋势的巅峰状态。

新管理资本主义则界定了第三种更为现实的前景。与其他国家截然不同的是，美国社会关系的结构特征是社会等级金字塔顶层各组成部分之间的密切关系。在战后妥协期间，美国对于资产阶级利益的抑制远没有欧洲或日本那么激烈。由于上层薪资阶层的储蓄已 334
大量投资于证券，而所有者也参与到上层管理层并因此获得丰厚报酬，这种特征在新自由主义妥协和上层阶级的混杂进程中显而易见。

在后新自由主义发展阶段，由于经理人和官员不愿采取激烈措施伤害他们的社会“亲戚”——资本主义所有者的利益，这种特权联系可能在短期发挥作用，从而延缓亟需的彻底变革的实施。截至 2009 年末，这种社会安排似乎占据了上风。但从长期来看，美国社会等级顶层的这些潜在格局也为上层阶级的联合战略提供了坚实的基础，无论确切的权力分配以及收入模式的影响如何。这意味着存在相当大的变革可能，尽管并不有利于大众阶层。

因此，总体而言，社会发展趋势指的是社会等级顶层的一种新妥协的建立，这种妥协是一种中右而非中左的社会安排。考虑到前一章中所说的“国家因素”，以及民众斗争的弱点，这种新管理资本主义战略似乎是未来数十年里新自由主义危机最有可能的结果。

附　录

337

附录 A 引入了第十一章所做分析的基础模式。附录 B 和 C 则分别罗列了资料来源与缩写术语。

在本书作者的官方网站上列出了其他参考材料（www. jourdan. ens. fr/levy/dle2010b. htm）：

M1. 一种北大西洋金融霸权？（A North Atlantic Financial Hegemony?）

资产阶级：美国—欧洲联合领导模式一（Capitalist classes：A joint U. S. -European leadership Ⅰ）

大型金融机构：联合领导模式二（Large financial institutions：A joint leadership Ⅱ）

金融机制的优势：美国领导（The cutting edge of financial mechanisms：U. S. leadership）

境外直接投资：联合领导模式三（Direct investment abroad：A joint leadership Ⅲ）

货币：美元的主导地位（Currencies：The dominance of the dollar）

跨大西洋合作伙伴（Partners across the Atlantic）

日本的兴衰（The rise and decline of Japan）

M2. 新兴金融外围国家（The Emerging Financial Periphery）

外围国家的资本主义（Capitalism in the periphery）

为美国经济提供融资：亚洲和石油生产国家（Financing the U. S. economy：Asia and oil-producing countries）

要求更高的境外投资者（More demanding foreign investors）

主权基金的崛起（The rise of sovereign funds）

“第三世界债务”：国际货币基金组织失去操纵杆（The “third-world debt”：The IMF’s lost stick）

附录 A 339

失衡变迁：模型分析

本附录介绍了美国经济的一种模型，有助于解读新自由主义盛行数十年里基本宏观机制的特征。这一模型旨在研究长期的发展轨迹而不是经济周期的波动。

针对能够在更为成熟的框架中加以应对的问题，我们做了一系列简单假设。特别要指出的是，对流量与存量之间关系的明确处理无法改变模型的结果。在给定参数的假设下，对于流量与存量的处理导向了一种模型，在此模型下得出了一种类似的发展轨迹。（结果在尾注中给出）

选择的框架来自第十一章。我们考察了四种行为主体：非金融企业、消费者、金融部门以及世界其他地区。“消费者”包括家庭和政府。而来自于这些行为主体的需求被称为“消费”。由于贷款或多或少发放给消费者，货币政策控制了整体消费水平。在凯恩斯模式下企业根据需求水平调节自身的产能利用。这一需求是国内的消费与投资加上出口的总和。

我们将固定资本的存量值设定为1，并按照“正常”或“目标”产能利用率（u=1）设定生产能力。所有变量都表示这一固定资本存量的份额，或者相当于相应的“正常国内生产总值”，也就是当u=1时的产量。因此，产能利用率衡量实际的国内生产总值（产出或总收入），实际的国内生产总值可能小于或大于1。希腊字母表示参数，罗马字母表示内生变量。

附　录

一个宏观框架

在图解 A. 1 中，各变量基本关系用箭头表示了出来：

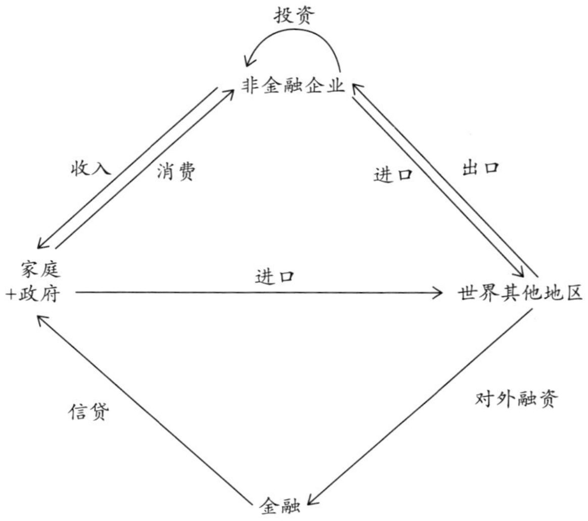

图解 A. 1

340 1. 一个收入流量以薪资、资本收益或税收的方式支付给消费者。当产能利用率正常时，则该收入等于α，否则，收入流量随u的变动而变动：

$$R=\alpha+\beta(u-1)=\alpha-\beta+\beta u \quad 其中\ 0<\beta<\alpha<1$$

2. 由于资本存量等于1，企业投资I是这个存量其中的一部分，同时也用来衡量潜在经济增长率ρ。投资采用内部融资，即企业不借款。当企业支付了上面的收入流之后，就用剩余部分的收入购买投资品。因此我们有

$$\rho=I=u-R=-(\alpha-\beta)+(1-\beta)u$$

由于$\alpha>\beta$，所以R/u，即国民生产总值中被分配的收入的份额随

u 而减少，而 I/u，即国民生产总值中投资的份额则正好相反，与经济周期同向变动。

3. 金融系统向消费者提供的新增贷款流量扣除存款之后用 φ 表示。这个新增贷款流量（正值或负值）由央行监测。

4. 消费者的需求等于他们的收入与净新增贷款之和：即 $C=R+\varphi$。因此，消费者的储蓄额是 $-\varphi$。

5. 国内所有行为主体的总需求是消费与投资之和：

$$D=C+I=u+\varphi$$

6. 若需求中的给定部分，即 $m=\lambda D$ 作为进口额，则剩余部分即（$1-\lambda$）D 直接由国内生产者提供。 341

7. 经济体向世界其他地区的出口商品，相当于该国潜在产出的一个给定部分 ε。

8. 境外融资完全通过金融部门的渠道进入国内经济。

主要变量的决定

其他变量可以由以上变量得出。贸易平衡，即所谓的“逆差”（进口减去出口），是 $d=m-\varepsilon$。从世界其他地区流入的境外融资流量 f 等于上述逆差，用一个会计恒等式表示即：

（A. 1）
$$f=d$$

一个正的贸易逆差表示从世界其他地区融入资金。

企业将需求的所有组成部分之总和设定为产出——即从国内生产者那里购买的投资与消费，再加上出口——即 $u=(1-\lambda)D+\varepsilon$，这里有一个关于 u 的隐含等式，即：

（A. 2）
$$u=1+[(1-\lambda)/\lambda]\varphi-\delta/\lambda$$

辅助符号 δ 是：

(A.3) $$\delta=\lambda-\varepsilon$$

要注意的是，δ 是贸易逆差的正式表达。假设 $u=1$，上式中第一项 λ 衡量企业和家庭的进口额，而不考虑净贷款的影响，同时第二项 ε 衡量出口额。因此，δ 表示“结构性的逆差倾向”。

将等式 A.2 中的 u 值代入需求和进口额的表达式，可得：

(A.4) $$D=(\varphi+\varepsilon)/\lambda，以及\ m=\varphi+\varepsilon$$

将等式 A.1 和 A.4，以及贸易逆差的定义 $d=m-\varepsilon$ 三者结合起来，得出：

(A.5) $$f=d=\varphi$$

这个等式意味着，贸易逆差 d 与从世界其他地区获得的融资流量 f 是相等的，也与国内净贷款流量 φ 相等，同时也与消费者储蓄的负值是相等的。

我们从一个清晰表示出流量和存量的模型中，[1] 可以推导出同样的分析结果。

342 **货币政策：产能相对赤字和债务**

无论 δ 是正还是负，这部分的讨论都是有效的。为简单起见，我们这里只考虑 $\delta>0$ 所对应的美国经济状况的情形。

借款水平处于央行的控制之下。产能的正常利用获得了一个新增借款流量的特殊值：

(A.6) $$u=1\longleftrightarrow\varphi=\varphi_1，其中\ \varphi_1=\delta/(1-\lambda)$$

这个借款水平更高，因为 δ（一个有巨大的赤字倾向的国家）与 λ（一个有巨大的出口倾向的国家）都很大。

一个新增借款流量等于零，说明一个给定的占主导的产能利用率先验地不等于 1：

$$\varphi=0\longleftrightarrow u=u_0\text{，其中 }u_0=1-\delta/\lambda\text{。}$$

这两个目标，即对借款的控制和正常产能利用率占主导，不仅不同，甚至是矛盾的。一个更高的产能利用率要求消费者借更多的款。更多的这种借款意味着更大的贸易逆差和更多的境外融资。

两类国家与四种特征

根据 δ 值的不同，可以区分出两类不同的国家。第一类是有负赤字倾向的国家，即有盈余倾向的国家，比如德国或者中国（形态1）。第二类是有正逆差倾向的国家，比如法国和美国（形态 2，形态 3 和形态 4）：

1. 有盈余倾向的国家。在第一种情况下，$u=1$ 的目标可通过对外贸易顺差实现，即 $f=\varphi_1<0$（正的消费者储蓄）。在贸易达到均衡时（$f=\varphi=0$）意味着 $u>1$，这类国家因为害怕通货膨胀而不求助于货币当局。

下面的三种形态对应第二类国家。

2. 拥有无限扩张消费者债务及境外融资能力的国家。在第二种情况下，可以达到 $u=1$ 的目标，条件是为消费者提供新增贷款流量，即 $\varphi=\varphi_1$。

3. 拥有有限扩张消费者债务能力的国家。如果 φ 是有限的（即 $\varphi<\varphi^+$，其中 $\varphi^+<\varphi_1$），则产能利用率将小于 1 并适用给定等式 A. 2。

4. 拥有有限扩张境外融资能力的国家。与上述情况相同，如果 f 343
是有限的（即 $f<f^+$，其中 $f^+<f_1$）。

在形态 3 和形态 4 中，这种限制可以是绝对的（$\varphi^+=0$ 或者 $f^+=0$）或者相对的（如果借款流量可以增长，但是不足以达到保证 $u=1$ 的水平）。

形态 2 与新自由主义的数十年里美国经济相对应（直到 2005 年）。形态 3 则描述了金融机制急剧扩张的最后阶段的美国经济。显然，这一时期对贷款有限制，但是被突破了。形态 4 则是欧洲经济的典型特征，就像法国一样，处于第十一章所讨论的需求不足的状态下。

美国宏观经济轨迹对模型的运用

模型可以用于分析美国经济的历史轨迹（此处 $\delta>0$），利用参数 α，λ 和 ε 作为变量，其中 $\delta=\lambda-\varepsilon>0$（假设 β 值保持不变）。所考虑的这种情形是第二种形态，至少延续到 2005 年。货币政策的目标是维持产能的利用（$u=1$）和适度的增长率。

两种重要的发展变化，即第十章记录并于第十一章介绍的两种转移产生了汇聚效应。分配转移指的是以利息、股息和顶层高薪资等方式进行的收入的过度转移，也就是 α 的上升。自由贸易转移指的是美国经济嵌入全球经济之中。在后一种情况下，包含两种直接趋势：（1）不断增长的进口的吸引力（考虑到是与劳动力成本相对较低的国家之间的普遍的贸易自由化），也就是 λ 的上升，以及（2）出口的上升趋势，即 ε 的上升。然而，无需对美国经济对外贸易逆差进行越来越多的解释，只要说明对外贸易的逐步开放就足够了。(有逆差倾向，即假定 δ 值保持不变)。

模型给出的等式显示由于 α 和 λ（两种转移）的上升所得到的五种“美国新自由主义趋势”。

1. 用直接的方法，即可得一个不断缩小的积累率和增长率：$\rho=1-\alpha$。

2. 向国内消费者、家庭和政府发放的净贷款流量 φ 的上升（等式 A. 6）。这就是第十一章所指出的“信贷作为宏观经济稳定剂的效率不断降低”。

3. 消费在总产出中所占份额的增长：

$$C=\alpha+\varphi$$

4. 和　5. 贸易逆差 d 与从世界其他地区得到的外部融资 f 的上升（等式 A. 5）。

345 # 附录 B

数据来源

主要数据来源列表

BIS：Bank of International Settlement（国际清算银行），www. bis. org/statsitics/.

BOE：Bank of England（英格兰银行），www. bankofengland. co. uk.

EURO：Eurostat（欧盟统计局），epp. eurostat. ec. europa. eu

FAA：Fixed Assets Accounts Tables（BEA）（固定资产账户表格［美国商务部经济分析局］），www. bea. gov/national/FA2004/index. asp

FED：Federal Reserve，Statistics and Historical Data（美国联邦储备局，统计和历史数据），www. federalreserve. gov/econresdata/releases/statisticsdata. htm.

FOF：Flow of Funds Accounts（Federal Reserve）（资金流转账户［美联储］），www. federalreserve. gov/Releases/Z1/Current/data. htm.

FORBES：Forbes，Lists（福布斯，列表），www. forbes. com/lists/.

IFSL：International Financial Services London（伦敦国际金融服务局），www. ifsl. org. uk.

ITA：International Transactions Accounts（BEA）［国际贸易账户（美国商务部经济分析局）］，www. bea. gov/international/index. htm.

MBA：Mortgage Bankers Association（抵押贷款银行家协会），www. mbaa. org/.

NIPA：National Income and Product Accounts（BEA）［国民收入与生产账户（美国商务部经济分析局）］，www. bea. gov/national/index. htm.

PS：T. Piketty and E. Saez（T. 皮凯蒂和 E. 赛斯），"Income Inequality in the United States，1913—1998"（"1913 年至 1998 年美国的收入不平等"），*Quarterly Journal of Economics*（《经济学杂志季刊》），第 118 卷，第一期（2003）：第 1—39 页，www. econ. berkley. edu/ ~ saez.

WEO：World Economic Outlook（IMF）（世界经济展望［国际货币基金组织］），www. imf. org/external/ns/cs. aspx?id = 28.

WFE：World Federation of Exchanges（世界证券交易所联合会），www. world-exchanges. org/statistics.

WWR：World Wealth Report of Capgemini-Merrill Lynch，Archives（凯捷—美林世界财富报告，档案文件），www. us. capgemini. com/worldwealthreport08/wwr_archives. asp.

Yahoo：Yahoo Finance（雅虎财经），finance. yahoo. com/.

图表和表格数据来源 346

重复使用的数据包括美国国内生产总值、国内生产总值平减指数和世界生产总值。这三个变量的数据来源是：

——U. S. GDP：NIPA（美国国内生产总值：国民收入与生产账户），表格 1. 1. 5

——U. S. price index for GDP：NIPA（美国国内生产总值价格指数：国民收入与生产账户），表格 1. 1. 4

——GWP：WEO and Penn World Tables（世界经济展望和佩恩表），pwt. econ. upenn. edu/

图3.1：PS，table A3

表格3.1：WWR

图3.2：PS，table A1

图3.3，3.4和3.5：NIPA，table 1.14；PS，table B2

图4.1：NIPA，table 1.14；FAA，table 6.1；FOF，table L.102 and B.102

图4.2：FED，table H.15

图4.3：NIPA，tables 1.14 and 7.10

图4.4：FOF，table F.102 and B.102

图4.5：NYSE，Composite index（纽约证券交易所综合指数），www.nyse.com/about/listed/nya_ resources.shtml；NIPA，table 1.14

图4.6：FAA，table 6.1ES；NIPA，tables 1.5.4，1.14，6.19 and 7.10；FLOW，tables B.102，R.102，F.xxx，and L.xxx，with xxx=102，109，114，115，116，117，127 and 129

图4.7：FDIC，Historical Statistics on Banking（银行业历史统计数据），www2.fdic.gov/hsob/.

图5.1：PS，table B2

表格5.1：PS，table A7

表格7.1：[1]FOF;[2]NIPA;[3]WFE;[4]WWR;[5]Sovereign Wealth Funds Institute（主权财富基金机构），swfinstitute.org/funds.php;[6]WEO;[7]McKinsey Global Institute（麦肯锡全球机构）;[8]Pensions & Investments—Warson Wyatt World 500 Largest Managers（养老金和投资基金——华信惠悦世界500最大资产管理人排行）;[9]CBS fund management（CBS基金管理公司）;[10] The Banker（银行家），www.thebanker.com;[11] BIS，Banking statistics（国际清算银行，银行业统计数据），table 6A

图 7.1 和表格 7.2，7.3：FOF，table L.1

图 7.2：FED，Commercial paper（商业票据）

图 7.3：The Boston Consulting Group（波士顿咨询集团），“Get Ready for the Private-Equity Shakeout. Will This Be the Next Shock to the Global Economy（为私募股权动荡做好准备，这会是下一次全球经济震荡吗）?”（Heino Meerkatt，Heinrich Liechtenstein，December 2008）

图 7.4：BIS，Semiannual OTC derivative markets statitics（国际清算银行，衍生品场外交易市场半年度数据）

图 8.1：World Trade Organization（WTO）（世界贸易组织），Total merchandise trade（商品贸易总额），stat. wt. org/StatisticalProgram/ WS-DBStatProgramHome. aspx.

表格 8.1 和 8.2：IFSL

图 8.2：United Nations Conference on Trade and Development（联合国贸易与发展会议），stats. unctad. org/FDI/ReportFolders/ReportFolders. aspx.

图 8.3：NIPA，table 1.7.5 and 6.16；ITA，table 1

表格 8.3：BIS，Triennial Central Bank Survey of Foreign Exchange 347
and Derivatives Market Activity（国际清算银行，外汇与衍生品市场业务三年度中央银行调查），table 1

图 8.4：FOF，table L.209 and L.212

图 8.5：EURO，Balance of payments statistics and international investment positions（欧盟统计局，国际收支平衡统计数据与国际投资头寸）

图 8.6：BIS，Banking statistics（国际清算银行，银行业统计数据），table 6A

图 8. 7：BIS，Banking statistics，table 2A

图 9. 1：EURO，tenyear government bond yields，secondary market（欧盟统计局，十年期政府债券收益率，二级市场）

图 9. 2 和 9. 3：FED，table H. 10；Yahoo（雅虎）

图 10. 1：NIPA，table 1. 1. 5；FED，table H10

图 10. 2 和表格 10. 1：FOF，table L. 107

图 10. 3：NIPA，tables 2. 3. 5 and 7. 4. 5；FOF，table F. 100

图 10. 4：NIPA，tables 7. 4. 5；FOF，table F. 100

图 10. 5 和表格 10. 1：FOF，table L. 1

图 10. 6：FOF，tables L. 100 and B. 100

图 10. 7：NIPA，table 1. 14；FOF，tables F. 102，L. 102，and B. 102

图 10. 8：FOF，table L. 107；EURO，Balance of payments statistics and international investment positions

表格 11. 1：NIPA，table 2. 1

表格 11. 2：NIPA，tables 2. 1，3. 1，and 1. 14

图 12. 1：NIPA，table 1. 7. 6

表格 12. 1：A. B. Ashcraft and T. Schuermann，*Understanding the Securitization of Subprime Mortgage Credit*（《对次级抵押信贷证券化的认识》）（New York，Federal Reserve Bank，2007）

图 12. 2：NIPA，table 5. 3. 5

表格 12. 2：MBA，News and Media，Press Center（抵押贷款银行家协会，新闻与媒体，新闻中心）

图 12. 3：MBA，Research and Forecast，Economic Outlook and Forecast（抵押贷款银行家协会，研究和预测，经济展望和预测）

图 12.4：FOF，table F.212

图 12.5：Consumer expenditure survey，Bureau of Labor and Statistics（消费者支出调查，劳工统计局）

图 12.6：Standard & Poor's，Alternative Indices，Case-Schiller Home Price Indices（标准普尔，替代指数，凯斯席勒房屋价格指数），www2. standard andpoors. com/.

图 12.7：U. S. Census Bureau，New Residential Construction（美国人口调查局，新住宅建造），www. census. gov/ftp/pub/const/permits_cust/xls

图 13.1：FOF，tables L.210 and L.126

图 13.2 和表格 13.1 和表格 13.3：Asset-Backed Alert，ABS Market statistics（资产支持警报，资产支持证券市场统计数据），www. abalert. com

图 13.2：FOF，table F.212

表格 13.2：FOF，tables L.102，L.126，L.209，L.210，L.211，and L.212

图 14.1：FED，table H.15；Freddie Mac，Primary Mortgage Market Survey（房地美，优先级抵押贷款市场调查），www. freddiemac. com/pmms/

图 15.1：FED，Factors Affecting Reserve Balances（美联储，影响准备金余额的因素），table H.4.1

图 16.1：FED，Charge-off and Delinquency Rates（美联储，坏账核销与违约率）

图 16.2：Markit CDX Indices（马基特信用违约互换指数），348
www. markit. com/information/products/category/indices/cdx. html

图 16.3：FED，table H.15；British Bankers'Association，Historic LIBOR rates（英国银行家协会，伦敦银行间同业拆放利率历史数据），www.bba.org.uk/bba/jsp/polopoly.jsp?d=1418&a=627

表格 17.1：IMF，Global Financial Stability Report（国际货币基金组织，全球金融稳定报告），April and Ocober 2008

图 17.1：NYSE，Composite and financial indices（纽约证券交易所，综合及金融指数）www.nyse.com/about/listed/nya_resouces.shtml，www.nyse.com/about/listed/nykid_resources.shtml.

图 17.2：Yahoo

图 18.1，18.2，18.3 和 18.4：FED，Factors Affecting Reserve Balnce（美联储，影响准备金余额的因素），table H.4.1

图 19.1：FOF，table F.100 and F.102

图 19.2：FED，table G.17

图 19.3：U.S. Census Bureau，Monthly Retail Sales（美国人口调查局，月度零售数据），www.census.gov/marts/www/timeseries.html

图 19.4：NIPA：table 3.1

图 20.1：Yahoo

表格 20.1：BOA，Financial Stability Report（英格兰银行，金融稳定报告），October 2008

图 20.2：FED，table H.10

图 20.3：FED，table H.10；Yahoo

图 20.4：World Steel Association，Crude Steel Production（世界钢铁协会，粗钢产量）www.worldsteel.org/

图 20.5：OECD（经济合作与发展组织），stats.oecd.org/wbos/Index.aspx? datasetcode=MEI_ TRD.

图 20.6：ECB（欧洲央行），sdw. ecb. europa. eu/browse. do?node = bbn131；BOE，www. bankofengland. co. uk/statistics/rates/baserate. xls；FED，table H. 15；Bank of Japan（日本银行），www. boj. or. jp/en/theme/research/stat/boj/discount/index. htm

图 20.7：FED，table H. 4. 1；ECB，www. ecb. int/mopo/implement/omo/html/tops. zip

图 21. 1：G. Duménil and D. Lévy，*The U. S. Economy since the Civil War：Sources and Construction of the Series*（《内战以来的美国经济：起源与系列建构》）（Paris：Cepremap，Modem，1994），www. jourdan. ens. fr/levy/

图 21. 2：FED：table H6；FOF：table 109 and 127；R. J. Gordon，The American Business Cycle：Continuity and Change（美国经济周期：连续性及变化），（1986），Appendix B；Federal Reserve，*All Bank Statistics*，*United States*，*1896—1955*（联邦储备委员会，银行统计数据大全，美国，1896 年至 1955 年）（Washington，D. C.：Board of the Federal Reserve，1959），fraser. stlouisfed. org/publications/allbkstat/；R. Grossman，"U. S. Banking History，Civil War to World War II"（美国银行史，从内战到第二次世界大战），in R. Whaples，*EH. net Encyclopedia*（2008），en. net/encyclopedia

图 21. 3：Annual Report of the Controller of the Currency（货币管理者年度报告）（Washingtong，D. C.：U. S. Department of the Treasury，1931），6 and 8；O. M. W. Sprague，*History Crises under the National Banking System*（《国家银行体系的历史危机》）（Washington，D. C.：Government Printing Office，National Monetary Commission，1910），table 24；Grossman，"U. S. Banking History"（美国银行史）

349 图 21.4：Federal Reserve，*Banking and Monetary Statistics*，*1914—1941*（《1914 年至 1941 年银行与货币统计数据》）（Washington，D. C.：Board of the Federal Reserve，1943），fraser. stlouisfed. org/publications/bms/

图 22.1：NIPA，table 1.1.6

图 23.1：FED，table H.10

图 23.2：FOF，tables 209, 210，and 211；TreasuryDirect（直通财政部），www. treasurydirect. gov/govt/reports/pd/histdebt/histdebt. htm。

图 24.1 和表格 24.1：WEO

图 24.2：WFE

附录 C 351

缩略词

ABCP：asset-backed commercial paper（资产支持商业票据）

ABS：asset-backed security（资产支持证券）

AIG：American International Group（美国国际集团）

AMLF：ABCP MMMF Liquidity Facility（资产支持商业票据货币市场共同基金融资工具）

ARM：adjustable rate mortgage（可调利率抵押贷款）

ARRA：American Recovery and Reinvestment Act（美国复苏与再投资法案）

BIS：Bank of International Settlements（国际清算银行）

BLS：Bureau of Labor Statistics（劳工统计局）

BRIC：Brazil，Russia，India，and China（金砖四国：巴西，俄罗斯，印度，中国）

CDO：collateralized debt obligation（债务担保证券）

CDS：credit default swap（信用违约互换）

CLO：collateralized loan obligation（抵押贷款凭证）

CMBS：commercial mortgage-backed security（商业抵押支持证券）

CPFF：Commercial Paper Funding Facility（商业票据融资工具）

DIA：direct investment abroad（境外直接投资）

EDC：emerging and developing countries（新兴发展中国家）

Fannie Mae：Federal National Mortgage Association（房利美：联邦国家抵押机构）

FDIC：Federal Deposit Insurance Corporation（联邦存款保险公司）

FHA：Federal Housing Administration（联邦住房管理局）

FHFA：Federal Housing Finance Agency（联邦住房金融署）

FHLB：Federal Home Loan Bank（联邦住宅贷款银行）

Freddie Mac：Federal Home Loan Mortgage Corporation（房地美：联邦住宅贷款抵押公司）

FSLIC：Federal Savings and Loan Insurance Company（联邦储蓄与贷款保险公司）

GATT：General Agreement on Tariffs and Trade（关税及贸易总协定）

GDP：gross domestic product（国内生产总值）

Ginnie Mae：Government National Mortgage Association（吉利美：政府国民抵押贷款协会）

GOPO：government owned and privately operated（政府所有和私人经营）

GSE：government-sponsored enterprise（政府支持企业）

352 GWP：gross world product（世界生产总值）

HEI：home equity loan（房屋净值贷款）

HELOC：home equity line of credit（房屋净值信用额度）

HNWI：high net worth individual（高净值个人）

IBF：International Banking Facility（国际银行设施）

IMF：International Monetary Fund（国际货币基金组织）

IRS：Internal Revenue Service（美国国税局）

ISI：import-substitution industrialization（进口替代工业化）

JOM：Japan offshore market（日本离岸市场）

LBO：leveraged buyout（杠杆收购）

LIBOR：London interbank offered rate（伦敦银行间同业拆放利率）

MBS：mortgage-backed security（抵押支持证券）

MMIFF：Money Market Investor Funding Facility（货币市场投资者融资工具）

MMMF：money market mutual fund（货币市场共同基金）

MTN：medium-term note（中期票据）

NATO：North Atlantic Treaty Organization（北大西洋公约组织）

NIPA：national income and product account（国民收入与生产账户）

NIRA：National Industrial Recovery Act（全国工业复兴法案）

NRA：National Recovery Administration（国家复兴管理局）

NYSE：New York Stock Exchange（纽约证券交易所）

OBSE：off-balance-sheet entity（资产负债表外实体）

OECD：Organization for Economic Cooperation and Development（经济合作与发展组织）

OITP：other important trading partners（其他重要贸易伙伴）

OTC：over the counter（场外交易）

PDCF：Primary Dealer Credit Facility（一级交易商信用工具）

PPP：purchasing power parity（购买力平价）

RMBS：residential mortgage-backed security（住房抵押支持证券）

ROE：rate of return on equity（净资产收益率）

SEC：Securities and Exchange Commission（证券交易委员会）

SIV：structured investment vehicle（结构性投资工具）

SNB：Swiss National Bank（瑞士国家银行）

SWF：sovereign wealth fund（主权财富基金）

TAF：Term Auction Facility（定期拍卖工具）

TALF：Term Asset-Backed Securities Loan Facility（定期资产支持证券贷款工具）

TSLF：Term Securities Lending Facility（定期证券借贷工具）

WB：World Bank（世界银行）

WTO：World Trade Organization（世界贸易组织）

注　释

第一章　霸权的历史变迁

1. G. Duménil and D. Lévy，*Capital Resurgent：Roots of the Neoliberal Revolution*（Cambridge，Mass.：Harvard University Press，2004）. 这种将新自由主义解读为一种阶级现象的观点初次在热拉尔·迪梅尼尔、多米尼克·莱维出版的英文著作中出现，见“Costs and Benefits of Neoliberalism：A Class Analysis”（“新自由主义的成本与收益：阶级分析”），*Review of International Political Economy*（《国际政治经济》）8—4（2001）：587—607。

2. G. Duménil，M. Click，and D. Lévy，“The History of Competition Policy as Economic History”（“作为经济历史的竞争政策历史”），《反托拉斯会刊》（*Antitrust Bulletin*）42—2（1997）：373—416。

3. K. Marx，*Capital*（《资本论》），vol. 3（1894；New York：Vintage Books，1981）.

4. T. Veblen，*The Theory of the Leisure Class*（《有闲阶级论》）（London：Macmillan，1899）。

5. 在这一时期，直至1913年美联储成立之前，银行体系与政府实施稳定货币和金融机制的集中程序的最初尝试尚嫌薄弱。

6. 与大萧条相关，在米尔顿·弗里德曼和安娜·施瓦茨的论述中，“大收缩”这一术语可以被视为委婉表述（M. Friedman and A. Schwartz，*Monetary History of the United States*［《美国货币史》］［Princeton，N. J.：Princeton University Press，1963］）。在这里，使用这一术语的前提是假定当前这场危机中的产出下降的严重程度将不会超过20世纪30年代。

7. 如果利润率的下降趋势得到了及时抑制，那么20世纪70年代的那场结构性危机就不会为新自由主义的建立铺平道路。如果在新自由主义盛行数十年中这一趋势没有在一定程度上得到逆转，那么历史进程原本会发生巨大改变。

第二部分 金融的第二王朝：阶级与金融机构

1. 这一部分侧重美国经济和社会。有关其他国家资产阶级的信息，见 G. Duménil and D. Lévy，Additional Materials 1（2010），www. jourdan. ens. fr/levy/dle2010b. htm 。

第三章 高收入阶层的利益

1. T. Piketty and E. Saez，“Income Inequality in the United States，1913—1998，” *Quarterly Journal of Economics* 118，no. 1（2003）：1—39.

2. E. Wolff，*Top Heavy*（New York：New Press，1996）.

3. 譬如在法国，在 1959 年至 1973 年期间，收入中除薪资以外的份额在总收入中所占百分比在 20% 上下波动。在 20 世纪 70 年代的结构性危机中，这一数值下降了 7 个百分点，之后又上浮了 11 个百分点，最终在 24% 左右趋于稳定。

4. 相反，在新自由主义之前，90%—95% 这一分位的收入在总收入中所占份额却增长了。

第四章 资本的神化

1. 在本章中，“金融企业”不包括养老金或共同基金，也不包括政府支持企业或其抵押贷款组合以及私人公司发行人。

2. 第一种妥协（如同《谢尔曼法案》所做的象征性表述那样）是与小型和传统公司的资产阶级所有者达成的（后来在大萧条时期消除）。

3. K. Marx，*Capital*，vol. 3（1894；New York：Vintage Books，1981）.

4. G. Duménil and D. Lévy，“The Profit Rate：Where and How Much Did It Fall?（USA 1948—2000）”（“利润率：它在何处下降？下降了多少？它会恢复吗？［美国，1948 年至 2000 年］”），*Review of Radical Political Economy*（《激进政治经济学评论》）34（2002）：437—461；G. Duménil and D. Lévy，*Capital Resurgent*：*Roots of the Neoliberal Revolution*（Cambridge，Mass：Harvard University Press，2004）。

5. 有可能考察有形资产总额，包括存货而不是固定资本。

6. 由于战争期间税收增加，尽管马克思所说的利润率大幅恢复，战后最初数十年里的税后盈利仍然保持 1929 年的水平。G. Duménil and D. Lévy，*La dynamique du capital*：*Un siècle d'économie américaine*（《资本的发展变迁：美国经济百年》）（Paris：Presses Universitaires de France，1996），chap. 19，fig. 19. 1.

7. 要在资金流量数据范围内衡量企业自有资金是很难的，这一变量存在很大的不确定性。不过，在这一章的末尾引入这一新变量对于考察非金融部门与金融部门的相对盈利能力却十分重要。除了信息不足所导致的问题之外，对于企业自有资金的衡量还导致了很多问题，其中一个方面就是对于“商誉”的考察，即公司在被购买时的会计账面价值与购买价格之间的差额。在资产负债表的资产项下，这一差额被视为一种无形资产（并在资金流量中被划分为“其他杂项资产”账户）。美国联邦存款保险公司的报告表明，与被保险的存款银行的自有资金相比，这一部分相对重要，同时也一直在增加。Federal Deposit Insurance Corporation（美国联邦存款保险公司），Quarterly Banking Profile（“银行业季度概况”）（Washington D. C.：FDIC，2008）。

8. 2000 年以后，这一百分数达到峰值，略高于 100%。不过这种情况并非没有先例（譬如，在大萧条时期出现过），这意味着公司使用折旧津贴、利用流动资金，或者出售金融资产。

9. G. Duménil and D. Lévy，*Capital Resurgent*，chap. 14，notably，120.

10. H. Sylverblatt and D. Guarino，“S & P 500 Buybacks：Three Years and ＄1. 3 Tri-llion Later”（“标准普尔公司 500 强企业回购额：三年与 1. 3 万亿美元以后”），*Mc-Graw Hill Companies*（《麦格劳—希尔公司》），2007 年 12 月 13 日。

11. 所观察到的概况反映了指数和国内生产总值平减指数的变化。

12. 这就是科斯塔斯·拉帕维查斯（Costas Lapavistas）所称的“直接剥削”（C. Lapavistas，“Financialized Capitalism：Direct Exploitation and Periodic Bubble”[“金融化资本主义：直接剥削与周期性泡沫”]，Working Paper，Department of Economics，School of Oriental and African Studies [SOAS]，London，2008）。

13. 这里很重要的一点是，要记住家庭同样获得利息。这一利息依然高于所支付的利息。显然，一种类别的家庭获得利息，而另一类别的家庭则支付利息，尽管二者都不是唯一的。

14. G. Duménil and D. Lévy，*Capital Resurgent*，chap. 11，fig. 11. 3.

15. FDIC，Quarterly Banking Profile.

第五章　管理阶级与大众阶级

1. 现在，收入等级顶层薪资的增长已经广为人知。安东尼·阿特金森、托马斯·皮凯蒂与伊曼纽尔·赛斯所提交的工作报告摘要十分明确：“在过去的 30 年里，英语国家、印度和中国的上层收入份额都出现大幅增长，但是在欧洲大陆国家或日本却没有大幅增长。这一增长趋势部分缘于最薪资高收入阶层前所未有地出现。” Anthony Atkinson, T. Piketty, and E. Saez, “Top Incomes in the Long Run of History” （“长期历史进程中的顶层收入阶层”）（Working paper series, National Bureau of Economics Research [NBER], 15408, October 2009), www. nber. org/papers/w15408。

2. J. Weinstein, *The Corporate Ideal in the Liberal State, 1900—1918*（《自由国家的企业理想，1900 年至 1918 年》）（Boston：Beacon Press, 1968）。

3. 一个著名的例证是约瑟夫·熊彼特，他提出了资本主义是否可能存活的问题，并给出否定回答。J. Schumpeter, *Socialism, Capitalism and Democracy*（《社会主义、资本主义与民主》）（New York：Harper and Brothers, 1942）。

4. 然而，这一短语是参照这个国家而创造的。R. I. Mckinnon（R. I. 麦金农），*Money and Capital in Economic Development*（《经济发展中的货币与资本》）（Washington D. C.：Brookings Institution, 1973）；E. Shaw（E. 肖），*Financial Deepening in Economic Development*（《经济发展中的金融深化》）（New York：Oxford University Press, 1973）。

5. G. Duménil and D. Lévy, “Finance and Management in the Dynamics of Social Change：Contrasting Two Trajectories—United States and France”（“社会变革动态中的金融与管理：两种发展轨迹的对比——美国与法国”），in L. Assassi, A. Neesvetailova, and D. Wigan, eds., *Global Finance in the New Century：Beyond Deregulation*（《新世纪的全球金融：放松监管之后》）（New York：Palgrave Macmillan, 2007），127—147。

6. E. Helleiner（E. 赫莱纳），*States and the Reemergence of Global Finance：From Bretton Woods to the 1990s*（《政府与全球金融的再次兴起：从布雷顿森林体系到 20 世纪 90 年代》）（Ithaca, N. Y.：Cornell University Press, 1994）。

第六章 理论框架

1. J. Burnham（J. 伯恩汉姆），*The Managerial Revolution*（《管理革命》）（Harmondsworth, U. K.：Penguin Books, 1945）；R. L. Marris（R. L. 马利斯），*The Economic Theory of Managerial Capitalism*（《管理资本主义的经济理论》）（London：Macmillan, 1964）；J. K. Galbraith（J. K. 加尔布雷斯），*The New Industrial State*（《新工业国家》）（New York：New American Library, 1967）；A. D. Chandler（A. D. 钱德勒），*The Visible Hand：The Managerial Revolution in American Business*（《看得见的手——美国企业的管理革命》）（Cambridge, Mass：Harvard University Press, 1977）；D. Stabile（D. 斯塔比尔），“The New Class and Capitalism：A Three-and-Three-Thirds-Class Model”（《新阶级与资本主义：一种三

与三分之三级模式》)，*Review of Radical Political Economics*，15，4 (1983)：45—70；M. Zeitlin (M. 泽特林)，*The Large Corporation and Contemporary Classes* (《大企业与当代的各阶级》) (New Brunswick，N. J.：Rutgers University Press，1989)；J. McDermott (J. 麦克德蒙特)，*Corporate Society：Class，Property，and Contemporary Capitalism* (《企业社会：阶级、资产和当代资本主义》) (Boulder，Colo.：Westview Press，1981)；E. Olin Wright (E. 奥林·怀特)，*Class Counts：Comparative Studies in Class Analysis* (《阶级考量：阶级分析的比较研究》) (Cambridge：Cambridge Uni-versity Press，1997)；J. Lojkine (J. 卢日金内)，*Adieu à la classe moyenne* (《中产阶级再见》) (Paris：La Dispute，2005)。

2. 正如后面的研究中表述的：A. Berle (A. 贝尔)，*Power without Property* (《没有资产的权力》) (New York：Harcourt，Brace，1960)。

3. 在严格界定的马克思主义者的分析（马克思的《资本论》的概念）框架中，除了将管理人员与办公室工作人员列为新兴小资产阶级以外，似乎没有更好的选择。但是，这种解读方式同时也暗示出马克思视角的局限性，并预示着一种与现代资本主义特征相符的新框架。这种观点见于 G. Duménil，*La position de classe des cadres et employés* (《管理人员与办公室工作人员阶级的地位》) (Grenoble，France：Presses Universitaires de Grenoble，1975)。尼可斯·普兰查斯 (Nicos Poulentzas) 始终坚持严格界定的马克思主义分析方法。*Pouvoir politique et classes sociales* (《政治权力和社会阶级》) (Paris：Maspero，1972)。从广义的无产阶级方面解读阶级模式是托洛茨基主义者的共同点，见 Ernest Mandel (埃内斯特·曼德尔) 的著作，*Les étudiants，les intellectuels et la lutte de classes* (《学者、知识分子与阶级斗争》) (Paris：La Brèche，1979)，www.ernestmandel.org/fr/ecrits/txt/1979/etudiants/index.htm，对这种观点进行了辩护，并且托洛茨基本人的著作也间接地为此辩护。（苏联社会并不是一个阶级社会，而是一个官僚主义式的腐化堕落的工人的国家。）也见 M. Löwy (M. 洛伊)，*Pour une sociologie des intellectuels revolutionnaires* (《知识分子革命的社会学》) (Paris：Presses Universitaires de France，1976)。

4. K. Marx，*Capital*，vol. 3 (1894；New York：Vintage Books，1981)，chap. 52. 也见 chap. 48，"The Trinity Formula" ("三位一体公式")。

5. 根据当代术语而言的"行为主体"(agent) 和"委托人"(principal)。

6. J. Lojkine，*La classe ouvrière en mutations* (《工人阶级中的突变》)，Messidor (收获月) (Paris：Éditions sociales，1986)。

7. 关于大众阶级，希法亭在其 1910 年的著作中就已经探讨了这个阶级在某种程度上汇聚了各种社会地位的模糊特性，而考虑到生产劳动的变革，这一特性仍然是当代资本主义社会学调查的对象。

8. 当代中国可以理解为第三种结构的例证，处于一种非常特殊的情况下。

9. G. Duménil and D. Lévy, *Au-delà du capitalisme?* （《超越资本主义?》）（Paris：Presses Universitaires de France，1998）；J. Bidet and G. Duménil, *Altermarxisme：Un autre Marxisme pour un autre monde*（《替代马克思主义：为了另一个世界的另一种马克思主义》），（Paris：Presses Universitaires de France，Quadrige，Essais-Débats，2007）；G. Duménil and D. Lévy，"Cadres et classes populaires：Entre gauche traditionnelle，altermondialisme et anticapitalisme"（"管理阶层与大众阶层：反全球化与反资本家的左翼传统"），*Actuel Marx*（《当代马克思》）44（2008）：104—116。

第七章　一个新的金融部门

1. 本章对金融化的探讨从美国经济的视角出发。有关全球各地区的更多信息，见 G. Duménil and D. Lévy，Additional Materials 1 and 2（2010），www. jourdan. ens. fr/levy/dle2010b. htm。

2. 这些部分根据资金流量账户的划分得以确定。但是该划分方式有时候是误导的。譬如，"抵押贷款组合"和"资产支持证券发行人"并不是新机构，但却分别是政府支持企业和商业银行手中分别掌握的新工具（见表格 13. 2）。

3. "封闭"指的是有限的份额数量。

4. 那么，名单中包括：金融公司、融资企业、开放型投资公司和房地产投资信托。

5. 绝大多数银行的融资行为并非来源于借款而是存款，正是这一特点使银行可以大量借出资金。

6. 惠誉国际评级机构对其评级的结构性投资工具所做的研究为有关这类工具的基本特点提供了信息，见 S. Bund，G. Moore，and K. Vladimivora，"Rating Performances of Structured Investment Vehicles（SIVs）in Times of Diminishing Liquidity for Assets and Liabilities"（"在资产与负债流动性减少时期结构性投资工具的业绩评级"），Structured Credit Special Report（结构信贷特别报告）（New York and London：Derivative Fitch，September 20, 2007）。在惠誉公司评级的结构性投资工具中，29% 由商业票据提供资金，62% 由中期票据（MTNs）提供资金，加权平均周期为 0. 71 年。它们持有的证券的加权平均周期是 3. 62 年。

7. International Monetary Fund，Global Financial Stability Report（全球金融稳定报告）。*Market Developments and Issues*（《市场发展与问题》）（Washington，D. C.：IMF，April 2008），69。

8. 更确切地说，用来计算支付数额的工具是通过互换和其他风险管理产品进行的。一般说来，这一数额并不会易手，因此就被称为“名义上的”。

9. 19世纪中期，在农作物价格领域，衍生品在芝加哥被发明出来。

第八章 自由贸易与2000年以后的全球金融繁荣

1. 特别是，在1986年至1994年的乌拉圭回合中达成的协定。

2. 见 G. Duménil and D. Lévy，Additional Materials 1（2010），Figure M1. 2，www. jourdan. ens. fr/levy/dle2010b. htm。

3. 国际清算银行发布了关于“银行业报告”的数据，就银行在国外或以外币所进行的金融业务，这一报告提供了几近详尽的全球银行体系的样本。其中所使用的两个标准分别是：（1）银行所有者的国籍，其分支机构可以在全球各地设立；（2）这些银行所在的领土位置（譬如，在美国领土上设立的银行而不是美国国籍的银行）。美国国际银行设施（IBFs）是设立在美国领土上的“离岸”主体这一事实引发了一些歧义。它们被认为是离岸的。日本离岸金融市场（JOM）也是如此。

4. 由国际清算银行、国际货币基金组织、经济合作与发展组织和世界银行共同发布。

5. M. R. King and P. Maier，“Hedge Funds and Financial Stability：the State of the Debate”（“对冲基金与金融稳定性：辩论的状态”）（Bank of Canada Discussion Paper，2007—2009，September 2007）。

6. 如同许多其他的金融操作一样，套利交易是高度杠杆化的。譬如，若股权达到投资的10%，而剩余的90%来源于借款，假定汇率不变，货币就以2%的利率借入并以5%的利率借出，自有基金的回报率达到30%。以其他低利率国家的货币进行借款的目的只是为了在更有利的条件下为某一资产提供资金（譬如，东欧家庭在瑞士借款以购买住房），但这里存在汇率风险。

第九章 一个脆弱而臃肿的结构

1. E. Helleiner，*States and the Reemergence of Global Finance*：*From Bretton Woods to the 1990s*（Ithaca，N. Y.：Cornell University Press，1994）.

2. “一致性是必需的”限制了向欧盟外国家的流动性（条款73c）。

3. J. M. Keynes，*Bretton Woods and after*，*April 1944–March 1946*：*The collected Writings of John Maynard Keynes*（《布雷顿森林体系及其之后，1944年4月至1946年3月：约翰·梅纳德·凯恩斯作品集》），vol. 26，1946（London：Macmillan，St. Martin's Press for the Royal Economic Society，1980），17。

4. J. Nembhand（J. 内姆布哈德），*Capital Control*，*Financial Regulation*，*and*

Industrial Policy in South Korea and Brazil（《韩国与巴西的资本控制、金融监管与工业政策》）（Westport，CT：Praeger，1996），chap. 2。

5. J. M. Keynes，*Writings of John Maynard Keynes*（《约翰·梅纳德·凯恩斯作品集》），vol. 20，1933（London：Macmillan，St. Martin's Press for the Royal Economic Society，1982），598—609。

6. Federal Reserve Bank of San Francisco Economic Letter（旧金山联邦储备银行经济信函），November 2006。

第十章 不断下降的积累和不断加剧的失衡

1. 由于美国收入平衡几乎等于零，这一点大约是相等的。

2. 这一部分的分析基于前面的调查：G. Duménil and D. Lévy，"Le néolibéralisme sous hégémonie états-unienne"（"新自由主义下的美国霸权"），F. Chesnais（F. 凯斯内）ed.，*La finance mondialisée：Racines sociales et politiques，configuration et conséquences*（《全球金融：社会与政治根源，结构与结果》）（Paris：La Découverte，2004）；G. Duménil and D. Lévy，*The New Configuration of U. S. Imperialism in Perspective*（《全面审视美国帝国主义的新结构》），www. jourdan. ens. fr/levy/dle2004l. doc；G. Duménil and D. Lévy，"Néolibéralisme：Dépassement ou renouvellement d'un ordre social"（"新自由主义：超越或重建社会秩序"），*Actuel Marx* 40（2006）：86—101。

3. 世界其他地区对美国经济融资的贡献的探讨，见 G. Duménil and D. Lévy，Additional Materials 1 and 2（2010），Figure M1. 2，www. jourdan. ens. fr/levy/dle 2010b. htm。

4. 在国民收入和生产账户的家庭消费项下，"住房"被视为购买了一种服务。除了其他部分，这种服务的价格还包括了固定资本的折旧（未偿付房屋价格）。因此，当将严格意义上的消费和家庭住宅投资合并计算时，这一部分就必须从"住房服务"中扣除。

5. 整体经济的存款被界定为国民收入减去家庭和政府的消费和投资所得数额。存款额等于私人企业的净投资减去向世界其他地区的净借款额。

6. 必须区分"政府消费开支"（包括支付的薪资和政府固定资本的折旧）与"购买商品与服务"（包括政府投资）。这里使用的是后一变量。

7. "信贷市场工具"不包括养老金或其他基金的资产、家庭直接持有的公司权益、非公司制企业的权益和存款。

8. Freddie Mac，Cash-Out Refinance Report（套现再融资报告）（Tysons Corner，Va.：Freddie Mac，2008）。

9. D. Maki（D. 马基）and M. Paumbo（M. 帕隆博），"Disentangling the

Wealth Effect：A Cohort Analysis of the Household Saving in the 1990s”（“解开财富效应：对 20 世纪 90 年代家庭储蓄的群组分析”） （Working paper，Federal Reserve，2001）。

10. 由于存在无法确定的“杂项资产”和“杂项负债”账目，很难得出有关资金流量账户的实证衡量。20 世纪 70 年代初的数据中的重要突破显而易见，然后，杂项资产的上升趋势也显现出来，达到了有形资产的 50% 以上。这些现象对数据的可靠性提出了质疑。在计算中，这些账目既可以保留也可以撤销。考虑到有形资产的整体规模和净值，一个可能近似的结果是这两个变量在整个时期内一直保持大致相等。

11. 与其他国家相反，譬如法国，在新自由主义之前，那些国家的贷款被广泛地用于为实际积累提供资金。G. Duménil and D. Lévy，*Capital Resurgent：Roots of the Neoliberal Revolution*（Cambridge，Mass：Harvard University Press，2004），chap. 14.

第十一章 失衡的机制

1. 还可以根据传统剑桥模式进行同样的假定，（1）企业将总收入以薪资和利润的形式分配给家庭；（2）收入的一部分用于金融机构中的储蓄和存款（金融投资）；以及（3）这些机构向企业发放贷款，为投资提供资金，同时有可能像家庭发放贷款。（在后一种情况下，新的借款必须加到没有在金融机构中投资的家庭的收入组成中，以构成家庭用于消费的购买力。）

第十二章 第二次缓刑：房地产繁荣和崩溃

1. 一般情况下，经济衰退的定义是国内生产总值连续两个季度出现下滑。

2. 在本图衡量标准中，纽约证券交易所指数在 2000 年第三季度达到了最高值，之后下降趋势直至 2003 年第一季度为止，随后出现复苏。利润在 1997 年第三季度达到最高值，之后下降直至 2001 年第三季度而后出现复苏。

3. 消费者支出调查（Washington D. C.：U. S. Department of Labor，Bureau of Labor Statistics，2008），www. bls. gov/cex/。

4. 信贷与住房市场具有很大的歧视性，而且这些歧视在次级抵押贷款潮中发挥了作用。G. Dymski（G. 迪姆斯基），*Discrimination in the Credit and Housing Markets：Findings and Challenges*（《信贷与住房市场中的歧视：结果与挑战》）（Riverside，Calif：University of California，2009）。

5. 美国费尔艾萨克公司对应的缩略语，FICO 公司的创立者。

6. National Association of Realtors（全美地产经纪人协会），Existing-Home

Sales and Prices Overview（现房销售与价格评论），2009，www. realtor. org/research/research/ehsdata。

第十三章 满足抵押贷款潮的需要

1. FDIC，Quarterly Banking Profile（Washingtong，D. C.：FDIC，2008）.

2. Bank of International Settlements，Semiannual OTC Derivative Markets Statistics（Basel，Switzerland：BIS，2008）.

第十四章 金融风暴时代正在失去对轮舵的控制

1. Freddie Mac，Primary Mortgage Market Survey（Tysons Corner，Va：Freddie Mac，2008）.

2. A. Greenspan，Federal Reserve Board's Semiannual Monetary Policy Report to the Congress（Washingtion，D. C.：Federal Reserve Board，Jul 20，2005），www. federalreserve. gov/boarddocs/hh/2005/february/testimony. htm.

3. 与约翰·泰勒的断言相反，难以将危机的责任让艾伦·格林斯潘在利率管理方面受过。*Getting Off Track：How Government Actions and Interventions Caused，Prolonged，and Worsened the Financial Crisis*（《偏离轨道：政府的职能与干预行为如何引发、延长并使金融危机恶化》）（Stanford，Clif：Hoover Press，2009）。格林斯潘选择短期维系美国宏观经济。如果联邦基金利率的大幅提升更早的话，美国经济就不会从经济衰退中复苏，或者复苏会相当疲弱。没有直接的出路。一个选择是刺激性的货币政策，并辅以抵押贷款市场和证券化一定程度的监管。由于这些行为与格林斯潘关于市场自律的观点不符，正是在这方面格林斯潘所涉及的责任更加直接。但这条道路是狭窄的。

4. 2008 年 10 月 23 日，给国会监管和政府改革委员会议员亨利·韦克斯曼（Henry Waxman）的回复。

第十五章 一个渐进的过程

1. 芝加哥联邦储备委员会信函，2007 年 8 月。S. Agarwal（S. 阿加瓦尔）和 C. T. Ho（C. T. 霍），"Comparing the Prime and Subprime Mortgage Markets"（"对比优先级和次级抵押贷款市场"），www. chicagofed. org/digital_ assets/publications/chicago_ fed_ letter/2007/cflaugust2007_ 241. pdf 。

第十六章 地震波

1. 可以看到，在 2001 年经济衰退期抵押贷款的违约率增幅仅在一个有限的程度上，只在第一阶段的最后时期达到最高值，而在新的下降之前，2004 年至 2006 年初这段期间保持大约 1. 6% 的低水平平稳期，与此相对的是 2001 年的 2. 4% 和 1991 年的 3. 4% 的峰值。

2. RealtyTrac U. S. （美国市场研究机构地产跟踪公司），2009，www. realtytrac. com/。

3. Mortgage Bankers Association（美国抵押贷款银行家协会），“Delinquencies Continue to Climb，Foreclosures Flat in Latest MBA National Delinquency Survey”（“最近的美国抵押贷款银行家协会的全国违约调查中贷款违约持续攀升，抵押品赎回权取消数量持平”）（Washington，D. C. ：Mortgage Bankers Association，2009），www. mortgagebankers. org/。

4. First American CoreLogic（第一美国核心逻辑）“The Negative Equity Report（负权益报告）”，February 2010，www. facorelogic. com/newsroom/marketstudies/negative-equity-report/download. jsp。也参见 L. Ellis（L. 艾里斯），“The Housing Meltdown：Why Did It Happen in the United States?”（“房地产崩溃：为什么发生于美国?”）（Working paper，Banking for International Settlements，2008，no. 259）。

5. 马基特公司收集了全球大量金融机构有关信用违约互换的数据，并建立了面向全球 1，000 家金融公司出售的指数（包括商业银行、投资银行、对冲基金、资产管理机构、保险公司、审计公司、监管机构、评级机构和基金管理人）。这些指数用于不存在市场的情况下估算债务担保证券的价格。“马基特公司拥有并管理着 ABX. HE 指数。这是一种流动的可交易的工具，利用这一指数，投资者可以通过信用违约互换合约持有次级抵押支持证券头寸。这个指数已成为衡量次级住房抵押支持证券业绩的基准。其流动性和标准化使投资者可以围绕资产级别，精确衡量市场情绪，并随之持有空头头寸或多头头寸”，“Markit CDS Pricing”（“马基特信用违约互换定价”）（London：Markit，2009），www. markit. com/en/products/data/cds-pricing/cds-pricing. page。

第十七章　金融结构动摇

1. 见表框 9. 4。

2. Bank of England，Financial Stability Report（London：Bank of England，October 2008），17，no. 24.

3. 见名为“虚拟利得与实际收入流量”一节。

4. 就这些论题而言，可以参见 S. Bergstresser（S. 伯格斯特莱瑟）and T. Philippon（T. 菲利庞），*CEO Incentives and Earnings Management*（《首席执行官激励机制和盈余管理》）（Boston，Mass：Harvard Business School，2004）。

第十八章　政府对金融部门的挽救

1. Board of Governors of the Federal Reserve System（美国联邦储备系统理事会）(Washington, D. C. : Federal Reserve, April 17, 2007), www. federalreserve. gov/newservants/press/bcreg/20070417a. htm 。

2. Former Federal Reserve governor in Kansa, and member of the Council of Economic Advisers（堪萨斯州联邦储备前任理事与经济咨询委员会成员）。

3. 经济咨询委员会前任主席和罗纳德·里根总统的首席经济顾问。

4. 在违约的情况下，放款人受到的保护以抵押品价值为限。

5. Trouble Assets Relief Program（不良资产救助计划）（Washington, D. C. : U. S. Department of the Treasury, 2009）, www. financialstability. gov/。

6. 纽约联邦储备银行的以下评论颇有帮助："在当前情况下，为什么准备金余额的利息支付，特别是过量余额利息支付尤为重要呢？最近，部门遇到困难，很难实现联邦公开市场委员会（FOMC）设定的联邦基金利率运行目标，因为美联储各种流动性工具的扩张导致过量余额大幅增长。过量余额扩张反过来给隔夜联邦基金利率造成了额外的下跌压力。过量余额利息支付将会使部门实现联邦基金利率目标，即使进一步使用联邦储备流动性工具，就像最近宣布的通过定期拍卖工具所供应的数量增加一样，导致过量余额水平提高。当美联储使用各种流动性工具导致高水平的过量余额时，该机构手中还掌握哪些能够促进货币政策实施的其他方法？最初，通过减少其资产负债表上所持有的其他资产，尤其是美国国债的持有量，使用新的流动性工具，美联储能够抑制过量余额的增长。但现在美联储所持有的大量剩余的美国国债用于支持定期证券借贷工具和其他项目。最近，由于美联储所使用的流动性计划持续扩张，补充融资计划对于限制过量余额的增长有着非常重要的帮助。根据补充融资计划，美国财政部在市场上发行国库券，并将收入所得存入美联储账户中。但是，即使不再使用其他这些措施，并且在原则上对任一过量余额水平而言，过量余额利息支付都能够使部门实现联邦储备基金利率的运营目标。除了补偿过量余额之外，美联储正在探索其他管理准备金水平的方法，以便利用其支付准备金利息的权力实施货币政策。"见有关储备金利息的常见问题和货币政策实施（New York: Federal Reserve Bank of New York, 2009）, www. newyorkfed. org/markets/ior_faq. html。

第十九章　大收缩

1. 由公众持有的债务等于个人、企业、州政府或地方政府、外国政府和其他美国之外的主体所持有的联邦债务总额，减去政府联邦融资银行证券。公众持有证券包括（但不限于）国库券、中期国债、长期国债、财政部通货膨胀保值债券（TIPS）、美国储蓄债券，以及州政府和地方政府系列证券。

第二十章 全球资本主义的不稳定格局

1. 资金流量账户。

2. Federal Reserve, *News and Events*（《新闻与事件》）(Washington, D. C.: Federal Reserve, October 13, 2008)。着重号另加。

第二十一章 八十年以后

1. K. Marx, *Capital*, vol. 3 (1894; New York: Vintage Books, 1981), Part 3: The Law of the Tendential Fall of the Rate of Profit（"利润率趋于下降的规律"）。

2. G. Duménil and D. Lévy, *Capital Resurgent: Roots of the Neoliberal Revolution* (Cambridge, Mass: Harvard University Press, 2004), chap. 15.

3. 该法案规定："任何人垄断或企图垄断，或与任何其他个人或多人联合或共谋，垄断几个州之间的或与外国的商业和贸易，将被认为犯有重罪"(Sherman Act, 15 U. S. C. §2)。(Washington, D. C.: U. S. Department of Justice), www. usdoj. gov/atr/foia/divisionmanual/ch2. htm#a1)。

4. G. Duménil, M. Glick, and D. Lévy, "The History of Competition Policy as Economic History"（"作为经济史的竞争政策历史"）, *Antitrust Bulletin*（《反垄断公告》）42, no. 2 (1997): 373—416。

5. G. Duménil and D. Lévy, "Stylized Facts about Technical Progress since the Civil War: A Vintage Model"（"内战以来技术进步的特征事实：一种古典模式"）, *Structural Change and Economic Dynamics*（《结构性改变与经济变迁》）5, no. 1 (1994): 1—23。

6. T. F. Bresnaham（T. F. 布莱斯纳汉）and M. Raff（M. 拉夫）, "Intra-industry Heterogeneity and the Great Depression: The American Motor Vehicles Industry, 1929—1935"（"产业内部的异质性与大萧条：1929年至1935年的美国汽车制造工业"）, *Journal of Economic History*（《经济史杂志》）51, no. 2 (1991): 317—331。1920年以前银行如雨后春笋般蓬勃发展为美国经济的异质性提供了另一个例证：除了大型银行之外小银行的骤增。20世纪20年代的产业集中也证明了朝向大企业新结构的潜在趋势。

7. G. Duménil and D. Lévy, *La dynamique du capital: Un siècle d'économie*

américaine (Paris: Presses Universitaires de France, 1996), chap. 22.

8. G. Duménil and D. Lévy, *Capital Resurgent*, fig. 20. 3, box 18. 1.

9. Federal Reserve, *All Bank Statistics, United States, 1896—1955* (Washington, D. C.: Board of the Federal Reserve, 1959), fraser. stlouisfed. org/publications/allbkstat/.

10. Federal Reserve, *Banking and Monetary Statistics, 1914—1941* (Washington, D. C.: Board of the Federal Reserve, 1943), table 139: Brokers'loans by group of lenders (借款人群组发放的经纪人贷款), fraser. stlouisfed. org/publications/bms/。

11. 在伊曼纽尔·沃勒斯坦和乔万尼·阿里吉针对长波理论的分析中，由于投资重新转向金融领域，随着阶段 A 达到顶峰，金融化与进入 B 阶段是同时发生的。G. Arrighi, *The Long Twentieth Century: Money, Power and the Origins of Our Times* (《漫长的 20 世纪：货币、权力与我们时代的起源》) (London: Verso, 1994); I. Wallerstein, "Globalizaion or the Age of Transition? A Long-Term View of the Trajectory of the World-System" ("全球化还是转型时代？对于世界体系发展轨迹的长远考量"), *International Sociology* (《国际社会学》) 15, no. 2 (2000): 250—268。

12. I. Fisher (I. 菲希尔), "The Debt-Deflation Theory of Great Depressions" ("大萧条的债务—通货紧缩理论"), *Econometrica* (《计量经济学杂志》) 1 (1933): 337—357。

第二十二章　罗斯福新政的政策与政治

1. 大量文献致力于罗斯福新政的研究。专门研究这一问题的著作包括：W. E. Leuchtenburg (W. E. 洛伊希滕堡), *Franklin D. Roosevelt and the New Deal, 1932—1940* (《1932 年至 1940 年的富兰克林·D. 罗斯福与新政》) (New York: Harper and Row, 1963); R. Levine (R. 莱文), *Class Struggle and the New Deal: Industrial Labor, Capital and the State* (《阶级斗争与新政：产业劳动、资本与政府》) (Lawrence: University Press of Kansas, 1988); and S. Fraser and G. Gerstle, *The Rise and Fall of the New Deal Order, 1930—1980* (《1930 年至 1980 年新政秩序的兴衰》) (Princeton, N. J.: Princeton University Press, 1989)。

2. 即上一章所指的表述"技术与组织的异质性特征性"。

3. R. Skidelsky (R. 斯基德尔斯基), *John Maynard Keynes* (《约翰·梅纳德·凯恩斯传》), vol. 2, *The Economist as Savior, 1920—1937* (《1920 年至 1937 年作为救世主的经济学家》) (London: Macmillan, 1992), 492—493。

4. 以违背三权分立为由。

5. 按照斯坦恩的说法："1931 年所有政府——联邦政府、州政府与地方政府的——财政政策的刺激效果都大于 20 世纪 30 年代的任何其他年份"。H. Stein, *The Fiscal Revolution in America* (《美国的财政革命》) (Chicago: University of Chicago Press, 1969), 26。

6. 同上, 117。

7. 同上, 99—100。

8. 虽然"货币与财政政策"这个短语还没有发明出来, 凯恩斯的基本政策框架已经在 1933 年得以界定。J. M. Keynes, "The Means to Prosperity" ("繁荣的手段") (1933), in *The Collected Writings of John Maynard Keynes* (London: St. Martin's Press for the Royal Economic Society, 1972), 335—366。

9. J. A. Henretta (J. A. 亨瑞塔), D. Brody (D. 布罗迪), L. Duménil, and S. Ware (S. 维尔), *America's History* (《美国历史》), vol. 2, *since 1865* (Boston: Bedford/St. Martin's, 2004)。

10. 韦恩斯坦讲述了以下关于 1913 年至 1914 年科罗拉多煤矿罢工的故事: "两方的罢工策略极像为战争做准备。在 CFI 指导下, 治安官从州外招聘了大量警卫和副手。他们全副武装, 受雇于公司, 分别部署在矿产周围的沟渠中, 装配巨大的探照灯和机关枪……暴力事件旋即爆发, 并不断升级, 工会针对公司及其治安官们所造成的每一件谋杀事件实施报复。单个杀害迅速演变成几百名罢工工人与公司保安之间的激战; 矿工们利用广泛的游击战术保全自己。" J. Weinstein, *The Corporate Ideal in the Liberal State, 1900—1918* (《1900 年至 1918 年自由国家的企业理想》) (Boston: Beacon Press, 1968), 193。"罢工者与警卫之间的冲突在矿工的棚户区聚居地勒德洛升级为一场激战。一天的战斗之后, 卫兵将工人们的聚居地烧成一片白地, 熊熊燃烧的帐篷中有两名妇女和 11 名儿童没能逃脱, 被活活烧死" (同上, 194)。

11. G. Duménil and D. Lévy, "Neoliberal Income Trends : Wealth, Class and Ownership in the USA" ("新自由主义收入趋势: 美国的财富、阶级与所有权"), *New Left Review* (《新左翼评论》) 30 (2004): 105—133。

12. R. J. Gordon (R. J. 戈登), "$45 Billion of U. S. Private Investment Has Been Mislaid" ("美国私人投资的 450 亿美元被错误配置"), *American Economic Review* (《美国经济评论》) 59, no. 3 (1969): 221—238。

13. W. Lewellen (W. 卢埃林), "Executive Compensation in Large Industrial Corporations" ("大型工业企业的管理层报酬") (Working paper, National Bureau of Economic Research, 1968)。

14. T. Piketty and E. Saez, "Income Inequality in the United States, 1913—1998" ("1913 年至 1998 年美国的收入不公现象"), *Quarterly Journal of Economics* 118, no. 1 (2003): 1—39。

注　释

第二十三章　经济要求

1. 它们有时被称为不同实体，但这种区分并不令人信服。

2. 欧元区、加拿大、日本、英国、瑞士、澳大利亚和瑞典。

3. P. Bairoch（P. 贝洛赫），*Economics and World History：Myths and Paradoxes*（《经济学与世界史：神话与悖论》）（Chicago：University of Chicago Press，1993）。

第二十四章　国家因素

1. 这些变量反映得到了体现，见 G. Duménil and D. Lévy，Additional Materials 1（2010），Figure M1. 3，www. jourdan. ens. fr/levy/dle2010b. htm。

2. G. Duménil and D. Lévy，Additional Materials 1 and 2（2010），www. jourdan. ens. fr/levy/dle2010b. htm.

3. G. Duménil and D. Lévy，Additional Materials 1（2010），www. jourdan. ens. fr/levy/dle2010b. htm.

4. G. Duménil and D. Lévy，Additional Materials 2（2010），www. jourdan. ens. fr/levy/dle2010b. htm.

5. 这是查尔斯・金德尔伯格提出的论点。C. Kindleberger，*The World in Depression*：1929—1939（《萧条中的世界：1929 年至 1939 年》）（Berkeley：University of California Press，1993）。

6. A. D. Chandler（A. D. 钱德勒），*Scale and Scope*：*The Dynamics of Industrial Capitalism*（《规模与范围：工业资本主义的动力》）（Cambridge，Mass：Harvard University Press，1990）。

7. J. M. Keynes，"The End of Laissez-Faire：Essays in Persuasion"（"自由放任的终结：劝说中的随笔"）（1926），in *The Collected Writings of John Maynard Keynes*，vol. 9（London：Macmillan，St. Martin's Press for the Royal Economic Society，1972），272—294。

8. Chandler，*Scale and Scope.*

9. N. Gordon Levin（N. 戈登・莱文），*Woodrow Wilson and World Politics*（《伍德罗・威尔逊与世界政治》）（Oxford：Oxford University Press，1968）。

10. 20 世纪 20 年代，中央银行除了英镑储备以外，还在不断积累美元储备。B. Eichengreen（B. 艾琴格林）and M. Flandreau（M. 弗兰德鲁），"The Rise and Fall of the Dollar，or When Did the Dollar Replace Sterling as the Leading Reserve Currency?"（"美元的涨跌，或者美元何时代替英镑成为主导储备货币?"）（Genoa，Italy：Past，Present and Policy Panel，2008）。

附录 A 失衡变迁：模型分析

1. 在这样一个模型中，必须引入角标 t 以表示考察的期间。这里需要用到下面两个等式：

$$K_{t+1}=K_t+I_t \quad \text{以及} \quad \Phi_{t+1}=F_t+\varphi_t\text{。}$$

K 和 Φ 分别表示固定资本存量，以及债务存量。

在类似的轨迹上，所有变量的共同增长率等于

$$\rho=b\{(1-\beta)[(1-\lambda)\varphi+\varepsilon]/\lambda+\beta-\alpha\}\text{。}$$

负债率，以债务存量超过固定资本存量来衡量，即 $b\varphi/\rho$。

索 引

（索引页码为英文原书页码[**n** 指注释]，即本书边码）

索 引

索 引

图书在版编目(CIP)数据

新自由主义的危机/(法)热拉尔·迪梅尼尔,(法)多米尼尔·莱维著;魏怡译.—北京:商务印书馆,2020
ISBN 978-7-100-18307-9

Ⅰ.①新… Ⅱ.①热… ②多…③魏… Ⅲ.①新自由主义(经济学)—研究 Ⅳ.①F091.352

中国版本图书馆CIP数据核字(2020)第059705号

新自由主义的危机

〔法〕热拉尔·迪梅尼尔 多米尼尔·莱维 著
魏 怡 译
言予馨 审校

商 务 印 书 馆 出 版
(北京王府井大街36号 邮政编码100710)
商 务 印 书 馆 发 行
北京市十月印刷有限公司印刷
ISBN 978-7-100-18307-9

2020年6月第1版 开本710×1000 1/16
2020年6月北京第1次印刷 印张28½
定价:86.00元